邵雍全集

［宋］邵雍 著
郭彧 于天寶 點校

伊川擊壤集

肆

邵堯夫
朱子贊先生像曰天挺人豪英邁蓋世駕風鞭霆歷覽無際手探月窟
足躡天根閑中今古醉裏乾坤

上海古籍出版社

心川學泰集

點校説明

邵雍《伊川擊壤集》，歷代刊本較多。二十卷本先見於明《正統道藏》太玄部；明代宗景泰八年，副都禦史畢亨為《伊川擊壤集》作序，刊刻於憲宗成化十一年；民國初由張元濟收入《四部叢刊》初编集部。明萬曆三十四年徐必達所編《邵子全書》中收録六卷本《伊川擊壤集》，但内容和二十卷本無大差别。清乾隆年間修《四庫全書》，將《伊川擊壤集》收入集部。《四庫全書》本與《四部叢刊》本均收有集外詩。

關於《伊川擊壤集》，自元本以下變化不大，應該説出自一個共同的祖本，這個祖本當為邵雍晚年定稿、經邵伯温刊行的二十卷本，收録一千四百餘首詩。然而一九七五年在江西省星子縣南宋陶桂一（卒於一二六一年）墓中出土的《邵堯夫先生詩全集》和蔡弼重編《重刊邵堯夫擊壤集》兩個本子，還是有諸多不同於通行本之處。首先，《邵堯夫先生詩全集》只有九卷，蔡弼重編《重刊邵堯夫擊壤集》只有七卷，共收詩五百四十七首（其中有三十餘首重出），詩的編排順序也多有不同之處，我們或可藉此研究作者不同時期對於詩作的斟酌推敲情况，從而考量作者的不同時期之創作心境，繼而研究邵雍不同創作時期的哲學思想；其次，有二十餘首佚詩為通行本所無，推測應當是在邵伯温整理之前就已經傳出，或者邵伯温沒有收集全，或者被邵雍本人生前删除。

本次整理以上海涵芬樓影印明《正統道藏》本《伊川擊壤集》為底本（簡稱道藏本）。參校本有：上海商務印書館《四部叢刊》初編集部縮印江南圖書館藏明成化刊本《伊川擊壤集》（簡稱叢刊本）；明萬曆丙午年刊徐必達編《邵子全書》本《伊川擊壤集》（簡稱徐本）；文淵閣《四庫全書》本《伊川擊壤集》（簡稱四庫本）；江西美術出版社於二〇一二年出版的由陶勇清、胡迎建先生主編《邵堯夫先生詩全集》，内含《邵堯夫先生詩全集》（簡稱宋本）和蔡弼重編《重刊邵堯夫擊壤集》（簡稱蔡本）。此次整理，還參考了北京大學出版社於一九九二年出版的由傅璇宗等主編的《全宋詩》第七册《擊壤集》部分（第四四五一一頁至第四七〇三頁）。

本次整理增補了《伊川擊壤集外詩文》，除收録四庫本與叢刊本中的集外詩外，還增加了宋本和蔡本的二十餘首佚詩，以及佚文《句》、《洛陽懷古賦》、《勸學説》、《戒子孫》、《無名君傳》、《自作像贊》、《老子贊》、《司馬光文中子補傳贊》、《答人書熙寧》、《題壽星圖》、《漁樵問對》等十一篇。其中《漁樵問對》用明胡廣《性理大全書》本《漁樵問對》為底本（《郡齋讀書志》、《文獻通考》、《宋史・藝文志》皆作「漁樵對問」）。此篇設為問答，以論陰陽化育之端、性命道德之奥。晁《志》題張載撰，而《通考》及《宋志》俱作邵雍。清周中孚《鄭堂讀書記》謂晁氏失考，蓋「其發明義理，頗與《觀物内外篇》相近，則為邵子所作無疑矣」。

各家序跋依舊保留，歸入附録。

伊川擊壤集序

《擊壤集》，伊川翁自樂之詩也。非唯自樂，又能樂時，與萬物之自得也。伊川翁曰：子夏謂「詩者，志之所之也。在心爲志，發言爲詩，情動於中而形於言，聲成其文而謂之音」，是知懷其時則謂之志，感其物則謂之情，發其志則謂之言，揚其情則謂之聲，言成章則謂之詩，聲成文則謂之音。然後聞其詩，聽其音，則人之志、情可知之矣。且情有七，其要在二，二謂身也、時也。謂身則一身之休慼也，謂時則一時之否泰也。一身之休慼則不過貧富貴賤而已，一時之否泰則在夫興廢治亂者焉。是以仲尼删《詩》，十去其九：諸侯千有餘國，《風》取十五；西周十有二王，《雅》取其六。蓋垂訓之道，善惡明著者存焉耳。近世詩人，窮慼則職于怨憝，榮達則專于淫泆。身之休慼發于喜怒，時之否泰出于愛惡，殊不以天下大義而爲言者，故其詩大率溺于情好也。噫，情之溺人也，甚于水。古者謂水能載舟，亦能覆舟。是覆載在水也，不在人也。載則爲利，覆則爲害，是利害在人也，不在水也。不知覆載能使人有利害耶？利害能使人有覆載邪？〔一〕二者之間，必有處焉。就如人能蹈水，非水能蹈人也。然而有稱善蹈者，未始不爲水之所害也。若外利而蹈水，則水之情亦由人之情也。〔二〕若内利而蹈水，則敗壞之患立至於前，又何必分乎人焉、水焉，其傷性害命一也。性者，道之形體也，性傷則道亦從之矣。心者，性之郛郭也，心傷則性亦從之矣。身者，心之區宇也，身傷則心亦從之矣。物者，身之舟車也，物傷則身亦從之矣。是知以道觀性，以性觀心，以心觀身，以身觀物，治則治矣，然猶未離乎害者也。不若以道觀道，以性觀性，以心觀心，以身觀身，以物觀物，則雖欲相傷，其可得乎？若然，則以家觀家，以國觀國，以天下觀天下，亦從而可知之矣。予自壯歲業于儒術，謂人世之樂何嘗有萬之一二，而謂名教之樂固有萬萬焉，況觀物之樂復有萬萬者焉。雖死生榮辱轉戰于前，曾未入于胸中，則何異四時風花雪月一過乎眼也。誠爲能以物觀物，而兩不相傷者焉，蓋其間情累都忘去爾，所未忘者，獨有詩在焉。然而雖曰未忘，其實亦若忘之矣。何者，謂其所作異乎人之所作也。所作不限聲律，不訟愛惡，不立固必，不希名譽，如鑑之應形，如鐘之應聲。其或經道之餘，因閑觀時，〔三〕因靜照物，因時起志，因物寓言，因志發詠，因言成詩，因詠成聲，因詩成音，是故哀而未嘗傷，樂而未嘗淫。雖曰吟詠情性，曾何累于性情哉。〔四〕鐘鼓，樂也。玉帛，禮也。與其嗜鐘鼓玉帛，則斯言也不能無陋矣。必欲廢鐘鼓玉帛，則其如禮樂何？人謂風雅之道行于古而不行于今，殆非通論，牽于一身而爲言者也。吁，獨不念天下爲善者少害善者多，〔五〕造危者衆而持危者寡。志士在畎畝，則以畎畝言。故其詩名之曰《伊川擊壤集》。時有宋治平丙午中秋日也。

【校勘記】

〔一〕「人」，叢刊本、明徐必達《邵子全書》本（以下簡稱「徐本」。）、四庫本作「水」。　〔二〕《皇朝文鑒》本無「則水」二字。　〔三〕《皇朝文鑒》本無「因閑觀時」四字。　〔四〕《皇朝文鑒》本無「性」字。　〔五〕「害」上，叢刊本、徐本有「而」字。

目録

伊川擊壤集卷之一

觀棊大吟〔一〕

人有精游藝，予嘗觀弈棊。筭餘知造化，著外見幾微。好勝心無已，〔二〕爭先意不低。當人盡賔主，對面如蠻夷。〔三〕財利激于衷，〔四〕喜怒見于頎。〔五〕生殺在于手，與奪指于頤。戾不殊氷炭，和不侔塤篪。義不及朋友，情不通夫妻。珠玉出懷袖，龍蛇走肝脾。金湯起罇俎，〔六〕劒戟交幈幃。白晝役鬼神，平地蟠蛟螭。空江響雷雹，〔七〕陸海誅鯨鯢。寒暑同舒慘，昏明共蔽虧。山河璨輿地，〔八〕星斗會璇璣。因覩輸贏勢，〔九〕飜驚寵辱蹊。〔一〇〕高卑易裁制，返覆難拘羈。〔一一〕心跡既一判，利害不兩提。卷舒當要會，取捨在須斯。智者傷于詐，信者失于椎。真僞之相雜，名實之都隳。〔一二〕得者失之本，福爲禍之梯。〔一三〕乾坤支作訟，離坎變成睽。弧矢相凌犯，〔一四〕言辭共詆欺。何嘗無勝負，未始絶興衰。前日之所是，今日之或非。今日之所強，明日之或羸。以古觀後世，終天露端倪。以今觀往昔，何止乎庖犧。堯舜行揖讓，四凶猶趄趑。〔一五〕湯武援干戈，二老誠有譏。〔一六〕雖臯陶陳謨，而伊周獻規。曾未免矣夫，療骨而傷肌。仁爲名所敗，義爲利所擠。〔一七〕治亂不自已，因革徒從宜。與賢不與子，賢愚生瑕玼。與子不與賢，子孫生瘡痍。或苗民逆命，或有扈阻威。或羿浞起釁，或管蔡造疑。或商人征葛，或周人乘黎。〔一八〕或鳴條振旅，或牧野搴旗。灼見夏臺日，曾照升自陑。安知羑里月，不照逾孟師。厲王奔于彘，幽王死于驪。平王遷于洛，赧王敗于伊。或盟于召陵，或會于黄池。或戰于長岸，或弑于乾谿。或入于鄢郢，或棲于會稽。或屠其大梁，〔一九〕或入于臨淄。五霸共吞噬，七雄相鞭笞。暴秦滅六國，楚漢决雄雌。天盡于有日，地極于無涯。遐邇都包括，縱横悉指揮。井田方弈弈，兵甲正纍纍。〔二〇〕易之以阡陌，畫之以郊畿。銷之以鋒鏑，焚之以《書》《詩》。罷侯以置守，强榦而弱枝。重兵棲上郡，長城塹邊陲。自謂磐石固，萬世無已而。迴天于指掌，割地于階墀。視人若螻蟻，用財如沙泥。阿房宫未畢，祖龍車至戲。驪山卒未放，陳涉兵自蘄。灞上心非淺，〔二一〕鴻門氣正滋。咸陽起煙焰，南鄭奮熊羆。〔二二〕人鬼同交錯，風雲共慘淒。項强劉未勝，得鹿莫知誰。約法三章在，收兵五國隨。廟堂成筭重，〔二三〕帷幄坐籌奇。〔二四〕廣武貔貅怒，鴻溝虎豹饑。滎陽留紀信，垓下别虞姬。三傑才方展，千年運正熙。山川舊形勝，日月新光輝。正朔承三統，車書混四維。方隅無割據，窮僻有羈縻。后族争行日，軍分南北司。當時無佐命，何以救顛隮。〔二五〕百載方全日，〔二六〕長兵震天垂。豈知巫蠱事，禍起劉屈氂。〔二七〕冢宰司衡日，重明正渺瀰。〔二八〕見危能致命，無忝寄孤遺。劇賊欺孤日，行同狐與狸。宫中淩寡婦，殿上逐嬰兒。龍戰知何所，冰堅正在兹。潰堤雖患水，禦水敢忘堤。東漢重晞日，昆陽屋瓦飛。幽憂新室鬼，狼籍漸臺屍。〔二九〕鄗邑追隆準，新安掃赤眉。再逢火德王，〔三〇〕復覩漢官儀。竇鄧緣中饋，〔三一〕閻梁挾牝雞。經何功殆盡，至董業都糜。河洛少煙火，京都多蒿藜。長天有鳥度，白骨無人悲。城有隍須復，羊無血可封。大厦之將顛，非一木可支。孟德提先手，仲謀藉世資。〔三二〕玄德志不遂，〔三三〕竟終于涕洟。〔三四〕西晉尚清談，大計懸品題。婦人執國命，骨肉生瘡疵。〔三五〕二主蒙霜露，五胡犯鼎彝。〔三六〕世無管夷吾，令人重歔欷。廣陌羌塵合，中州胡馬嘶。〔三七〕龍光射牛斗，日影化虹蜺。闢草來洛汭，墾田趨江湄。二百有四年，方駕而並馳。東晉分南尾，時或產靈芝。〔三八〕凡經五改命，至陳卒昌隋。國破西風暮，城荒春草萋。長江空滿目，行客浪一作淚。沾衣。〔三九〕後魏開北首，孝文幾緝綏。河陰旋有變，國分爲東西。爾朱奮高氏，〔四〇〕宇文滅北齊。及隋始併陳，〔四一〕四海爲藩籬。泛汴公私匱，征遼士卒疲。有身皆厭苦，無口不嗟咨。〔四二〕處處稱年號，人人思亂離。中原未有主，誰識非鹿麋。〔四三〕千一難知日，天人相與期。龍騰則雲靄，虎步則風淒。母后專朝日，相仍紊宮闈。可嗟桓彥範，不殺武三思。繡嶺喧歌舞，漁陽動鼓鼙。太平其可傲，〔四四〕徒罪一楊妃。劍閣離天日，潼關漏虎貔。兩京皆覆没，九廟咸傾欹。〔四五〕樂極則悲至，恩交則害攜。〔四六〕事無可奈何，〔四七〕舉目誰與比。〔四八〕自此藩方盛，都無臣子祇。恃功而不朝，討賊以爲詞。各擁部兵盛，誰憐王室卑。〔四九〕邀朝廷姑息，觀社稷安危。攻取非君命，誅求本自肥。乘輿時播越，扆從或參差。尾大知難運，鞭長豈易麾。長姦憂必至，養虎害終貽。〔五〇〕國步何顛沛，君心空忸怩。時來花爛漫，〔五一〕勢去葉離披。十姓分中夏，五家遞通逵。徒明星有爛，但東方未晞。纔返長蘆鎮，〔五二〕旋驅胡柳陂。絳霄兵自取，〔五三〕玄武火何癡。中渡降堪罪，欒城死可嗤。太原朝見入，劉子夕聞啼。事體重重別，人情旋旋移。棄灰猶隱火，〔五四〕朽骨尚稱龜。〔五五〕譎詐多陰中，艱憂常自罹。〔五六〕撓防膚革易，患救腹心遲。語禍不旋踵，言傷浪噬臍。欲升還隕落，將墜却扶持。瞑眩人皆惡，康寧世共睎。〔五七〕須能蠲重疾，始可謂良醫。〔五八〕久廢田磽确，難行路險巇。不逢真主出，何以見施爲。家國邅迴極，〔五九〕君臣際會稀。上天生假手，我宋遂開基。睿筭隨方設，羣豪引領歸。迄今百餘載，兵革民不知。成敗須歸命，興亡自繫時。天機不常設，國手無常施。往事都陳跡，〔六〇〕前書略可依。比觀之博弈，不差乎毫釐。消長天旋運，陰陽道範圍。吉凶人變化，動静事樞機。疾走者先顛，稺茂者後萎。〔六一〕與其交受害，不若兩忘之。〔六二〕求魚必以筌，獲兔必以罝。得之不能忘，羊質而虎皮。道大聞老子，才難語仲尼。造形能自悟，當局豈憂迷。黑白焉能浼，死生奚足猗。應機如破的，迎刃不容絲。勿訝傍人笑，休防冷眼窺。〔六三〕既能通妙用，何必患多岐。〔六四〕同道道亦得，先天天弗違。窮理以盡性，放言而遺辭。視外方知簡，聽餘始識希。大羹無以和，玄酒莫能灕。上兵不可伐，巧曆不可推。善言不可道，逸駕不可追。兄弟專乎愛，父子主于慈。天下亦可授，此著不可私。

【校勘記】

〔一〕宋蔡弼重編《重刊邵堯夫擊壤集》（以下簡稱「蔡本」）作「觀大棊吟」，且下有「五言」二小字。

〔二〕「已」

下，蔡本有小注「亦作厭」三字。〔三〕「蠻夷」，蔡本同，四庫本作「兵機」。〔四〕「衷」下，蔡本有小注「激亦作蔽」四字。〔五〕「頩」，叢刊本、徐本、四庫本同，蔡本作「頩」。〔六〕「鐏」，蔡本作「罇」，叢刊本、徐本、四庫本作「樽」。〔七〕「雹」下，蔡本有小注「亦作電」三字。〔八〕「輿」，蔡本同，叢刊本、徐本、四庫本作「於」。〔九〕「贏」，蔡本作「羸」。〔一〇〕「驚」，蔡本作「爲」。「蹊」下，蔡本有小注「爲亦作鶩」四字。〔一一〕「返」，蔡本同，徐本作「反」。〔一二〕「實」，蔡本作「寔」。〔一三〕「爲」，叢刊本、徐本、四庫本同，蔡本作「者」。〔一四〕「弧」，叢刊本、徐本、四庫本同，蔡本誤作「狐」。〔一五〕「趑」，蔡本、叢刊本同，徐本、四庫本作「趦」。〔一六〕「二老」，蔡本、徐本同，叢刊本、四庫本作「三老」。〔一七〕「義爲利」，蔡本作「利爲義」。〔一八〕「乘」，蔡本作「戡」。「黎」下，蔡本有小注「戡亦作乘」四字。〔一九〕「其」，蔡本同，叢刊本作「于」，徐本、四庫本作「於」。〔二〇〕「兵」，蔡本作「丘」，疑誤。〔二一〕「灞」，蔡本作「霸」。〔二二〕「罷」下，蔡本有小注「奮亦作憤」四字。〔二三〕「廟」，蔡本作「庿」。〔二四〕「帷」，蔡本作「幃」。〔二五〕「何」，蔡本作「那」。「隮」下，蔡本有小注「那亦作何」四字。〔二六〕「載」，蔡本同，叢刊本、徐本、四庫本作「戰」。〔二七〕「鼇」下，蔡本有小注：一作「禍遂起劉鼇」。〔二八〕「正」，蔡本作「至」。〔二九〕「籍」，蔡本作「藉」，義同。〔三〇〕「王」，蔡本作「主」。〔三一〕「饋」，蔡本作「貴」。〔三二〕「謀」，蔡本作「謨」。〔三三〕「遂」，蔡本作「遠」。〔三四〕「洟」下，蔡本有小注「竟一作意」四字。〔三五〕「癘疵」，原作「厲疵」，今據蔡本、徐本、四庫本改。〔三六〕「五胡」，蔡本作「五湖」，四庫本作「寇塵」。〔三七〕「胡」，蔡本同，四庫本作「代」。〔三八〕「或」，蔡本作「惑」。〔三九〕「浪一作淚」，叢刊本、四庫本同，徐本無小注「一作淚。」三字。「浪」，蔡本作「淚」。〔四〇〕「奮」，蔡本、徐本、叢刊本同，四庫本作「奪」。〔四一〕「併」，蔡本作「并」。〔四二〕「咨」，蔡本、徐本、四庫本同，叢刊本作「恣」。〔四三〕「識」，蔡本、徐本、叢刊本同，四庫本作「知」。〔四四〕「傲」下，蔡本有小注「一作恃」三字。〔四五〕「咸」，蔡本作「悉」。〔四六〕「攜」，蔡本作「携」。〔四七〕「無」，蔡本簡化作「無」。〔四八〕「比」，蔡本作「資」。〔四九〕「王室」，蔡本作「臺監」。「卑」下，蔡本有小注「臺監一作王室」五字。〔五〇〕「害」，蔡本作「患」。〔五一〕「漫」，叢刊本、四庫本同，蔡本、徐本作「熳」。〔五二〕「蘆」，蔡本省作「芦」。「鎮」下，蔡本有小注「返一作乃」四字。〔五三〕「兵自」，蔡本、徐本同，叢刊本作「共目」，四庫本作「共日」。〔五四〕「棄」，蔡本作「棄」。〔五五〕「尚稱龜」，蔡本作「稱鑽龜」。「龜」下，蔡本有小注「一作朽骨尚稱龜」七字。〔五六〕「常」，蔡本作「尚」。〔五七〕「晞」，蔡本作「嬉」，叢刊本、徐本、四庫本作「晞」。〔五八〕「謂」，蔡本作「爲」。「醫」下，蔡本有小注「爲一作謂」四字。〔五九〕「迴」，蔡本作「迍」。「極」下，蔡本有小注「家國一作國席」六字。〔六〇〕「陳」，蔡本作「塵」。〔六一〕「稺」，蔡本同，叢刊本、徐本、四庫本作「遲」。「稺」下，蔡本有小注「一作遲」三字。〔六二〕「不」，蔡本作「孰」。〔六三〕「休」，蔡本作「隄」。「窺」下，蔡本有小注「隄一作休」四字。〔六四〕「岐」，蔡本作「歧」。

過温寄鞏縣宰吴秘丞皇祐元年

風軟玉溪騰醉騎，花藏石窟漾歌舟。相望咫尺僊凡隔，不得同陪三月遊。

新居成呈劉君玉殿院

履道坊南竹徑脩，緑楊陰裏水分流。衆賢買得澄心景，獨我居爲養志秋。若比陳門誠已僭，〔一〕苟陪顏巷亦堪憂。無端風雨雖狂暴，不信能凌沈隱侯。

【校勘記】

〔一〕「誠」，叢刊本、四庫本作「成」。

寄謝三城太守韓子華舍人

洛陽自爲都，二千有餘年。舉步圖籍中，開目今古間。西北峎宫殿，東南傾山川。照人伊洛清，迎門嵩少寒。水竹最佳處，履道之南偏。下有幽人室，一徑通柴關。蓬蒿隱其居，藜藿品其飧。上親下妻子，厚薄隨其緣。人雖不堪憂，己亦不改安。閲史悟興亡，探經得根源。有客謂予曰，子獨不通權。清朝能用才，聖主正求賢。道德與仁義，不徒爲空言。功業貴及時，何不求美官。上食天子禄，下拯蒼生殘。通衢張大第，負郭廣良田。朱門爛金紫，青樓繁管絃。外厩列肥駿，後庭羅纖妍。入則坐虚堂，出則乘華軒。冠劍何燁燁，氣體自舒閑。高談天下事，廣坐生晴煙。人莫敢仰視，屏息候其顔。此所謂男子，志可得而觀。又何必自苦，形容若枯鱣。道古人行事，拾前世遺編。而臨水一溝，而愛竹數竿。此所謂匹夫，節何足而攀。予敢對客曰，事有難其詮。身非好敝緼，口非惡珍羶。豈不知繫匏，而固辭執鞭。蓋懼觀朵頤，敢忘賁丘園。深極有層波，峻極有層巔。履之若平地，此非人所艱。貧賤人所苦，富貴人所遷。處之若無事，此誠人所難。進行己之道，退養己之全。既未知易地，〔二〕胡爲乎不堅。敢謂客之説，曾無所取焉。猗嗟乎玉兮，産之于荆山。和氏雖云知，楚國未爲然。汚隆道屈伸，進退時後先。苟不循此理，玉毁誰之愆。道之未行兮，其命也在天。近日遊三城，薄言尚盤桓。當世之名卿，加等爲之延。或清夜論道，或後池漾船。數夕文酒會，有無涯之歡。十月初寒外，萬葉清霜前。歸來到環堵，竹窻晴醉眠。仰謝君子知，代書成此篇。

【校勘記】

〔一〕「知」，叢刊本、四庫本作「之」。

答寄堯夫先生潁川韓絳〔一〕

君子志於道，出處非一端。伊尹負鼎俎，顔淵樂瓢簞。
斯自理適當，匪緣情所安。超然達者致，邈矣誰可攀。
嗟嗟狂若狷，狗已缺其完。軒冕死不釋，山林趨不還。
我愛邵夫子，醇氣充見顔。群經究彼邃，古史閲而删。
不爲詭異行，已蹈時俗難。逃名去其奥，築室伊洛間。
抱業舍仕進，竭心奉親歡。脩竹當環堵，寒流日潺潺。
問誰從之遊，結駟款其關。兹予久欣慕，欲往良獨艱。
幸君適河内，至此解征鞍。僚友恃交舊，屈致及門闌。

前迎倒我屣，布席羅雕盤。高談未一二，長楫忽歸鶱。不意饋雙鯉，剖腴出琅玕。何以報嘉惠，永懷金與蘭。

【校勘記】

〔一〕此詩據叢刊本、徐本、四庫本補。

依韻和張元伯職方歲除嘉祐元年

及正四十六，老去耻無才。殘臘方迴祥，〔一〕新春又起灰。非唯忘利禄，况復外形骸。白髮已過半，光陰任自催。

【校勘記】

〔一〕「祥」，叢刊本、徐本、四庫本作「律」。

謝鄭守王密學惠酒

堂堂大府來新酒，密密小園開好花。何日飲之紅樹下，〔一〕還驚不稱野人家。

【校勘記】

〔一〕「何」，叢刊本、徐本、四庫本作「此」。

小園逢春

小隱園中百本花，各隨紅紫發新芽。東君見借陽和力，不減公侯富貴家。

和張二少卿文白菊

清淡曉凝霜，宜乎殿顥商。自知能潔白，誰念獨芬芳。豈爲瓊無艷，還驚雪有香。素英浮玉液，一色混瑶觴。

生男吟嘉祐二年〔一〕

我今行年四十五，〔二〕生男方始爲人父。〔三〕鞠育教誨誠在我，〔四〕壽夭賢愚繫於汝。〔五〕我若壽命七十歲，〔六〕眼前見汝二十五。〔七〕我欲願汝成大賢，〔八〕未知天意肯從否？

【校勘記】

〔一〕詩題，宋本作「生子」。〔二〕「我今行」，叢刊本同，宋本作「當日吾」，四庫本作「我本行」。〔三〕「生男方始」，宋本作「始方生汝」。〔四〕「鞠育教誨」，宋本作「養育教訓」。〔五〕「繫」，宋本作「計」。〔六〕「我若壽命七十歲」，宋本作「吾今耆年時七十」。〔七〕「眼前見汝」，宋本作「尔正方剛」。〔八〕「我欲」，宋本作「吾教」。

閑吟四首

平生如仕宦，隨分在風波。所損無紀極，所得能幾何。既乖經世慮，尚可全天和。罇中有酒時，且飲復且歌。

予年四十五〔一〕，已甫知命路。豈意天不絶，生男始爲父。且免散琴書，敢望大門户。萬事盡如此，何用過憂懼。

居洛八九載，役心唯二三。〔二〕相逢各白首，共坐多清談。人事已默定，世情曾久諳。酒行勿相逼，徐得奉醺酣。

欲有一瓢樂，曾無二頃田。丹誠未貫日，白髮已華顛。雲意寒尤淡，松心老益堅。年來疎懶甚，時憶舊林泉。

【校勘記】

〔一〕「四十五」，叢刊本、四庫本作「四十七」。　〔二〕「役心」，叢刊本、四庫本作「投心」。

和張少卿丈再到河陽

當年曾任青春客，今日重來白雪翁。今日當年已一世，幾多興替在其中。

高竹八首〔一〕

高竹百餘挺，〔二〕固知爲予生。忽忽有所得，時時閑遶行。自信或未至，自知或未明。竊比于古人，不能無愧情。

高竹臨清溝，軒小亦且幽。光陰雖屬夏，〔三〕風露已驚秋。〔四〕月色林間出，泉聲砌下流。誰知此夜情，邈矣不能收。〔五〕

高竹已可愛，況在垂楊下。幽人無軒冕，得此自可詫。枉尺既不能，括囊又何謝。賈生若知此，慟哭亦自罷。

高竹碧相倚，自能發餘清。時時微風來，萬葉同一聲。道汚得夷理，物虛含遠情。堦前閑步人，意思何清平。

高竹如碧幢，翠柳若低蓋。幽人有軒榻，〔六〕日夜與之對。宇静覺神開，景閑喜真會。與其喪吾真，孰若從吾愛。

高竹雜高梧，還驚秋節初。晚涼尤可喜，舊帙亦宜舒。池閣輕風裏，園林晚景餘。人生有此樂，何必較錙銖。

高竹數十尺，仍在高花上。柴門晝不開，青碧日相向。〔七〕非止身休逸，是亦心夷曠。〔八〕能知閑之樂，自可敵卿相。

高竹逾冬青，四月方易葉。抽萌如止戈，解籜若脱甲。脩静信可愛，遶行不知匝。嗟哉凡草木，徒自費鋤鍤。

【校勘記】

〔一〕「挺」，蔡本作「梃」。　〔二〕詩題，蔡本作「高竹吟」，下有小注「五首，五言八句」六字。　〔三〕「雖」，蔡本作「猶」。　〔四〕「驚」，蔡本作「經」。　〔五〕「能」，蔡本作「可」。　〔六〕「榻」，蔡本作「塌」。　〔七〕「碧」，蔡本作「翠」。　〔八〕「是亦」，蔡本作「亦是」。

伊川擊壤集卷之二

秋日飲鄭州宋園示管城簿周正叔

二都相去四百里，中有名園屬宋家。古木參天羅劍戟，長藤垂地走龍蛇。我來遊日逢秋杪，君爲開筵對晚花。飲散竹軒微雨後，淩晨歸路起棲鴉。

重陽日再到共城百源故居

故國逢佳節，登臨但可悲。山川一夢外，風月十年期。白髮飄新鬢，黄花遶舊籬。鄉人應笑我，晝錦是男兒。

過陜嘉祐三年

吾祖道何光，二南分一方。開周爲太保，封陜輔成王。歲月裝遼邈，山川造渺茫。世孫雖不肖，猶解憶甘棠。

題黄河

誰言爲利多于害，我謂長渾未始清。西至崑崙東至海，其間多少不平聲。

過潼關

禁密因離亂，機閑爲太平。山河雖設險，道德豈容争。不究千一義，空傳百二名。遐方久無外，何復用鷄鳴。

題華山

域中有五嶽，國家謹時祀。〔一〕華嶽居其一，作鎮雄西裔。唐號金天王，今封順聖帝。吁咈哉若神，僭竊同天地。

【校勘記】

〔一〕「謹」，四庫本作「僅」。

宿華清宮

天寶初六載，作宮于温泉。明皇與妃子，自此歲幸焉。紫閣清風裏，崇巒皓月前。奈何雙石甃，香溜尚涓涓。

登朝元閣

繡嶺岌層巒，岧嶢十九盤。微微經雨後，杳杳出雲端。往事金輿遠，遺蹤玉像殘。至今臨渭水，依舊見長安。

長安道中作〔一〕

長安道上何沾巾，古時道行今時人。不知寒暑與朝暮，車輪馬跡常轔轔。自是此土亦辛苦，雨作泥兮風爲塵。泥塵返復不知數，大雨大風無出門。

【校勘記】

〔一〕「中」，叢刊本、四庫本作「路」。

題留侯廟〔一〕

滅項興劉如覆手，絶秦昌漢若更棋。卷舒天下坐籌日，鍛鍊心源辟穀時。黄石公傳皆是用，赤松子伴更何爲。如君才業求其比，今古相望不記誰。

【校勘記】

〔一〕詩題，蔡本作「題留侯廟吟」。

題淮陰侯廟十首

一身作亂宜從戮，三族全夷似少恩。漢道是時初雜霸，〔一〕蕭何王佐殆非尊。

據立大功非不智，復貪王爵似專愚。造成四百年炎漢，纔得安寧反受誅。

生身既得逢真主，立事何須作假王。〔二〕誰謂禍階從此始，〔三〕不宜迴首怨高皇。

一時韓信爲良犬，千古蕭何作霸臣。彼此並干名教罪，罪猶不逮謂斯人。

韓信事劉元不叛，蕭何惑漢竟生疑。當初若聽蒯通語，高祖功名未可知。

雖則有才兼有智，存亡進退處非真。五湖依舊煙波在，范蠡無人繼後塵。

若非韓信難除項，不得蕭何莫制韓。天下須知無一手，苟非高祖用蕭難。

漢家基定議功勳，異姓封王有五人。不似淮陰最雄傑，敢教根固又生秦。

韓信恃功前慮寡，〔四〕漢皇負德尚權安。幽囚必欲擒來斬，固要加諸甚不難。

若履暴榮須暴辱，既經多喜必多憂。功成能讓封王印，世世長爲列土侯。

【校勘記】

〔一〕「漢」，蔡本作「從」。　〔二〕「事」，蔡本作「士」。　〔三〕「階」，蔡本作「皆」。　〔四〕「恃功」，叢刊本、四庫本作「特功」。

鳳州郡樓上書所見

楊柳垂青帶，風動如飛蓋。危樓思不窮，盡日閑相對。鳥去林自空，雲移山不礙。情隨雙燕還，意與孤鴻會。晚角時斷續，層崖遞明晦。殘陽掛踈紅，遠水生微瀨。塞目煙岑密，都城若天外。如何久客心，東望憑欄殺。

自鳳州還至秦川驛寄守倅薛姚二君

歡聚九十日，迴首都如夢。明月與清江，東軒又難共。

謝西臺張元伯雪中送詩

洛城雪片大如手，爐中無火罇無酒。凌晨有人來打門，言送西臺詩一首。

送猗氏張主簿

人間仕宦幾千里，堂上親闈别兩重。須念鵬飛從此始，方今路險善求容。

新正吟嘉祐五年

蘧瑗知非日，宣尼讀《易》年。〔一〕人情止于是，天意豈徒然。立事情尤倦，思山興益堅。誰能同此志，相伴老伊川。

【校勘記】

〔一〕「讀」，蔡本作「斈」。按「斈」爲「學」字之俗字。

春遊五首〔一〕

五嶺梅花迎臘開，三川正月賞寒梅。相去萬里先一月，始知春色從南來。何人妙曲傳羌笛，盡日清香落酒杯。料得天涯未歸客，也應臨此重徘徊。

洛城春色浩無涯，春色城東又復嘉。風力緩摇千樹柳，水光輕蕩半川花。煙晴翡翠飛平岸，日暖鴛鴦下淺沙。不見君王西幸久，遊人但感鬢空華。

二月方當爛漫時，翠華未幸春無依。緑楊陰裏尋芳遍，紅杏香中帶醉歸。數片落花蝴蝶趂，一竿斜日流鶯啼。〔二〕清罇有酒慈親樂，〔三〕猶得堦前戲綵衣。

人間佳節唯寒食，天下名園重洛陽。金谷暖横宫殿碧，銅駝晴合綺羅光。橋邊楊柳細垂地，花外鞦韆半出墻。白馬蹄輕草如剪，爛遊於此十年強。

三月牡丹方盛開，鼓聲多處是亭臺。車中遊女自笑語，樓下看人閑往來。積翠波光摇帳幄，上陽花氣撲罇罍。西都風氣所宜者，草木空妖誰復哀。

【校勘記】

〔一〕第三首詩在蔡本中爲《惜芳菲四吟》之四。　〔二〕「斜日」，蔡本作「紅日」。　〔三〕「清」，蔡本作「芳」。

竹庭睡起

竹庭睡起閑隱几，悠悠夏日光景長。鶯方引雛教嫩舌，杏正垂實裝輕黄。雨滴幽夢時斷續，風飄遠思還飛揚。小渠弄水緑陰密，迴首又且數日強。

秋遊六首〔一〕

七月芙蕖正爛開，東南園近日徘徊。有時風向池心過，無限香從水面來。罨畫溪深方誤入，洞庭湖晚未成迴。坐來一霎蕭蕭雨，又送新涼到酒杯。

先秋顥氣已潛生，洛邑方知節候平。庭院乍涼人共喜，園林經雨氣尤清。迴舟伊水風微溜，緩轡天津月正明。自有皋夔分聖念，好將詩酒樂升平。

八月光陰未甚凄，松亭竹樹尤爲宜。〔二〕況當晝夜初停處，正是炎涼得所時。明月入懷如有意，好風迎面似相知。閑人歌詠自怡悦，不管朝廷不採詩。

家住城南水竹涯，〔三〕乘秋行樂未嘗虧。輕寒氣候我自愛，〔四〕半醉光陰人莫知。〔五〕信馬天街微雨後，憑欄僧閣晚晴時。十年美景追尋遍，好向風前請白髭。〔六〕

九月風光雖已暮，中州景物未全衰。眼觀秋色千萬里，手把黄花三兩枝。美酒易消閑歲月，青銅休照老容儀。若言必使他人信，瀝盡丹誠誰肯知。

霜天寥落思無窮，〔七〕不奈樓高逼望中。四面遠山徒滿目，〔八〕九秋宫殿自危空。雲横遠嶠千尋直，霞亂斜陽數縷紅。〔九〕無限傷情言不到，〔一〇〕共誰開口向西風。

【校勘記】

〔一〕後三首在蔡本中，爲《秋懷吟》之前三首，詩題《秋懷吟》下有「六首内中二首乙卯年作」十小字。

〔二〕「樹」，叢刊本、徐本、四庫本作「榭」。〔三〕「城南」，蔡本同，叢刊本、四庫本作「南城」。〔四〕「氣候」，蔡本作「氣味」。〔五〕「莫」，蔡本作「不」。〔六〕「請」，叢刊本、徐本、四庫本作「摘」。〔七〕「寥落」，蔡本作「寥郭」。〔八〕「遠」，蔡本同，叢刊本、徐本、四庫本作「溪」。〔九〕「斜」，蔡本作「殘」。〔一〇〕「傷情」，蔡本作「情傷」。

秋日即事

鳥聲亂晝林，爲誰苦驅逼。〔一〕蟲聲亂夜庭，爲誰苦勞役。嗟哉彼何短，一概無休息。借問此何長，兩能忘語默。

【校勘記】

〔一〕「逼」，徐本作「迫」。

商山道中作

十舍到商顔，雖遥不甚艱。東西遡洛水，表裏看秦山。身在煙霞外，心存人子間。庭闈況非遠，自可指期還。

和商洛章子厚長官早梅

只應王毋專輕巧，〔一〕剪碎天邊亂白雲。無限清香與清艷，罇前飲享盡輸君。梅覆春溪水遶山，梅花爛漫水潺湲。南秦地暖開仍早，比至春初已數番。羣芳萬品遞相催，若説高標獨有梅。會得東君無别意，爲憐清淡使先開。霜扶清格高高起，風駕寒香遠遠留。太守多情客多感，金罇倒盡是良籌。

【校勘記】

〔一〕「毋」，叢刊本、四庫本作「母」，原本恐誤。

商山旅中作

殘火昏燈夜正沉，默思前事擁寒衾。霜天皎月雖千里，不抵傷時一寸心。

和商守宋郎中早梅

山南地似嶺南温，臘月梅開已浹辰。耻與百花争俗態，獨殊羣艷占先春。角中飄去淒於骨，笛裏吹來妙入神。秀額粧殘黏素粉，畫梁歌暖起輕塵。宰君惜艷獻州牧，太守分香及野人。手把數枝重疊嗅，忍教芳酒不濡脣。

和人放懷

爲人雖未有前知，富貴功名豈力爲。滌蕩襟懷須是酒，優游情思莫如詩。況當水竹雲山地，忍負風花雪月期。男子雄圖存用捨，不開眉笑待何時。

和商守登樓看雪

西樓賞雪眼偏明，次第身疑在水晶。千片萬片巧粧地，半舞半飛斜犯楹。形如玉屑依還碎，體似楊花又更輕。誰謂天涯有羈客，一般對酒兩般情。

和商守西樓雪霽

大雪初晴日半曛，高樓何惜上仍頻。數峯嵓崒劒鋩立，一水縈紆冰縷新。崑嶺移歸都是玉，天河落後盡成銀。幽人自恨無佳句，景物從來不負人。

和商守雪殘登樓

殘雪已消冰已開，風光漸覺擁樓臺。旅人未遂日邊去，春色又從天上來。況是罇中常有酒，豈堪嶺上却無梅。若非太守金蘭契，誰肯傾心重不才。

和商守雪霽對月

雪滿羣山霜滿庭，光寒月碾一輪輕。羈懷殊少歸時樂，皓彩空多此夜明。竹近簾櫳饒碎影，風涵臺榭有餘清。恨無好句酬佳景，徒自凄凉夢不成。

和商守雪霽登樓

百尺危樓小雪晴，晚來閑望逼人清。山横暮靄高還下，水隔踈林淡復明。天際落霞千萬縷，風餘殘角兩三聲。此時此景真堪畫，只恐丹青筆未精。

旅中歲除〔一〕

此到明年無數刻，〔二〕且令芳酒更斟迴。星杓建丑晦將盡，歲箭射人春又來。不用物情閑作梗，大都心緒已成灰。浮名更在浮雲外，瞬息光陰況便催。〔三〕

【校勘記】

〔一〕詩題，蔡本作「歲莫吟」。〔二〕「此」，蔡本同，叢刊本、徐本、四庫本作「比」。「無」，蔡本作「非」。

〔三〕「瞬息光陰況便催」，蔡本同，叢刊本、四庫本作「瞬見光陰況復催」，徐本作「瞬息光陰況復催」。

和商守新歲 嘉祐六年

衰軀在旅逢新歲，因感平生鬢易凋。飲罷襟懷還寂寞，歡餘情緒却無聊。望仙風月晴偏好，〔一〕抹緑簾櫳夜正遥。對此塊然唯土木，降玆未始不魂銷。

【校勘記】

〔一〕「晴」，叢刊本、四庫本作「情」。

追和王常侍登郡樓望山

四賢當日此盤桓，千百年人尚厚顔。天下有名難避世，胷中無物漫居山。事觀今古興亡後，道在君臣進退間。若藴奇才必奇用，不然須負一生閑。

題四皓廟四首

强秦失御血横流，天下求君君不有。正是英雄較一作角。逐時，未知鹿入何人手。

灞上真人既已翔，四人相顧都無語。徐云天命自有歸，不若追蹤巢與許。

漢皇傲物終難屈，太子卑辭方肯出。雖老猶能成大功，至今高義如星日。

田横入海猶能得，商至長安百里强。能使四人成美節，始知高祖是真王。

謝商守宋郎中寄到天柱山户帖仍依元韻

商於飛到一符新，遂已平生分外親。尤喜紫芝先入手，西南天柱與天鄰。

初心本欲踐臣鄰，帝里司迴斗柄春。今日得居天柱下，不憂先有夜行人。

不將生殺奏嚴宸，却抱煙嵐學隱淪。多謝史君虚右席，〔一〕重延天柱一山人。

一簇煙嵐鏁亂雲，孤高天柱好棲真。從今便作西歸計，免向人間更問津。

無成麋鹿久同羣，占籍恩深荷史君。〔二〕萬古千今名與姓，得隨天柱數峯存。

【校勘記】

〔一〕〔二〕「史君」，徐本、四庫本作「使君」。

寄商守宋郎中

初返洛城無限事，閑人體分似相違。如今一向覺優逸，却類商顏嘯傲時。

小圃睡起〔一〕

門外似深山，天真信可還。軒裳奔走外，日月往來間。有水園亭活，無風草木閑。春禽破幽夢，枝上語綿蠻。

【校勘記】

〔一〕該首詩，叢刊本有，徐本無。詩題，蔡本目録作「小圃睡起吟」。

遊山三首

城邑又作闤闠久居心自倦，闤闠纔出眼先明。龍門看盡伊川景，女几聽殘洛水聲。太室觀餘紅日旭，〔二〕天壇望罷白雲生。此身已許陪真侶，不爲錙銖起重輕。

春盡登臨正得宜，人情天氣兩融怡。泛舟伊水風迴夜，垂釣溪門月上時。逸興劇憑詩放肆，病軀唯仰酒扶持。浮生日月無多子，忍向其間更歛眉。

樂則行之憂則違，大都知命是男兒。至微功業人難必，儘好雲山我自怡。休憚煙嵐雖遠處，且乘筋力未衰時。平生足外更何樂，富貴榮華過則悲。

【校勘記】

〔一〕「太室」，叢刊本、四庫本作「太宰」，徐本作「大室」。

二色桃

施朱施粉色俱好，傾國傾城艷不同。疑是蕊珠雙姊妹，〔一〕一時俱肯嫁春風。

【校勘記】

〔一〕「珠」，叢刊本、徐本、四庫本作「宫」。

登山臨水吟

山有喬峯水有濤，〔一〕未能容屐豈容舠。非無仁智斯爲樂，〔二〕少有登臨不憚勞。言味止知甘鱠炙，〔三〕語真誰是識瓊瑶。〔四〕自慙不盡人才處，長恨今人論太高。

【校勘記】

〔一〕「喬」，蔡本作「高」。　〔二〕「斯」，蔡本作「私」。　〔三〕「鱠」，叢刊本同，四庫本作「膾」。　〔四〕「真」，蔡本作「珍」。

謝富丞相招出仕二首〔一〕

相招多謝不相遺，將謂胷中有所施。〔二〕若進豈能禁吏責，〔三〕既閑安用更名爲。將命者云：「如不欲仕，亦可奉致一閑名目。」願同巢許稱臣日，〔四〕甘老唐虞比屋時。滿眼清賢在朝列，病夫無以繫安危。

欲遂終焉老閑計，未知天意果如何。幾重軒冕酬身貴，得似雲山到眼多。好景未嘗無興詠，壯心都已入消磨。鵷鴻自有江湖樂，安用區區設網羅？

【校勘記】

〔一〕詩題，宋本作「答富相」。〔二〕「謂」，宋本作「爲」。〔三〕「禁」，宋本作「襟」。〔四〕「願同巢許稱臣日」，宋本作「同稱巢許忠臣日」。

答人語名教

開闢而來世教敷，其間雄者號真儒。修身有道名先覺，何代無人達奧區。焕若丹青經史義，明如日月聖人途。鯫生涵詠雖云久，天下英才敢厚誣。

送王伯初學士赴北京機宜

丈夫志氣蓋棺定，自有雄圖繫重輕。去路不能無感舊，到官争忍便忘情。閑時語話貴精密，先事經營在太平。誰謂禦戎無上策，伐人謀處不須兵。

伊川擊壤集卷之三

賀人致政

人情大率喜爲官，達士何嘗有所牽。解印本非嫌禄薄，〔一〕掛冠殊不爲高年。因通物性興衰理，遂悟天心用捨權。宜放襟懷在清景，吾鄉况有好林泉。

【校勘記】

〔一〕「禄薄」，叢刊本、徐本作「薄禄」。

初秋

夏去暑猶在，雨餘涼始來。堦前已流水，天外尚驚雷。曲几静中隱，衡門閑處開。壯心都已矣，何事更裝懷。

偶書

堪笑又堪嗟，人生果若何。宜將萬端事，都入一聲歌。世態逾飜掌，年光劇逝波。静中真氣味，所得不勝多。

傷足

灾由無妄得，爲患固非深。乖己攝生理，貽親憂慮心。乍然艱步履，偶爾阻登臨。逾月方能出，難忘樂正箴。

閑行

園圃正蕭然，行吟遶澤邊。風驚初社後，葉墜未霜前。衰草襯斜日，暮雲扶遠天。何當見真象，止可入無言。

晨起〔一〕

山高水復深，無計奈如今。〔二〕地盡一時事，天開萬古心。輕煙籠曉閣，微雨散青林。此景雖平淡，人間何處尋。

【校勘記】

〔一〕詩題，蔡本作「晨起吟」。

〔二〕「如今」，蔡本同，叢刊本、徐本、四庫本作「而今」。

月夜

雨霽風自好，秋深天未寒。移牀就堦下，看月出林端。有酒欲共飲，無賓可同歡。〔一〕他時遇良友，此景復求難。

【校勘記】

〔一〕「同」，徐本作「對」。

盆池

三五小圓荷，盆容水不多。雖非大藪澤，亦有小風波。粗起江湖趣，殊無鴛鴦過。幽人興難遏，時遶醉吟哦。

遊山二首〔一〕

洛川多好山，伊川多美竹。遊既各有時，雖頻無倦目。貪清非傷廉，瀆幽不爲辱。麋鹿不害人，心無害麋鹿。

二室多好峯，三川多好雲。看之不知倦，和氣潛生神。一慮若動蕩，萬事從紛紜。人言無事貴，身爲無事人。

【校勘記】

〔一〕詩題，蔡本目録「遊山吟」，下有「二首」二小字。

龍門道中作〔一〕

物理人情自可明，何嘗慼慼向平生。〔二〕卷舒在我有成筭，用捨隨時無定名。滿目雲山俱是樂，一毫榮辱不須驚。侯門見説深如海，三十年來掉臂行。

【校勘記】

〔一〕詩題，宋本作「省心」，本詩爲《遊山》之第二首。〔二〕「嘗」，宋本作「須」。

名利吟〔一〕

名利到頭非樂事，風波終久少安流。稍鄰美譽無多取，〔二〕纔近清歡與賸求。〔三〕美譽既多須有患，〔四〕清歡雖賸且無憂。滔滔天下曾知否，覆轍相尋卒未休。

【校勘記】

〔一〕該詩蔡本重出，詩題一作「名利吟」，下有「七言」二小字；一作「利名」。〔二〕「譽」，蔡本作「音」，當爲俗字，下同。〔三〕「賸」，蔡本作「盛」，下同。〔四〕「須」，蔡本作「終」。

三十年吟〔一〕

三十年間更一世，其間堪笑復堪愁。天生天殺何嘗盡，人是人非殊未休。善偶鴛鴦頭早白，〔二〕能啼杜宇血先流。須知却被才爲害，及至無才又却憂。

【校勘記】

〔一〕詩題，宋本作「三十年」。〔二〕「善」，宋本作「若」。

答人放言〔一〕

經時不見意何如，重出新詩笑語初。物理悟來添性淡，天心到後覺情踈。已全孟樂君無限，未識蘧非我有餘。大率空名如所論，此身甘老在樵漁。

【校勘記】

〔一〕此詩叢刊本、徐本、四庫本置於卷二《送王伯初學士赴北京機宜》下。

遊洛川初出厚載門

初出都門外，西南指洛陬。山川開遠意，天地掛雙眸。村落桑榆晚，田家禾黍秋。民間有此樂，何必待封侯。

宿延秋莊

驅車入洛川，〔一〕下馬弄飛泉。乍有雲山樂，殊無朝市喧。非唯快心志，自可忘形言。借問塵中友，〔二〕誰爲得手先。

【校勘記】

〔一〕「洛川」，叢刊本、四庫本作「洛周」。〔二〕「友」，叢刊本、四庫本作「有」。

宿壽安西寺

好景信移情，〔一〕直連毛骨清。〔二〕爲憐多勝槩，尤喜近都城。竹色交山色，松聲亂水聲。豈辭終日愛，解榻傍虚楹。

【校勘記】

〔一〕「情」，四庫本作「人」。〔二〕「清」叢刊本、四庫本作「誠」。

過永濟橋二首

山背錦巘開，河臨永濟迴。土田平似掌，桑柘大如槐。斜日射虹去，低雲將雨來。無涯負

清景，長是愧非才。〔一〕

一水一溪門，溪門雲復屯。珍禽囀喬木，〔二〕幽鹿走荒榛。雨脚拖平地，稻畦扶遠村。高城半頹缺，興廢事休論。

【校勘記】

〔一〕此下，徐本有標題「其二」二字。〔二〕「囀」，叢刊本、四庫本作「轉」。

至福昌縣作

清景幾人愛，愛之當遠尋。及臨韓嶽近，始見洛川深。縣在雲山腹，民居水竹心。無機類閑物，愈覺少知音。

燕堂即事

川上數峯青，林間一水明。閑雲無定體，幽鳥不知名。遊侶既非約，歸期莫計程。錙銖人世事，休強做威獰。

上寺看南山

疊疊是峯巒，西連梁雍寬。與其行裏看，不若坐中觀。包括經唐漢，并吞歷晉韓。消沉事難問，唯爾尚巑岏。

縣尉廨宇蓮池

縣尉小齋前，水清池有蓮。豈唯觀菡萏，兼可聽潺湲。宛類江湖上，殊非塵土邊。古人用心處，料得不徒然。

女几祠

西南有高山，山在杳冥間。神仙不可見，滿目空雲煙。千年女几祠，門臨洛水邊。但聞霓裳曲，世人猶或傳。

故連昌宫

洛水來西南，昌水來西北。二水合流處，宫墻有遺壁。行人徒想像，往事皆陳跡。空餘女几山，正對三鄉驛。

川上懷舊

去秋遊洛源，今秋遊洛川。川水雖無情，人心剛悄然。目亂千萬山，一山一重煙。山盡煙不盡，煙與天相連。田夫忙治禾，水禽閑求魚。一者皆苦食，〔一〕動静何相殊。事過見休慼，時來知卷舒。回顧此二物，易地還何如。爲今日之山，是昔日之原。爲今日之原，是昔日之川。山川尚如此，人事宜信然。幸免紅塵中，隨風浪着鞭。地迥川原闊，村孤煙水閑。雷輕龍過一作换。浦，雲亂雨移山。田者荷鋤去，漁人背網還。伊予獨霑濕，猶在道途間。

【校勘記】

〔一〕「一」，叢刊本、徐本、四庫本作「二」。

燕堂暑飲

燕堂通高明，簷依斷崖嵚。涼風來松梢，清泉飛竹陰。佳果間紅緑，旨酒隨淺深。却思闤闠間，鬱蒸不可任。

燕堂閑坐

天網踈難漏，世網密莫通。我心久不動，一脱二網中。高竹漱清泉，長松迎清風。又云：瀟灑松間月，清泠竹外風。此時逢此景，正與此心同。

立秋日川上作〔一〕

富貴固難愛，〔二〕貧寒易得愁。休將少時態，移作老年羞。既有非常樂，須防不次憂。〔三〕誰能保終始，長作國公侯。

【校勘記】

〔一〕詩題，宋本作「座右」。

〔二〕「固難」，宋本作「難忘」。

〔三〕「次」，宋本作「測」。

辯熊耳〔一〕

昔禹别九州，導洛自熊耳。熊耳自有兩，未審孰爲是。東者近成周，西者隔丹水。《書》傳稱上洛，斯言得之矣。

【校勘記】

〔一〕「辯」，叢刊本、四庫本作「辨」。

登女几

予看山多矣，未嘗逢此奇。巨崖如格虎，險石若張旗。雲意閑舒卷，巖形屢改移。丹青難狀處，四面盡如斯。

川上南望伊川〔一〕

山留禹鑿門，〔二〕川閣堯水痕。古人不復見，古跡尚或存。歲月易凋謝，善惡難湮淪。無作近名事，強邀世俗尊。

【校勘記】

〔一〕詩題，蔡本作「龍門山跳望吟」，下有「五言八句」四小字。

〔二〕「鑿門」，蔡本作「門鑿」。

牧童

隨行笠與蓑，未始散天和。暖戲荒城側，寒偎古塚阿。數聲牛背笛，一曲隴頭歌。應是無心問，朝廷事若何？

夢中吟三鄉道中作

夢中説夢猶能憶，夢覺夢中還又隔。今日恩光空喜歡，當年意愛難尋覓。水成流處豈無聲，花到謝時安有色。過此相逢陌路人，都如元未曾相識。〔一〕

【校勘記】

〔一〕「未」，蔡本同，叢刊本、四庫本作「來」。

秋懷三十六首〔一〕

秋月夜初長，〔二〕星斗争煌煌。庭除經小雨，枕簟生微涼。照物無遁形，虚鑑自有光。照事無遁情，虚心自有常。

晴窓日初曛，幽庭雨乍洗。紅蘭静自披，緑竹閑相倚。榮利若浮雲，情懷淡如水。身非天外人，〔三〕意從天外起。

明月生海心，涼風起天末。物象自呈露，襟懷驟披豁。悟盡周孔權，〔四〕解開仁義結。禮法本防姦，豈爲吾曹設。

踈雨滴高梧，微風揺弱柳。此景歲歲同，世人自白首。俗慮易縈仍，塵襟難抖擻。浮生已夢中，其間强爲有。

清湍文鴛鴦，寒潭繡鸂鶒。長天浄如水，不廢秋江碧。男子一寸心，壯士萬夫敵。菡萏香風中，扁舟會相憶。

昨日思沃漿，今日思去扇。豈止人戈矛，炎涼自交戰。〔五〕利害生乎情，〔六〕好尚存乎見。欲人爲善人，必須自爲善。

甘瓜青如藍，紅桃鮮若血。不忍以手拈，而況用齒齧。其色已可愛，其味又更絶。食此無珍言，哀哉口與舌。

國命在乎民，民命在乎食。聖人雖復生，斯言固不易。虛惠豈足尚，教人以姑息。虛名豈足高，教人以緣飾。〔七〕

周《詩》云娶妻，《周易》云歸妹。七夕世俗情，乞巧兒女態。日暮雲雨過，人謂牛女會。雲雨自無蹤，牛女豈相配。

清風無人兼，自可入吾手。明月無人并，自可入吾牖。中心既已平，外物何嘗誘。餘事豈足論，但恐罇無酒。

青蕉葉披敷，碧蘆枝偃亞。風雨蕭蕭天，更漏沉沉夜。彼物固無嫌，此情又何訝。但念征路人，天涯尚留掛。

淡煙冪疎林，輕風裊寒雨。日暮人已歸，羣鷄猶啄黍。此心固不動，此事極難處。一言以蔽之，尚恐費言語。

八月炎涼均，氣味亦自好。臨虛喬木低，遠望行人小。有跡事皆妄，無心物都了。何須更問辛，願君自食蓼。

黄黍秋正熟，黄鷄秋正肥。此物劇易致，古人多重之。可以迓賓友，可以奉親闈。有褐能卒歲，此外何足爲。

稻稌天所生，麴蘗人所制。釀之命爲酒，飲之可成醉。剛者使之柔，懦者使之毅。善移造物權，其功亦不細。

秋色日漸深，老心日益懶。倦即下堦行，閑來弄書卷。廣陌多風塵，見説難閑眼。〔八〕侯門已是深，帝閽又復遠。

塞鴻猶未來，梁燕已辭去。雲山千萬重，相逢在何處。岌嶪都城門，繚遶長亭路。風土敗人衣，纔新又成故。

斷續蟬聲外，稀踈鴈下前。年光空去也，人事益蕭然。洗竹留新笋，䌷書得舊篇。誰知養心者，肯與世爭權。

中秋光景好，中州煙水奇。天重初寒候，人便半醉時。榻緣明月掃，襟待好風吹。一點胷中事，人間都不知。

良月滿高樓，高樓仍中秋。午夜冷露下，千里寒光流。何人將此鑑，拂拭新磨休。照破萬古心，白盡萬古頭。

寒露綴衰草，凄風搖晚林。鳥聲上復下，天氣晴還陰。節改一時事，人懷千古心。誰云子期死，舉世無知音。

風柳散如梳，霜雲淡如掃。高樓破危空，低煙裊寒早。〔九〕此際興不盡，何以戰秋老。止可將酒瓶，同向西風倒。

池荷日取敗，籬菊日就榮。其于品彙間，自與節氣爭。盛衰不同時，賢愚難並行。安得松桂心，四時長青青。

人老秋更老，山深水復深。高木已就脱，慧禽空好音。筋骸非曩日，道德負初心。賴有餘編在，時時尚可尋。

九月氣乍肅，衰柳猶有蟬。霜外踈鐘斷，風餘清籟傳。千山亂遠目，〔一〇〕一鶚摩高天。自非出世人，而敢危行言。

飽霜梨多紅，久雨榴自罅。此果世稱珍，厥味是可詫。地有百物備，天無一言掛。我患尚有言，不得同造化。

惟南有美橘，惟北有美栗。厥包或頗同，厥味信不一。天地豈無情，草木皆有實。物本不負人，人自負于物。

蛺蝶遶寒菊，蟋蟀鳴空堦。門前有犬卧，盡日無客來。清波静中流，白雲閑處堆。何以發天和，時飲酒一杯。

紅葉戰西風，黄花笑寒日。天道有消長，人事無固必。静勝得遺味，夢去知餘失。利害不相沿，是非然後出。

九日登高會，尋幽講雅歡。俗風追故事，天氣薦輕寒。白酒連醅飲，黄花帶露觀。消沉浮世事，何足重汎瀾。

山横暮靄中，鳥逝孤煙外。殘菊憂霜摧，幽蘭懼風敗。患難人不喜，富貴人所愛。我心自不有，〔一一〕愛憎豈能賣。〔一二〕

水寒潭見心，木落山露骨。始信天無涯，萬里不隔物。脱衣掛扶桑，引手探月窟。不負仁義心，區區五十一。

草緑露霑衣，草衰風切肌。物情非作異，人意强生疑。岐動楊朱泣，絲添墨子悲。知之何太晚，徒自淚淋灕。

萬里晴天外，一片霜上月。長松挺青葱，羣卉入消歇。有齒日益衰，有髪日益脱。獲罪固已多，此心難屑屑。

草枯山川貧，木落天地瘦。土口風大行，〔一三〕雲罅日微漏。既往不復追，未來尚可救。餘事不忍言，言之必成咎。

飲酒不甚多，數杯醺心顔。未醺不可止，既醺勸亦難。誰云萬物廣，豈出天地關。誰云萬事廣，豈出人情間。

【校勘記】

〔一〕蔡本僅收有本詩之第一首和第六首，詩題爲「秋懷吟」，下有「二首」二小字。　〔二〕「秋」，蔡本、叢刊本、徐本、四庫本作「七」。　〔三〕「身」，叢刊本、四庫本作「見」。　〔四〕「權」，叢刊本、徐本、四庫本作「道」。

〔五〕「自」，蔡本作「亦」。　〔六〕「乎」，蔡本作「於」。　〔七〕「緣」，四庫本作「言」。　〔八〕「閑」，叢刊本、徐本、四庫本作「開」。　〔九〕「早」，叢刊本、徐本、四庫本作「草」。　〔一〇〕「目」，叢刊本、四庫本作「月」。

〔一一〕「自」，叢刊本作「曰」。　〔一二〕「愛憎」，四庫本作「富貴」。　〔一三〕「大」，叢刊本作「天」。

和陝令張師柔石柱村詩

君爲陝縣令，我實康公孫。始祖有遺烈，託君訪其存。夫君有詩來，題云《石柱村》。石柱之始立，於古無所根。就勒分陝銘，惟唐人之言。既歷年所多，首尾無完文。難以從考正，將焉求其源。我患讀書寡，知識無過人。經書史傳外，不能破羣昏。從長卿公羊，宜自陝而分。從《君陳》《畢命》，宜成周而云。二者兼取之，於義自或尊。〔一〕分政東西郊，可以陝洛論。此説如近之，庶幾緩紛紜。《甘棠》之蔽芾，《石柱》之青新。〔二〕當時之盛事，予不得而親。二《南》之正化，二公之清芬。千載之美談，予可得而聞。棄經而任傳，儒者固不遵。作詩以明之，馳此庸報君。

【校勘記】

〔一〕「自」，徐本作「似」。

〔二〕「青」，四庫本作「清」。

放言〔一〕

既得希夷樂，曾無寵辱驚。泥空終是著，〔二〕齊物到頭爭。忽忽閑拈筆，時時自寫名。誰能苦真性，情外更生情。〔三〕

【校勘記】

〔一〕叢刊本、徐本此詩位於本卷《賀人致政》後。

〔二〕「終是著」，宋本作「俱是着」。

〔三〕下「情」字，宋本作「慎」，疑誤。

伊川擊壤集卷之四

天津新居成謝府尹王君貺尚書嘉祐七年

嘉祐壬寅歲，新巢始僝功。仍分道德里，更近帝王宫。檻仰端門峻，軒迎兩觀雄。窻虚響瀍澗，臺迥瞰伊嵩。好景尤難得，昌辰豈易逢。無才濟天下，有分樂年豐。水竹腹心裏，鶯花淵藪中。老萊歡不已，静節興何窮。〔一〕嘯傲陪真侣，經營賀府公。丹誠徒自寫，匪報是恩隆。

【校勘記】

〔一〕「静」，四庫本作「靖」。

新春吟

多病筋骸五十二，新春猶得共銜杯。踐形有説常希孟，樂内無功可比回。燕去燕來徒自苦，花開花謝漫相催。此心不爲人休慼，二十年來已若灰。

有客吟

伊嵩有客欲無言，進退由來盡俟天。好静未能忘水石，樂閑非爲學神仙。休嗟紫陌難爲客，且喜清風不用錢。枉尺直尋何必較，此心都大不求全。

小圃逢春〔一〕

隨分亭欄亦弄妍，〔二〕不妨閑傍酒壚邊。〔三〕夜簷静透花間月，晝户寒生竹外煙。〔四〕事到悟來全偶爾，天教閑去豈徒然。壺中日月長多少，爛占風光十二年。

【校勘記】

〔一〕詩題，蔡本作「小圃逢春吟」，下有「七言」二小字。〔二〕「亭」，蔡本作「庭」。〔三〕「壚」，蔡本作「爐」。〔四〕「寒」，蔡本、叢刊本、徐本、四庫本作「晴」。

暮春吟

春來小圃弄羣芳，誰居貧居富貴鄉。〔一〕門外柳陰浮翠潤，堦前花影溜紅光。梁間新燕未調舌，〔二〕天末歸鴻已著行。自問心源何所有，〔三〕答云踈懶味偏長。

【校勘記】

〔一〕上「居」字，叢刊本、徐本、四庫本作「爲」，蔡本作「謂」。〔二〕「未」，蔡本作「來」。〔三〕「自」，蔡本作「借」。「何」，蔡本同，叢刊本、徐本、四庫本作「無」。

惜芳菲〔一〕

細筭人間千萬事，皆輸花底共開顔。芳菲大率一春内，爛漫都無十日間。〔二〕亦恐憂愁爲齟齬，更防風雨作艱難。莫教此後成遺恨，把火罇前尚可攀。〔三〕

【校勘記】

〔一〕詩題，蔡本作「惜芳菲四吟」，下有「七言」二小字，本詩爲其中的第一首。〔二〕「爛漫」，蔡本作「爛熳」。〔三〕「把火」，蔡本作「秉燭」。

答人見寄

鬢毛不患漸成霜，有託琴書子一雙。既乏長才康盛世，無如高枕卧南窻。明知筋力難爲強，猶説雲山未樹降。多謝故人相愛甚，轍魚幸免困西江。

弄筆

行年五十二，老去復何憂。事貴照至底，話難言到頭。上有明天子，下有賢諸侯。飽食高眠外，自餘無所求。

問人丐酒〔一〕

百病筋骸一老身，白頭今日愧因循。雖無紫詔還朝速，却有青山入夢頻。〔二〕風月滿天誰是主，林泉遍地豈無人。市沽酒味難醇美，長負襟懷一片春。

【校勘記】

〔一〕詩題，蔡本作「問人丐酒吟」。〔二〕「頻」下，蔡本有小注：「陳希夷答郎中云：九重紫詔□□□□，採鳳御來□留住。又詩云：十年蹤跡走紅塵，但竟青山入夢頻。故有此聯也。」

答客

人間相識幾無數，相識雖多未必知。望我實多全爲道，知予淺處却因詩。升沉休問百年事，〔一〕今古都歸一局棊。乘馬須求似騏驥，奈何騏驥未來時。

【校勘記】

〔一〕「升」，宋本作「浮」。

悟人一言〔一〕

百慮謀猶拙，一言迷自開。世間無大事，天下有雄才。〔二〕唯恐人難得，〔三〕寧憂道未恢。忌心都去盡，何復病塵埃。

【校勘記】

〔一〕詩題，宋本作「悟人」，蔡本作「悟人一言吟」。〔二〕「雄才」，蔡本同，宋本作「英才」。〔三〕「恐」，宋本、蔡本作「患」。

謝人惠筆

愛重寄文房，慇懃謝遠將。兔毫剛且健，筠管直而長。静録新詩稿，閑抄舊藥方。自餘無所用，足以養鋒鋩。

書事吟〔一〕

天地有常理，日月無遁形。〔二〕飽食高眠外，率是皆虛名。〔三〕雖乏伊呂才，不失堯舜氓。〔四〕何須身作相，然後爲太平。

【校勘記】

〔一〕詩題，宋本作「書事」。　〔二〕「形」，四庫本作「行」。　〔三〕「是皆」，宋本作「皆是」。　〔四〕「氓」，宋本作「民」。

雙頭蓮

漢室嬋娟雙姊妹，天台嫖緲兩神仙。當時盡有風流過，謫向人間作瑞蓮。

答人書意

仲尼言正性，子輿言踐形。二者能自得，殆不爲虛生。所交若以道，所感若以誠。雖三軍在前，而莫得之淩。

答人書言

無位立事難，逢時建功易。求全自有毀，舉大須略細。去惡慮傷恩，存惡憂害義。徒有仁者心，殊無仁者意。

答人書〔一〕

卿相一歲俸，寒儒一生費。人爵固不同，天爵何嘗匱。〔二〕不有霜與雪，〔三〕安知松與桂。雖無官自高，豈無道自貴。

【校勘記】

〔一〕詩題，宋本同，蔡本作「答人書誚吟」。〔二〕「天爵」，宋本作「大楽」，蔡本作「天楽」。〔三〕「霜與雪」，蔡本作「雪與霜」。

與人話舊

耳目所聞見，且言三十春。纔更十次閏，已換一番人。圮族綺紈故，朱門車馬新。從來皆偶爾，何者謂功勳。

閑吟

忽忽閑拈筆，時時樂性靈。何嘗無對景，未始便忘情。句會飄然得，詩因偶爾成。天機難狀處，一點自分明。

閑坐吟

當年計過之，今日事難隨。天命不我祐，雲山聊自怡。無何緣淡薄，遂得造希夷。却欲嗤真宰，勞勞應不知。

天津閑步

天子舊神州，葱葱氣象浮。園林閑近水，殿閣遠横秋。浪雪暑猶在，橋虹晴不收。人間無事日，此地好淹留。

天津幽居

予家洛城裏，況復在天津。日近先知曉，天低易得春。時光優化國，景物厚幽人。自可辭軒冕，閑中老此身。

天津水聲〔一〕

洛水近吾廬，潺湲到枕虚。湍驚九秋後，〔二〕波急五更初。細爲輕風背，豪因驟雨餘。幽人有兹樂，何必待笙竽。

【校勘記】

〔一〕此詩宋本在《答人書》中「大楽何嘗匱」之後，疑誤。　〔二〕「驚」，宋本作「流」。

不寢〔一〕

閑坐更已深，〔二〕就寢夜尚永。展轉不成寐，却把前事省。奠枕時昏昏，擁衾還耿耿。西窗明月中，〔三〕數葉芭蕉影。

【校勘記】

〔一〕詩題，宋本作「不寐」。　〔二〕「已」，宋本作「亦」。　〔三〕「明月」，宋本作「月明」。

天宮小閣

夏日到天宮，憑欄望莫窮。古人用心遠，天子建都雄。樓觀深雲裏，山川暮靄中。行人漫來往，〔一〕此意有誰同。〔二〕

【校勘記】

〔一〕「漫」，宋本作「謾」。　〔二〕「有」，宋本作「與」。

聽琴〔一〕

琴宜入夜聽，別起一般情。〔二〕纔覺哀猿絶，還聞離鳳鳴。青山無限好，白髮不須驚。會取坐忘意，方知太古心。〔三〕

【校勘記】

〔一〕詩題，蔡本作「聽琴吟」。〔二〕「情」，蔡本作「聲」，叢刊本、徐本作「清」。〔三〕「心」，蔡本，叢刊本、徐本、四庫本作「情」。

天津感事二十六首

雲輕日淡天津暮，風急林踈洛水秋。獨步獨吟人莫會，時時鷗鷺下汀洲。
寵辱事多今不見，興亡時去止堪哀。請觀今日長安道，抵暮行人猶往來。
鳳樓深處鏁雲煙，一鏁雲煙又百年。痛惜汾陰西祀後，翠華辜負上陽天。
誰引長河貫洛城，鑾輿東去此爲輕。洪濤不服天津東，日夜奔騰作怒聲。
陽烏西去水東流，今古推移幾度秋。四面遠山長斂黛，不知終日爲誰愁。
忙忙負乘兩何殊，往復由來出此途。争似不才閑處坐，平時雲水遶衣裾。
人言垂釣辯浮沉，辯著浮沉用意深。〔一〕吾耻不爲知害性，等閑輕動望魚心。

自古別都多隙地，參天喬木亂昏鴉。荒垣壞堵人耕處，半是前朝卿相家。

鳳凰樓觀冷橫秋，橋下長波入海流。千百年來舊朝市，幾番人向此經由。

輪蹄交錯未嘗停，去若相追來若争。料得中心無別事，苟非干利即干名。

煙樹盡歸秋色裏，人家常在水聲中。數行旅鴈斜飛去，一簇樓臺峭倚空。

渌水悠悠際碧天，平蕪更與遠山連。白頭老叟心無事，閑憑欄干看洛川。〔二〕

去年橋上憑欄人，今歲橋邊騎馬身。橋上橋邊不知數，於今但記十三春。

堤邊草色長芊芊，陌上行人自往還。渌水欲浄不得浄，春風未放柳條閑。

水流任急境一作景。常静，花落雖頻意自閑。不似世人忙裏老，生平未始得開顔。

溪邊閑坐眼慵開，波射長堤勢欲摧。多少水禽文彩好，幾番飛去又飛來。

名利從來本任才，行人不用苦相猜。壺中日月長多少，閑步天津看往來。

地勢東南一槩傾，水流何日得安平。天津更在急流處，無限高深併此聲。

三千里外名荒服，一百年來號太平。争似洛川無事客，何須列土始爲榮。

遶堤楊柳輕風裏，隔水樓臺細雨中。酒放半醺重九後，此時情味更無窮。

著身静處觀人事，放意閑中鍊物情。去盡風波存止水，世間何事不能平。

隋唐而下貴公卿，近世風波走利名。借問天津橋下水，當時湍激作何聲。〔三〕

前朝無限貴公卿，後世徒能記姓名。唯此天津橋下水，古今都作一般聲。

雲無一縷干明月，橋有千尋臥淥波。料得人間無此景，中秋對月興如何？

郟鄏城中同德友，鳳凰樓下會中秋。芳罇倒盡人歸去，月色波光戰未休。

了生始可言常事，〔四〕知性方能議大猷。只此長川無晝夜，爲誰驅逼向東流。〔五〕

【校勘記】

〔一〕「辯」，四庫本作「辨」。　〔二〕「干」，徐本作「杆」。　〔三〕「激」，叢刊本、徐本作「急」。　〔四〕「了」，叢刊本作「子」。　〔五〕「逼」，徐本作「迫」。

誠明吟

孔子生知非假習，孟軻先覺亦須脩。誠明本屬吾家事，自是今人好外求。

繩水吟

有水善平難善直，唯繩能直不能平。如將繩水合爲一，世上何憂事不明。

辛酸吟

辛酸既不爲中味，商徵如何是正音。舉世未能分曲直，使誰爲主主心平。

言默吟〔一〕

當默用言言是垢，〔二〕當言任默默爲塵。當言當默都無任，塵垢何由得到身。

【校勘記】

〔一〕詩題，宋本作「言默」。　〔二〕「用」，宋本同，徐本作「任」。

閑居述事

一點天真都不耗，千鍾人禄是難來。太平自慶無他事，有酒時時三五杯。

竹雨侵人氣自涼，南窻睡起望瀟湘。茅簷滴瀝無休歇，却憶當初宿夜航。

初晴月向松間出，盛暑風從水面來。已比他人多數倍，況能時復舉罇罍。

堂上慈親八十餘，堦前兒女笑相呼。〔一〕旨甘取足隨豐儉，此樂人間更有無。

清歡少有虚三日，劇飲未嘗過五分。〔二〕相見心中無別事，〔三〕不評興廢只論文。〔四〕

花木四時分景致，經書千卷號生涯。〔五〕有人若問閑居處，道德坊中第一家。

【校勘記】

〔一〕「兒女」，宋本作「兒童」。「笑」，宋本、叢刊本、徐本、四庫本作「戲」。　〔二〕「劇」，宋本作「極」。

〔三〕「別」，宋本作「一」。　〔四〕「只」，叢刊本、徐本作「即」。　〔五〕「號」，叢刊本、徐本、四庫本作「好」。

天宫小閣納涼

小閣憑虚看洛城，滿川雲物拱神京。風從萬歲山頭至，多少烟嵐併此清。
小閣於吾有大功，清涼冠絶洛城中。自慙虚薄誠多幸，襟袖長涵萬里風。
小閣清風豈易當，一般情味若羲皇。洛陽有客不知姓，二十年來享此涼。

天宫幽居即事〔一〕

人苦天津遠，〔二〕來須特特來。閑餘知道泰，静久覺神開。〔三〕悟《易》觀棊局，談詩捻酒杯。世情千萬狀，都不與裝懷。〔四〕

【校勘記】

〔一〕詩題，蔡本作「新居吟」。　〔二〕「苦」，蔡本作「若」。　〔三〕「静久覺神開」，蔡本作「争久竟伸開」。
〔四〕「不與」，蔡本作「與不」。

遊龍門

江天無少異，幽鳥下晴沙。路去山形斷，〔一〕川迴渡口斜。龕巖千萬空，〔二〕店舍兩三家。清景四時好，都城況不賒。

【校勘記】

〔一〕「路」，叢刊本、四庫本作「洛」。　〔二〕「空」，叢刊本作「穴」，徐本、四庫本作「穴」。

重遊洛川〔一〕

買石尚饒雲，〔二〕買山當從水。雲可致無心，水能爲鑑止。性以無心明，情由鑑止已。〔三〕二者不可失，出彼而入此。

【校勘記】

〔一〕詩題，蔡本作「重游洛川吟」。　〔二〕「饒雲」，蔡本作「雲饒」。　〔三〕「情」，蔡本作「心」。

川上觀魚〔一〕

天氣冷涵秋，川長魚正遊。〔二〕雖知能避網，〔三〕猶恐悞吞鈎。已絶登門望，曾無點額憂。因思濠上樂，曠達是莊周。

【校勘記】

〔一〕詩題，宋本作「觀魚」。　〔二〕「魚正遊」，宋本作「無止遊」。　〔三〕「雖」，宋本作「誰」。

伊川擊壤集卷之五

後園即事三首嘉祐八年〔一〕

太平身老復何憂，景愛家園自在遊。〔二〕幾樹緑楊陰乍合，〔三〕數聲幽鳥語方休。竹侵舊徑高低迸，〔四〕水滿春渠左右流。〔五〕借問主人何似樂，答云殊不異封侯。〔六〕

天養踈慵自有方，〔七〕洛城分得水雲鄉。〔八〕不聞世上風波險，〔九〕但見壺中日月長。一局閑棊留野客，數杯醇酒面脩篁。〔一〇〕物情悟了都無事，未覺顏淵已坐忘。〔一一〕

年來得疾號詩狂，〔一二〕每度詩狂必命觴。樂道襟懷忘檢束，任真言語省思量。賓朋欵密過從久，〔一三〕雲水優閑興味長。始信淵明深意在，此窻當日比羲皇。〔一四〕

【校勘記】

〔一〕詩題，宋本作「後園」，下有「二首」二小字；蔡本作「即事三吟」。 〔二〕「自在」，蔡本同，宋本作「自有」。 〔三〕「楊」，蔡本同，宋本作「田」。 〔四〕「舊徑」，蔡本同，宋本作「徑舊」。 〔五〕「春」，宋本同，蔡本作「川」。 〔六〕「殊」，宋本作「珠」。 〔七〕「天養踈慵自有方」，蔡本同，宋本作「風養鍊備日有方」。 〔八〕「洛城」，宋本同，蔡本作「陽」。 〔九〕「世上」，蔡本同，宋本作「山上」。 〔一〇〕「脩篁」，蔡本同，宋本作「傛皇」。〔一一〕「覺」，叢刊本、徐本作「學」，蔡本、宋本作「孳」。〔一二〕「年來得疾」，蔡本作「老年得病」。〔一三〕「欵」，蔡本作「疑」。〔一四〕「此」，蔡本、叢刊本、徐本、四庫本作「北」。

觀棊長吟〔一〕

院静春深晝掩扉，〔二〕竹間閑看客争棊。搜羅神鬼聚胷臆，措置山河入範圍。〔三〕局合龍蛇成陣鬬，劫殘鴻鴈破行飛。殺多項羽坑秦卒，〔四〕敗劇苻堅畏晉師。座上戈鋋嘗擊搏，〔五〕面前冰炭旋更移。死生共抵兩家事，勝負都由一着時。當路斷無相假借，對人須且强推辭。〔六〕腹心受害誠堪懼，脣齒生憂尚可醫。善用中傷爲得策，陰行狡猾謂知機。請觀今日長安道，易地何嘗不有之。

【校勘記】

〔一〕蔡本「吟」下有「七言」二小字。〔二〕「院静」，蔡本同，徐本作「静院」。〔三〕「置」，蔡本同，叢刊本、徐本、四庫本作「致」。〔四〕「項羽」，蔡本作「項籍」。〔五〕蔡本「鋋」作「矛」，「搏」下有小注「矛一作鋋」四字。〔六〕「辭」下，蔡本有小注「且一作是」四字。

秋日登崇德閣二首

無限英賢抑壯圖，〔一〕登臨不用起長吁。山川千古戰争後，冠劍百年零落餘。浪把功名爲己任，那知富貴豈人謨。丹青曲盡世間妙，寫得憑欄意思無。

一百年來號太平，當初仍患不丁寧。京都尚有漢唐氣，宮闕猶虛霸王形。煙外亂峯纔隱約，霜餘紅樹半凋零。罇中有酒難成醉，旋被西風吹又醒。〔二〕

【校勘記】

〔一〕「英」，叢刊本、四庫本作「高」。　〔二〕「被」，叢刊本、徐本作「彼」。

秋日飲後晚歸

水竹園林秋更好，忍把芳罇容易倒。重陽已過菊方開，情多不學年光老。〔一〕陰雲不動楊柳低，風遞輕寒生暮早。〔二〕無涯逸興不可收，馬蹄慢踏天街草。

【校勘記】

〔一〕「學」，徐本作「覺」。　〔二〕「早」，叢刊本、四庫本作「草」。

寄陝守祖擇之舍人

記得相逢否，當時在海東。別離千里外，倏忽十年中。跡異名尤異，心同齒更同。終期再清會，文酒樂無窮。〔一〕

【校勘記】

〔一〕「文」，叢刊本、四庫本作「交」。

哭張元伯職方

近年老輩頻凋落，使我中心又惻然。洛社掛冠高卧者，唯君清澈如神仙。昔者與君論少長，〔一〕今日與君争後先。把酒酹君君必知，爲君灑淚西風前。

【校勘記】

〔一〕「者」，叢刊本、徐本、四庫本作「日」。

哭張師柔長官

生平志在立功名，誰謂才難與命争。絶筆有詩形雅意，蓋棺無地盡交情。胷中時事何由展，天下人才不復評。魂若有知宜自慰，子孫大可振家聲。

和登封裴寺丞翰見寄治平三年

陋巷簞瓢世所傳，予何人則耻蕭然。〔一〕既知富貴須由命，難把升沉更問天。静默有功成野性，騫驤無路學時賢。紛華出入金門者，應笑溪翁治石田。

【校勘記】

〔一〕「則」，四庫本作「斯」。

何事吟寄三城富相公〔一〕

何事教人用意深，出塵些子索沉吟。施爲欲似千鈞弩，磨礪當如百鍊金。〔二〕釣水誤持生殺柄，着棊閑動戰争心。一杯酒美聊康濟，林下時時或自斟。

【校勘記】

〔一〕此詩叢刊本、四庫本置於卷三《名利吟》下。詩題叢刊本作「何事吟」，宋本作「何事」。〔二〕「礪」，宋本作「勵」。

代書寄友人〔一〕

當年有志高天下，嘗讀前書笑謝安。豈謂此身甘老朽，尚無閑地可盤桓。棊逢敵手纔堪着，琴少知音不願彈。非止不才能退默，古賢長恨得時難。

【校勘記】

〔一〕詩題，宋本作「代書友人」。

訪姚輔周郎中月陂西園

相憶不可遏，西街來訪時。交横過溝水，隙曲遶蔬畦。樹偃低頭避，笻高换手持。朋遊相得甚，何樂更如之。

依韻謝登封劉李裴三君見約遊山

諸公見約往嵩前，重走新詩各一篇。擺落塵埃非敢後，訪尋雲水奈輸先。三陽宫近叢幽石，萬歲峯高幂紫煙。多少勝遊俱未到，願陪仙躅共攀緣。

登嵩頂

九州環遶若棊枰，〔一〕萬歲嵩高看太平。四海有人能統御，中原何復有交争。〔二〕長憂眼見姦雄輩，且願身爲堯舜氓。五十三年蕪没事，如今方喜看春耕。

【校勘記】

〔一〕「若」，叢刊本作「持」，四庫本作「峙」。〔二〕「交」，叢刊本作「咬」。

登封縣宇觀少室

天地始融結，此山已高極。羣峯擁旌幢，巨石羅劒戟。日出崖先紅，雨餘嵐更碧。安知無神仙，其間久遁跡。

山中寄登封令

初離縣日謀經宿，既到山中未忍迴。公宇若無民事決，願攜茶器上山來。

歸洛寄鄭州祖擇之龍圖

恩深骨髓謂慈親，義重丘山是故人。歸過嵩陽舊遊地，白雲收得薜蘿身。

和祖龍圖見寄

吾家職分是雲山，不見雲山不解顏。遊興亦難拘日限，〔一〕夢魂都不到人間。煙嵐欲極無涯樂，軒冕何常有暫閑。洛社交朋屢思約，〔二〕幾時曾得略躋攀。

【校勘記】

〔一〕「限」，叢刊本、四庫本作「阻」。

〔二〕「思」，叢刊本、徐本、四庫本作「相」。

緣飾吟〔一〕

緣飾了時稱好手，作爲成處似真家。〔二〕須防冷眼人觀覰，〔三〕傀儡都無帳幕遮。〔四〕

【校勘記】

〔一〕詩題，宋本作「寄友人」。〔二〕「似」，叢刊本、四庫本作「是」。〔三〕「覰」，宋本作「視」。

〔四〕「都無」，宋本作「訴無」。

自況三首

名利場中難著脚，林泉路上早迴頭。不然半百殘軀體，正被風波汩未休。

滿天風月爲官守，〔一〕遍地雲山是事權。〔二〕唯我敢開無意口，〔三〕對人高道不妨言。

每恨性昏聞道晚，長慙智短適時難。人生三萬六千日，二萬日來身却閑。

【校勘記】

〔一〕「風月」，宋本作「明月」。〔二〕「權」，宋本作「難」。〔三〕「意」，宋本作「語」。

偶書

紛紛議論出多門，安得真儒號縉紳。名教一宗長有主，〔一〕中原萬里豈無人。皇王帝伯時

雖異，〔二〕禮樂詩書道自新。觀古事多今可見，不知何者爲經綸。〔三〕

【校勘記】

〔一〕「名教」，宋本作「多交」。　〔二〕「王」，宋本作「玉」，疑誤。　〔三〕「爲」，宋本作「號」。

代書寄商洛令陳成伯

此去替期猶半歲，〔一〕商山窮僻少醫名。感傷多後氣防滯，〔二〕成伯悼亡。暑濕偏時疾易生。聖智不能無蹇剥，賢才方善處哀榮。斯言至淺理非淺，少補英豪一二明。

【校勘記】

〔一〕「替」，四庫本作「暫」。　〔二〕「氣」，叢刊本、四庫本作「風」。

治平丁未仲秋遊伊洛二川六日晚出洛城西門宿奉親僧舍聽張道人彈琴〔一〕

向晚驅車出上陽，〔二〕初程便宿水雲鄉。更聞數弄神仙曲，始信壺中日月長。

【校勘記】

〔一〕詩題，在宋本中本詩及以下三首詩統作「遊伊落」，下有「四首」二小字。　〔二〕「向晚」，宋本作「六日」。

七日遡洛夜宿延秋莊上

八月延秋禾熟天，〔一〕農家富貴在豐年。一簞雞黍一瓢酒，〔二〕誰羨王公食萬錢。〔三〕

【校勘記】

〔一〕「八月」，宋本作「秋自」。「熟」，宋本作「黍」。〔二〕「酒」，宋本作「飲」。〔三〕「食」，宋本同，四庫本作「十」。

八日渡洛登南山觀噴玉泉會壽安縣張趙尹三君同遊

渡洛南觀噴玉泉，〔一〕千峯萬峯遥相連。中間一道長如雪，飛入寒潭不記年。〔二〕

【校勘記】

〔一〕「渡洛」，宋本作「七日」。〔二〕「入」，宋本作「落」。

九日登壽安縣錦𡺲山下宿邑中

煙嵐一簇特崔嵬，〔一〕到此令人心自灰。上有神仙不知姓，洞門閑倚白雲開。

並轡西遊疊石溪，斷崖環合與雲齊。飛泉亦有留人意，肯負他年向此棲。〔二〕疊石溪在縣南五六里。

【校勘記】

〔一〕「特」，宋本作「恃」。　〔二〕「向」，叢刊本、四庫本作「尚」。

十日西過永濟橋唐橋名

十日西行過永濟，時時細雨濕衫衣。〔一〕多情會得山神意，猶恐行人欠翠微。

【校勘記】

〔一〕「衫衣」，徐本作「衣衫」。

過宜陽城二首〔一〕

六國區區共事秦，疲於奔命尚難親。〔二〕如何殺盡半天下，豈是關東没一人。〔三〕

當日宜陽號别都，奈何韓國特區區。子房不得宣遺恨，博浪沙中中副車。

【校勘記】

〔一〕詩題，宋本同，但僅收録前一首詩。　〔二〕「尚難親」，宋本作「未能兒」。　〔三〕「豈是」，宋本作「豈謂」。

十一日福昌縣會雨

雲勢移峯緩，泉聲出竹遲。此時無限意，唯有翠禽知。

依韻和壽安尹尉有寄

不向紅塵浪著鞭，殊無才業合時賢。本酬壯志都無效，欲住青山却有緣。翠竹陰中開縹帙，白雲堆裏揖飛泉。錦幈正與南溪對，〔一〕他日從遊子子傳。〔二〕

【校勘記】

〔一〕「南溪」，叢刊本、徐本、四庫本作「溪南」。　〔二〕「子子」，四庫本作「字字」。

十二日同福昌令王贊善遊龍潭潭在南山，去縣十五里

二潭冷浸崖根黑，〔一〕數峯高入雲衢碧。遊人屏氣不敢言，長恐雷霆奮於側。水邊静坐天將暮，猶自盤桓未成去。馬上迴頭更一觀，雲烟已隔無重數。

【校勘記】

〔一〕「二」，叢刊本、徐本、四庫本作「一」。

十三日遊上寺在縣北及黄澗在縣西

能休塵境爲真境，未了僧家是俗家。不向此中尋洞府，更於何處覓藏花。〔一〕堪嗟五伯争周燼，可笑三分拾漢餘。何似不才閑處坐，平時雲水遶衣裾。

【校勘記】

〔一〕「藏」，叢刊本作「城」。

十四日留題福昌縣宇之東軒

洛川秋入景尤佳，微雨初過徑路斜。水竹洞中藏縣宇，煙嵐塢裏住人家。霜餘紅間千重葉，天外晴排數縷霞。溪淺溪深清瀲灩，峯高峯下碧查牙。鳥因擇木飛還遠，雲爲無心去更賒。蓋世功名多齟齬，出羣才業足咨嗟。〔一〕浮生日月仍須惜，半老筋骸莫強誇。就此巖邊宜築室，樂吾真樂樂無涯。

【校勘記】

〔一〕「嗟」，叢刊本作「元」。

十五日別福昌因有所感

連昌宮廢昌河在，事去時移語浪傳。下有荒祠難問處，古槐枝秃竹參天。

是夕宿至錦屏山下

尋常看月亦嬋娟，不似今宵特地圓。疑是素娥紓宿憾，相逢爲在錦屏前。

十六日依韻酬福昌令有寄

道義相歡豈易親，古稱難處是知人。文章不結市朝士，榮辱非關雲水身。話入精詳皆物理，言無形跡盡天真。他時洛社過從輩，圖牒中添又一鄰。

十七日錦屏山下謝城中張孫二君惠茶

山似捼藍波似染，遊心一句難拘檢。〔一〕仍攜二友所分茶，每到煙嵐深處點。

【校勘記】

〔一〕「句」，叢刊本、徐本、四庫本作「向」。

壽安縣晚望

休歎浮生榮與辱，且聽終日水潺潺。遥穿暝靄孤鴻去，〔一〕横截野煙雙鷺還。佳樹又作老木。排青巖下圃，好峯環翠縣前山。報言名利差輕者，少輟光陰到此間。

【校勘記】

〔一〕「暝」，叢刊本、四庫本作「瞑」。

十八日逾牽羊坂南達伊川墳上

三尺荒墳百尺山，生身慈愛在其間。此情至死不能盡，日暮徘徊又且還。

思程氏父子兄弟因以寄之

年年時節近中秋，佳水佳山爛熳遊。〔一〕此際歸期爲君促，伊川不得久遲留。氣候如當日，山川似舊時。獨來還獨往，此意有誰知。

【校勘記】

〔一〕「爛熳」，叢刊本、四庫本作「熳爛」。

十九日歸洛城路遊龍門

伊川徃復過龍山，每過龍山意且閑。莫道移人不由境，可堪深著利名間。〔一〕

無煩物象弄精神，世態何常不喜新。唯有前墀好風月，清光依舊屬閑人。

【校勘記】

〔一〕「間」，叢刊本作「閒」，徐本作「閑」。

留題龍門〔一〕

融結成來不記秋，斷崖蒼壁鎖煙愁。〔二〕中分洪造夏王力，横截大山伊水流。〔三〕八節灘聲長在耳，一川風景盡歸樓。〔四〕行人莫動憑欄興，無限英雄浪白頭。

誰將長劒斬長蛟，斬斷長蛟劒復韜。爪尾蜿蜒凝華嶽，角牙獰惡結嵩高。骨傷兩處嶄蒼壁，血出東流洶巨濤。此物猶難保身首，爲言讒口莫嗷嗷。〔五〕

【校勘記】

〔一〕詩題，蔡本作「留題龍門二吟」。〔二〕「鎖」，蔡本作「瑣」。〔三〕「大山」，蔡本作「大川」。

〔四〕「風景」，蔡本作「風物」。〔五〕「爲」，叢刊本、徐本、四庫本作「謂」，蔡本作「誰」。

龍門石樓看伊川

數朝從款走煙霞，縱意憑欄看物華。百尺樓臺通鳥道，一川煙水屬僧家。直須心逸方爲樂，始信官榮未足誇。此景得遊無事日，也宜知幸福無涯。

二十日到城中見交舊

年年此際走煙嵐，人亦何嘗謂我貪。歸見交親話清勝，且無防患在三緘。

二十二日晚步天津次日有詩

溪翁昨晚步天津，步到天津佇立頻。洛水只聞煎去棹，西風唯解促行人。山川慘淡籠寒雨，樓觀參差鎖暮雲。此景分明誰會得，欲霜時候鴈來賓。

二十五日依韻和左藏吴傳正寺丞見贈

上陽光景好看書，非象之中有坦途。良月引歸芳草渡，快風飛過洞庭湖。不因赤水時時往，焉有黄芽日日娱。莫道天津便無事，也須閑處著工夫。來詩云：「從此天津南畔景，不教都屬邵堯夫。」故有是句。

二十九日依韻和洛陽陸剛叔主簿見贈

一霎蕭蕭晚雨餘，鳳凰樓下偶驅車。郄詵片玉知能挹，〔一〕樂廣青天幸未踈。相闊夏秋聞甚事，可親燈火讀何書。恨無束帛嘉程子，徒自悁悁返弊廬。〔二〕

【校勘記】

〔一〕「挹」，四庫本作「憶」。

〔二〕「弊」，徐本、四庫本作「敝」，叢刊本作「獘」。

伊川擊壤集卷之六

代書寄劒州普安令周士彦屯田

作官休用歎奚爲，未有升高不自卑。君子屈伸方爲道，吾儒進退貴從宜。即今彭澤歸何地，他日東門去未遲。痛恨伊嵩景無限，一名佳處重求資。

二蜀至三吴，中間萬里餘。去年方北望，今歲復西驅。劒閣離天日，秦川限帝都。臨風相憶處，能飲一杯無。

又一絶

正當老輩過從日，況值高秋摇落天。一把黄花一罇酒，故人西去又經年。

和趙充德秘丞見贈〔一〕

人言人事危冠冕，吾愛吾生遠市朝。〔二〕野面不堪趨魏闕，閑身唯稱訪楊寥。殊無紀律詩千首，富有雲山酒一瓢。預惜軒車又東去，〔三〕自兹風月恐難招。

【校勘記】

〔一〕「德」，叢刊本、徐本、四庫本作「道」。

〔二〕「生」，叢刊本、徐本、四庫本作「廬」。

〔三〕「惜」，叢刊

本、徐本、四庫本作「借」。

和王不疑郎中見贈

二十年來住洛都，眼前人事任紛如。形同草木何勝野，心類鐘彝不啻虚。已沐仁風深骨髓，更驚詩思劇瓊琚。莊周休道虧名實，自是無才悦衆狙。

和魏教授見贈

清世文章日月懸，無才唯幸樂豐年。遊山太室更少室，看水伊川又洛川。古有孟軻難語覺，時無顔子易爲賢。讀書每到天根處，長懼諸公問極玄。

和吴沖卿省副見贈

非有非無是祖鄉，都來相去一毫芒。人人可到我未到，物物不妨誰與妨。失即肝脾爲楚越，得之藜藿是膏粱。一言千古難知處，妙用仍須看吕梁。

和孫傳師秘教見贈

天津南畔是吾廬，時荷夫君枉乘車。始爲退來忘檢束，却因閑久長空踈。與其功業逋青史，孰若雲山負素書。一片丹誠最難狀，庶幾長得類舟虛。

依韻和陳成伯著作長壽雪會

瓊苑羣花一夜新，瑶臺十二玉爲塵。城中竹葉湧增價，坐上楊花盛學春。時會梁園皆墨客，誰思姑射有神人。餘糧豈止千倉望，盈尺仍宜莫厭頻。

依韻和陳成伯著作史館園會上作

竹遶長松松遶亭，令人到此骨毛清。梅梢帶雪微微坼，〔一〕水脉連冰湝湝鳴。殘臘歲華無柰感，半醺襟韻不勝情。誰憐相國名空在，吾道如何必可行。

【校勘記】

〔一〕「坼」，叢刊本、徐本作「拆」。

和夔峽張憲白帝城懷古

不憤曹公跨許昌，苟非梁益莫争王。三分區宇風雷惡，横截西南氣勢强。行客往來閑指點，史官褒貶浪文章。後人未識興亡意，請看江心舊戰場。

閑適吟熙寧元年

爲士幸而居盛世，住家况復在中都。虚名浮利非我有，〔一〕淥水青山何處無。選勝直宜尋美景，命儔須是擇吾徒。樂閑本屬閑人事，又與偷閑事更殊。

六尺眼前安樂身，四時争忍負佳辰。温涼氣候二八月，道義賓朋三五人。量力杯盤隨草具，開懷語笑任天真。勸君似此清閑事，雖老何須更厭頻。

莫將真氣助憂傷，憤死英豪世更長。陌上雖多馬跳躍，天邊亦有鳳翱翔。三千賓客磨圭角，百二山河擁劒鋩。等是一場春夢過，自餘惡足更悲涼。〔二〕

南窗睡起望春山，山在霏霺煙靄間。〔三〕千里難逃兩眼净，百年未見一人閑。情如落絮無高下，心似遊絲自往還。又恐幽禽知此意，故來枝上語綿蠻。

誰將造化屬東風，一屬東風事莫窮。殘臘也宜先作策，新正其那便要功。柳梢借暖渾摇軟，梅蕚偷春半露紅。安得驅時情意在，輕衫撩亂少年中。

【校勘記】

〔一〕「淥」，叢刊本、四庫本作「緑」。〔二〕「更」，叢刊本、徐本、四庫本作「自」。〔三〕「霺」，叢刊本、四庫本作「微」。

桃李吟

桃李因風花滿枝，因風桃李却離披。慘舒相繼不離手，憂喜兩般都在眉。泰到盛時須入蠱，〔一〕否當極處却成隨。〔二〕今人休愛古人好，只爲今人生較遲。〔三〕

【校勘記】

〔一〕「盛」，蔡本作「甚」。　〔二〕「却」，蔡本作「必」。　〔三〕「只爲」，蔡本作「只是」。

傷心行〔一〕

不知何鐵打成針，一打成針只刺心。料得人心不過寸，刺時須刺十分深。

【校勘記】

〔一〕詩題「傷心行」，徐本作「傷心吟」。

傷二舍弟無疾而化〔一〕

手足情深不可忘，割心猶未比其傷。急難疇昔爾相濟，終鮮如今我遂當。韡韡棣開無並萼，邕邕鴈去破初行。自兹明月清風夜，蕭索東籬看斷腸。二弟殯東籬下，後得渠《重九詩》云：「衣如當月白，花似昔年黄。擬問東籬事，東籬事渺茫。」語類讖。

腸斷東籬何所尋，東籬從此事沉沉。差肩行處皆成往，吊影傷時無似今。清淚已乾情莫極，黄泉未到恨非深。不知何日能消盡，〔二〕三十二年雍睦心。

【校勘記】

〔一〕詩題「化」下，叢刊本、徐本有小注「二首」二字。〔二〕「消」，叢刊本、徐本、四庫本作「銷」。

又一首

兄既名雍弟名睦，弟兄雍睦情何足。居常出入留一人，奉親教子如其欲。慈父享年七十九，四人稚子常相逐。其間同戲彩衣時，堂上愉愉歡可掬。慈父前年忽傾逝，〔一〕爾弟今年命還促。獨予奉母引四子，日對几筵相向哭。不知腸有幾千尺，不知淚有幾千斛。斷盡滴盡無柰何，恩日恩光焉可贖。

【校勘記】

〔一〕「年」，叢刊本、四庫本作「生」。

又一絶

手足恩情重，塤篪歡樂長。要知能忘處，墳草兩荒涼。

聽杜鵑思亡弟

嘗憶去年初夏時，與爾同聽杜鵑啼。杜鵑今年又復至，還是去年初夏時。禽鳥亦知人意切，一聲未絶一聲悲。腸隨此聲既已斷，魂逐此禽何處飛。

書亡弟殯所

後乎吾來，先乎吾往。當往之初，殊不相讓。

南園南晚步思亡弟

南園之南草如茵，迎風晚步清無塵。不得與爾同歡欣，又疑天上有飛雲。〔一〕一片世間來作人，飄來飄去殊無因。

【校勘記】

〔一〕「飛」，叢刊本、四庫本作「幾」。

自憫

天無私覆古今同，手足情多驟一空。五七年來併家難，六十歲許更頭風。常情不免順世俗，私計固難專僕童。安得仙人舊查在，〔一〕伊川雲水樂無窮。

【校勘記】

〔一〕「查」，四庫本作「槎」。

戊申自貽

雖老仍思鼓缶歌，庶幾都未喪天和。明夷用晦止于是，無妄生災終奈何。似箭光陰頭上去，如麻人事眼前過。中間若不自爲計，所損其來又更多。

代書寄北海幕趙充道太傅熙寧二年〔一〕

自從終鮮罷吟哦，聊爲臨風一浩歌。别易會難情不已，登高望遠興如何。百年可惜時無再，千里相思事更多。〔二〕今日罇罍真北海，况君雅重幾人過。

【校勘記】

〔一〕詩題，宋本作「寄趙太傅」。　〔二〕「千里」，宋本作「十里」。

依韻和王不疑少卿見贈〔一〕

不把憂愁累物華，光陰過眼疾如車。以平爲樂忝知分，待足求安恐未涯。食罷有時尋蕙圃，睡餘無事訪僧家。天津風月勝他處，長是思君共煑茶。

【校勘記】

〔一〕詩題，宋本作「和王少卿」。

仁者吟

仁者難尋思有常，〔一〕平居慎勿恃無傷。〔二〕争先徑路機關惡，近後語言滋味長。爽口物多須作疾，〔三〕快心事過必爲殃。與其病後能求藥，〔四〕不若病前能自防。

【校勘記】

〔一〕「尋」，蔡本、叢刊本、徐本、四庫本作「逢」。　〔二〕「傷」，蔡本作「妨」。　〔三〕「物」，蔡本作「味」。

〔四〕「求」，蔡本作「服」。

東軒消梅初開勸客酒二首〔一〕

爲愛消梅勝早梅，數枝先發日徘徊。若教嶺表臘前盡，安有洛陽正後開。香逐暖風初出谷，艷隨芳酒正浮醅。佳賔會取東君意，莫負乘春此際來。

春色融融滿洛城，莫辭行樂慰平生。深思賢友開眉笑，〔二〕重惜梅花照眼明。况是山翁差好事，可憐芳酒最多情。此時不向罇前醉，更向何時醉太平。

【校勘記】

〔一〕詩題，宋本作「消梅開勸酒」。　〔二〕「賢」，叢刊本、四庫本作「閑」。

清風長吟〔一〕

宇宙中和氣，清泠無比方。與時蠲疾病，爲歲造豐穰。〔二〕起自青蘋末，來從翠樹傍。得逢明月夜，便入故人鄉。密葉摇重幄，殷花舞靚粧。兩三聲迥笛，千萬縷垂楊。細度絲桐韻，深傳蘭蕙香。樓臺臨遠水，軒檻近脩篁。盛夏驅煩暑，初晴送晚涼。〔三〕輕披緑荷芰，緩透薄衣裳。浪走翩翻袂，〔四〕波生瀲灩觴。閑愁難著莫，幽思易飛揚。快若乘天馬，醒如沃蔗漿。〔五〕面前遊閬苑，坐上泛瀟湘。不可將錢買，焉能用斗量。依憑全藉德，收貯豈須倉。無患兼并取，寧憂寇盜攘。〔六〕以兹爲樂事，〔七〕未始有憂傷。

【校勘記】

〔一〕詩題，宋本作「清風長」。　〔二〕「歲」，宋本作「我」。　〔三〕「晴」，宋本作「秋」。「送」，宋本作「夜」。　〔四〕「翩翻」，宋本同，叢刊本、四庫本作「翻翩」，下同。　〔五〕「沃蔗漿」，宋本作「沽薦□」。　〔六〕「攘」，宋本作「壤」，疑誤。　〔七〕「事」，宋本作「土」。

垂柳長吟〔一〕

垂柳有兩種，有長有短垂。〔二〕唯兹長一種，偏與静相宜。院宇深春後，〔三〕亭臺晚景時。〔四〕不勝煙冪冪，無柰日遲遲。霡霂雨初過，清泠風乍吹。章臺街左右，華表柱東西。起眼出墻樹，拂頭當路枝。翩翻緑羅帶，〔五〕縹緲縷金衣。蕩颺飄晴絮，繽紛舞暖絲。〔六〕絲牽寸腸斷，絮入萬家飛。婀娜王恭韻，婆娑趙后姿。脩妍張緒少，柔軟沈侯羸。濯濯青拖地，毿毿翠遶池。般添花灼灼，引惹草萋萋。〔七〕鬱鬱籠山館，踈踈映酒旗。贈人人自泣，駐馬馬還嘶。影裏咿啞去，陰中轣轆歸。淒涼裝暝靄，淡薄掛斜暉。懊惱輕攀折，憂愁重別離。早衰緣傍道，先茂爲臨溪。樓外蟬纔噪，橋邊鶯又啼。〔八〕生憎遮望眼，死恨學粧眉。遠客莫知數，〔九〕長條曾繫誰。經霜儘憔悴，來歲却依依。

【校勘記】

〔一〕詩題，宋本作「垂柳長」。　〔二〕「有長」，宋本作「長垂」。　〔三〕「深春後」，宋本作「方深夜」。

〔四〕「亭」，宋本作「庭」。　〔五〕「翩翻」，宋本作「翩翩」。　〔六〕「暖」，宋本作「滛」。　〔七〕「萋萋」，宋本同，叢刊本、四庫本作「凄凄」。　〔八〕「邊」，宋本作「頭」。　〔九〕「知」，宋本作「如」。

落花長吟〔一〕

以酒戰花穠，花穠酒更濃。花能十日盡，酒未百壺空。尚喜裝衣袂，猶憐墜酒鍾。多情唯粉蝶，薄倖是遊蜂。減却墻頭艷，添爲徑畔紅。飄零深院宇，點綴静簾櫳。〔二〕又恐隨流水，仍憂嫁遠風。〔三〕水流猶委曲，風遠便西東。狼藉殘春後，離披晚照中。亭臺雖有主，軒騎斷無蹤。〔四〕劍去擁妃子，兵來圍石崇。馬嵬方戀戀，金谷正怱怱。〔五〕曹植辭休切，襄王夢已終。謬稱尋洛浦，浪説數巫峯。燕訴寃還在，鶯傳信莫通。苔錢如可買，柳線自能縫。〔六〕悵望尤真宰，淒涼殢化工。放教成爛熳，〔七〕不使略從容。命掃心争忍，言收計遂窮。異香銷骨髓，絶色死英雄。任詑回天力，饒矜蓋世功。柰何時既往，到了事難重。開謝形相戾，興衰理一同。天機之淺者，未始免忡忡。

【校勘記】

〔一〕詩題，宋本作「落花長」。〔二〕「櫳」，宋本、叢刊本、徐本、四庫本作「籠」。〔三〕「嫁」，宋本作「駕」。〔四〕「斷」，宋本作「數」。〔五〕「怱怱」，叢刊本、徐本、四庫本作「匆匆」，宋本作「蔥蔥」。〔六〕「自能」，宋本作「自難」。此下，宋本脱二十字。〔七〕「熳」，叢刊本、徐本作「没」。

芳草長吟〔一〕

芳草更休生，芳罇更不傾。草如生不已，罇豈便能停。雨後閑池閣，春深小院庭。是時簾半卷，〔二〕此際酒初醒。密密嫩方布，茸茸緑已成。送迴殘照淡，引起曉寒輕。〔三〕静襯花村薄，閑裝竹塢清。溪邊微水浸，原上未春耕。莫遣香車輾，〔四〕休教細馬行。〔五〕藉餘無限意，望久不勝情。臺迥眉初歛，〔六〕樓危眼乍明。低低暮雲碧，隱隱遠山青。翠接鴛鴦浦，〔七〕萋連楊柳汀。〔八〕江潭夜帆落，海渚晚舟横。戍壘角一弄，牧童笛數聲。沙頭雙鷺下，渡口亂鴻驚。〔九〕蓊鬱出征地，芊綿奉使程。遠披來往路，遍遶短長亭。苒苒秦皇墓，離離漢帝城。荒涼故銅雀，破碎舊金陵。霧鏁前朝事，煙昏後世名。枯猶藏狡兔，腐亦化流螢。縱剗奚由盡，纔燒又却榮。徒能蔽京觀，仍願且升平。〔十〕

【校勘記】

〔一〕詩題，宋本作「芳草長」。〔二〕「卷」，宋本作「捲」。〔三〕「輕」，宋本同，叢刊本作「再」。〔四〕「香」，宋本同，叢刊本、四庫本作「春」。〔五〕「教」，宋本作「交」。〔六〕「臺」，宋本作「室」。〔七〕「翠」，宋本作「卒」。〔八〕「連」，宋本作「迷」。〔九〕「鴻」，宋本作「鴉」。〔十〕「願且」，宋本作「且願」。

春水長吟

春在水自渌，〔一〕春歸渌遂休。清非不逮渌，春柰勝于秋。渌向陽中得，清於冷上求。加於清一等，用是渌爲優。薄薄氷初泮，微微雨乍收。〔二〕渺瀰新島嶼，瀲灧舊汀洲。荷芰低猶卷，菰蒲嫩已抽。蘋蘩雖漸出，藻荇未全稠。日暖鴛鴦浴，〔三〕煙晴翡翠游。波平躍雙鯉，〔四〕風静戲羣鷗。西蜀遨争舉，〔五〕東甌禊競修。〔六〕武陵花再識，漢曲珮還投。臺下溶溶過，堤邊漫漫流。檻前纔泚泚，天外更悠悠。泛濫情懷惡，潺湲意思幽。遠山遮不斷一作住，别浦去難留。二月溪橋畔，〔七〕三吴野渡頭。依前横兩槳，特地送孤舟。畫手方停筆，〔八〕騷人正倚樓。長江飛絮外，只是動離愁。

【校勘記】

〔一〕「渌」，宋本作「緑」，下同。　〔二〕「乍」，宋本同，叢刊本、四庫本作「水」。　〔三〕「浴」，宋本作「戲」。

〔四〕「躍雙鯉」，宋本同，叢刊本作「雙躍鯉」。　〔五〕「争」，宋本作「乍」。　〔六〕「甌」，宋本作「歐」。

〔七〕「二月」，宋本作「一月」。　〔八〕「畫」，宋本作「書」。

花月長吟〔一〕

少年貪讀兩行書，人世樂事都如愚。〔二〕而今却欲釋前憾，柰何意氣難如初。每逢花開與月圓，一般情態還何如。當此之際無詩酒，情亦願死不願甦。花逢皓月精神好，月見奇花光彩舒。人與花月合爲一，但覺此身遊蘂珠。〔三〕又恐月爲雲阻隔，又恐花爲風破除。若無詩酒重收管，過此又却成輕辜。可收幸有長詩篇，可管幸有清酒壺。詩篇酒壺時一講，長如花月相招呼。有花無月愁花老，〔四〕有月無花恨月孤。月恨只憑詩告訴，花愁全仰酒支梧。〔五〕月恨花愁無一點，始知詩酒有功夫。些兒林下閑踈散，做得風流罪過無。

【校勘記】

〔一〕詩題，宋本作「花月長」。〔二〕「事」，宋本作「土」。〔三〕「但」，宋本作「旦」。〔四〕「愁」，宋本作「秋」。〔五〕「梧」，宋本同，徐本作「吾」。

同府尹李給事遊上清宫

洛城二月春摇蕩，桃李盛開如步障。高花下花紅相連，垂楊更出高花上。閑陪大尹出都門，邙阜真宫共尋訪。不見翠華西幸時，臨風盡日獨惆悵。

乞笛竹栽於李少保宅

浪種閑花占地生，未嘗容易暫留情。柰何苦愛淩霜節一作物，况是猶存鏤管名。待鳳至時當有實，學龍吟處豈無聲。幽人願乞數枝種，得自君家又更榮。

思山吟〔一〕

看即青山與白雲，尋思没量大功勳。未知樂處緣何事，豈止飢時會茹葷。千首拙詩難著怨，一罇芳醑别涵春。壺中日月長多少，能老紅塵幾輩人。

衹恐身閑心未閑，〔二〕心閑何必住雲山。果然得手情性上，〔三〕更肯埋頭利害間。〔四〕動止未嘗防忌諱，語言何復著機關。不圖爲樂至于此，天馬無蹤自往還。

【校勘記】

〔一〕詩題，宋本作「利害」。　〔二〕「身閑心」，宋本作「心閑身」。　〔三〕「手情性」，宋本作「守性情」。

〔四〕「更肯埋頭」，宋本作「未肯理名」。

恨月吟〔一〕

我儂非是惜黄金，自是常娥愛負心。〔二〕初未上時猶露滴，恰纔圓處便天陰。欄干倚了還重倚，芳酒斟迴又再斟。安得深閨與收管，柰何前後誤人深。

【校勘記】

〔一〕詩題，宋本作「恨月」。　〔二〕「常」，宋本作「嫦」。

愁花吟〔一〕

三千宮女衣宮袍，望幸心同各自嬌。初似綻時猶淡薄，〔二〕半來開處特妖饒。〔三〕檀心未吐香先發，露粉既垂魂已銷。〔四〕對此芳罇多少意，看看風雨騁粗豪。

【校勘記】

〔一〕該詩，在蔡本中爲《惜芳菲四吟》之第二首。〔二〕「薄」，蔡本作「泊」。〔三〕「饒」，蔡本作「嬈」。

〔四〕「銷」，蔡本作「消」。

觀洛城花呈先生〔一〕　門人張峮

平生自是愛花人，到處尋芳不遇真。只道人間無正色，今朝初見洛陽春。

【校勘記】

〔一〕此詩底本原無，據叢刊本、徐本、四庫本補。

和張子望洛城觀花

造化從來不負人，萬般紅紫見天真。滿城車馬空撩亂，未必逢春便得春。

落花短吟〔一〕

滿園桃李正離披，更被狂風非意吹。〔二〕長是憂愁初謝處，〔三〕却須思念未開時。柰何紅艷易消歇，不似青陰少改移。九十日春都去盡，罇前安忍更顰眉。〔四〕

【校勘記】

〔一〕詩題，宋本作「落花短」，蔡本爲《暮春吟》之第三首。〔二〕「非」，宋本同，蔡本作「作」。〔三〕「處」，宋本同，蔡本作「後」。〔四〕「更」，宋本同，蔡本作「争」。

芳草短吟〔一〕

花間水畔緑如茵，興廢曾經漢與秦。占了山川無限地，愁傷今古幾何人。〔二〕嚴霜殺盡還逢雨，野火燒殘又遇春。不那路傍多此物，〔三〕農家長是費耕耘。

【校勘記】

〔一〕詩題，宋本作「芳草短」。〔二〕「何」，宋本作「多」。〔三〕「那」，宋本同，四庫本作「奈」。

垂柳短吟〔一〕

臨溪拂水正依依，〔二〕更被狂風來往吹。薄暮不勝煙冪冪，深春無柰日遲遲。誰家縹緲青羅帔，何處蹁躚金縷衣。猶恐離人腸未斷，滿天仍著亂花飛。

【校勘記】

〔一〕詩題，宋本作「垂柳短」。〔二〕「拂水」，宋本作「柳帶」。

春水短吟〔一〕

雪消氷泮渌盈溝，翡翠鴛鴦得志秋。長恨遠山遮不斷，〔二〕又疑别浦去難留。遶堤楊柳輕輕拂，近岸新蒲細細抽。滿眼煙波杳無際，三吴特地送孤舟。

【校勘記】

〔一〕詩題，宋本作「春水短」。　〔二〕「恨」，宋本作「畏」。

清風短吟〔一〕

清風興況未全衰，〔二〕豈謂天心便棄遺。〔三〕長具齋莊緣讀《易》，每慚疎散爲吟詩。人間好景皆輸眼，世上閑愁不到眉。〔四〕生長太平無事日，又還身老太平時。

【校勘記】

〔一〕詩題，宋本作「清風短」。　〔二〕「未」，宋本作「大」。　〔三〕「謂」，宋本作「爲」。　〔四〕「世」，宋本作「心」。

暮春寄李審言龍圖〔一〕

年年長是怕春深，每到春深病不任。〔二〕傷酒情懷因小會，養花天氣爲輕陰。歲華易革向

來事，〔三〕節物難迴老去心。唯有前軒堪静坐，臨風想望舊知音。〔四〕

【校勘記】

〔一〕在蔡本中，該首詩爲《暮春吟》之第四首。　〔二〕「到」，蔡本作「至」。　〔三〕「向」，蔡本作「因」。

〔四〕「音」下，蔡本有「此篇□李審言」六小字。

初夏閑吟〔一〕

緑楊深處囀流鶯，鶯語猶能喜太平。人享永年非不幸，天生珍物豈無情。牡丹謝後紫櫻熟，芍藥開時班笋生。〔二〕林下一般閑富貴，何常更肯讓公卿。〔三〕

【校勘記】

〔一〕詩題，宋本作「初夏」，蔡本作「初夏林中閑吟」。　〔二〕「班」，宋本、蔡本同，叢刊本、四庫本作「斑」。

〔三〕「常」，宋本、蔡本、叢刊本、徐本作「嘗」。

代書答開封府推官姚輔周郎中〔一〕

世態其如與願違，必須言進是無知。遍將底事閑思慮，不若西街極論時。設有奇才能動世，柰何雙鬢已如絲。天邊新月從來細，不爲人間愛畫眉。〔二〕來書云：「願先生自愛，恐不容久居林下矣。」

【校勘記】

〔一〕詩題，宋本作「答姚郎中」。　〔二〕「畫」，宋本作「盡」。

伊川擊壤集卷之七

代書寄濠倅張都官〔一〕

多慙吾亦未知音，天樂雖聞不許尋。惠子相時情自好，莊生遊處意能深。閑來略記一春事，老去難忘千里心。洛社交朋每相見，爲吾因掉《白頭吟》。

【校勘記】

〔一〕詩題，宋本作「寄張都官」。

詔三下答鄉人不起之意〔一〕

生平不作皺眉事，天下應無切齒人。〔二〕斷送落花安用雨，裝添舊物豈須春。幸逢堯舜爲真主，且放巢由作外臣。六十病夫宜揣分，監司無用苦開陳。〔三〕

【校勘記】

〔一〕詩題，蔡本作「蒙詔三下不起答鄉人吟」，下有「二首七言」四小字。

〔二〕「應」，蔡本同，徐本作「因」。「切」，蔡本作「竊」。

〔三〕「陳」下，蔡本有「苦一作有」四小字。

和王安之少卿韻〔一〕

却恐鄉人未甚知，相知深後又何疑。〔二〕貧時與禄是可受，〔三〕老後得官難更爲。自有林泉安素志，况無才業動丹墀。荀楊若守吾儒分，免被韓文議小疵。〔四〕

【校勘記】

〔一〕詩題，宋本作「和王少卿」，蔡本爲前一首詩之第二首。〔二〕「後又」，蔡本同，宋本作「處更」。

〔三〕「可」，宋本、蔡本作「何」。〔四〕「疵」下，蔡本有「此篇和王安之韻」七小字。

依韻和劉職方見贈〔一〕

造物工夫意自深，〔二〕從吾所樂是山林。少因多病不干禄，老爲無才難動心。花月静時行水際，蕙風香處卧松陰。〔三〕閑窗一覺從容睡，願當封侯與賜金。〔四〕

【校勘記】

〔一〕詩題，宋本作「和劉職方」，蔡本作「和人見贈吟」。〔二〕「造物」宋本同，蔡本作「造化」。

〔三〕「卧」，宋本同，蔡本作「坐」。〔四〕「願當」，宋本同，蔡本作「肯願」。

萊石茶酒器寄邵先生作詩代書〔一〕　益柔

寶刀切石如春泥，雕剜成器青玻璃。吾嘗閱視得而有，惜不自用長提携。

前時過君銅駝陌，門巷深僻無輪蹄。呼兒烹茶酌白酒，陶器自稱藿與藜。愛君居貧趣閑放，一語不涉青雲梯。嗟予都城走塵土，日遠樽杓愁塩虀。緘封不啓置墻角，頓撼時作瓊瑶嘶。争如特寄邵高士，書帙几杖同幽棲。荷鋤幐治田間穢，抱甕勤灌園蔬畦。明年春酒或共酌，爲我掃石臨清溪。

【校勘記】

〔一〕此詩底本原無，據叢刊本、徐本、四庫本補。

代書謝王勝之學士寄萊石茶酒器

東山有石若瓊玖，匠者追琢可盛酒。君子得之惜不用，慇懃遠寄林下叟。林叟從來用瓦盞，驚惶不敢擎上手。重誡兒童無損傷，緘藏復以待賢友。未知賢友何時歸，男子功名未成就。朝廷先從憂者言，方今莫如二虜醜。〔一〕漢之六郡限遼西，唐之八州隔山後。自餘甘沙甘與涼，〔二〕中原久而不能有。柰何更餌以金帛，重困吾民猶掣肘。若非堂上出奇兵，安得閫外拉餘朽。直可逐去此腥羶，〔三〕西出玉門北逾口。城下狐狸既不存，路上豺狼自無走。太陽烜赫耀天衢，氛妖接變匿塵垢。功成不肯受上賞，印解黄金大于斗。乞洛辭君出國門，歸鞍暖拂天街柳。千官如壁遮道留，仰面弄鞭不回首。鄉人夾路迎大尹，醉擁旌幢錦光溜。下車拜墓還政餘，不訪公門訪親舊。始知此器用有時，吾當爲君獻眉壽。

【校勘記】

〔一〕「方今莫如二虜醜」，四庫本作「方今急務二敵首」。　〔二〕上「甘」字，叢刊本、徐本、四庫本作「瓜」。「甘沙」，叢刊本、徐本、四庫本作「瓜沙」。　〔三〕「腥羶」，四庫本作「曹輩」。

崇德閣下答諸公不語禪〔一〕

浩浩長空走日輪，何煩苦苦辨根塵。〔二〕鵬程萬里非由駕，鶴筭三千別有春。鉛錫點金終屬假，丹青畫馬妄求真。〔三〕請觀風急天寒夜，誰是當門定脚人。

【校勘記】

〔一〕詩題，宋本作「諸公閣下納涼談禪獨無言以詩答之」。　〔二〕「辨」，宋本作「卞」。　〔三〕「畫」，宋本作「書」。「妄」，宋本同，叢刊本、徐本作「要」。

天宮小閣倚欄〔一〕

六尺殘軀病復羸，況堪日日更添衰。滿懷可惜精明處，一語未能分付時。〔二〕沙裏有金然索揀，〔三〕石中韞玉柰何疑。此情牢落西風暮，倚遍欄干人不知。〔四〕

【校勘記】

〔一〕「詩題」，宋本作「宮小」，宋本目録作「天宮小閣」。　〔二〕「語」，宋本作「謟」。　〔三〕「然索揀」，宋本作「須索鍊」。　〔四〕「干」，徐本作「杆」。

代書寄華山雲臺觀武道士〔一〕

太華中峯五千仞，下有大道人往還。當時馬上一迴首，十載夢魂猶過關。〔二〕生平愛山山未足，由此看盡天下山。求如華山是難得，使人消得一生閑。

【校勘記】

〔一〕詩題，宋本作「寄武道士」。　〔二〕「十」，宋本作「千」。「關」，宋本作「開」。

代書寄長安幕張文通〔一〕

無學又無謨，〔二〕胷中一向虚。枯腸忻飲酒，〔三〕病眼怕看書。洛浦輕風裏，天津小雨餘。故人千里隔，相望意何如。〔四〕

【校勘記】

〔一〕詩題，宋本作「寄張宣徽」。　〔二〕「謨」，宋本同，叢刊本、徐本、四庫本作「謀」。　〔三〕「忻」，宋本作「炊」，叢刊本、徐本作「佽」，四庫本作「歡」。　〔四〕「何如」，徐本作「如何」。

和人聞韓魏公出鎮永興過洛〔一〕

佐命三朝爲太宰，名垂千古號元功。栽培桃李滿天下，出入風濤半海中。〔二〕虎帳夜寒心益壯，鳳池波暖位猶空。君王鼎盛子儀在，萬里河湟不足攻。

【校勘記】

〔一〕詩題，宋本作「上韓魏公出鎮永興」。　〔二〕「濤」，宋本作「波」。

代書寄白波張景真輦運

秋入山河氣象雄，不堪閑望老年中。金蘭契重思無限，手足情多感未終。半局殘棊消白晝，〔一〕一簪華髮亂西風。唯君父子相知久，松桂心同色更同。

【校勘記】

〔一〕「消」，宋本作「銷」。

代書寄鄞江知縣張太博〔一〕

長憶當年掃弊廬，〔二〕弟兄同受策名初。一生不記尋常事，千里猶通咫尺書。風月遥知四明好，江山况是九秋餘。片帆未得閑飛去，徒見嚴君問起居。

【校勘記】

〔一〕詩題，宋本作「寄張太」，宋本目録作「寄張太傅」。　〔二〕「掃」，宋本作「歸」。

先幾吟〔一〕

先幾能識是吾儕，慎勿輕爲世俗咍。把似衆中呈醜拙，争如静裏且詼諧。〔二〕奇花萬狀皆輪眼，明月一輪長入懷。似此光陰豈虚過，也知快活作人來。

【校勘記】

〔一〕詩題，宋本作「先幾」。〔二〕「且詼諧」，宋本作「只詼諧」，叢刊本、四庫本作「且談諧」。

秋暮西軒〔一〕

遶欄種菊一齊芳，户牖軒窗總是香。得意不能無興詠，樂時况復遇豐穰。深秋景物隨宜好，〔二〕向老筋骸粗且康。〔三〕飲罷何妨更登眺，〔四〕爛霞堆裏有斜陽。〔五〕

【校勘記】

〔一〕詩題，蔡本同，宋本作「秋暮」。〔二〕「景物」，宋本同，蔡本作「天氣」。〔三〕「老」，蔡本同，宋本作「我」。〔四〕「眺」，蔡本同，宋本作「助」。〔五〕「堆」，蔡本同，宋本作「推」。蔡本「陽」下有「天氣一作景物」六小字。

天津閑步

洛陽城裏任西東，二十年來放盡慵。〔一〕故舊人多時款曲，京都國大體雍容。池平有類江湖上，林静或如山谷中。不必奇功蓋天下，閑居之樂自無窮。

【校勘記】

〔一〕「二」，宋本作「一」。

寄和長安張强二機宜〔一〕

二公詩美過連城，欲報才非禰正平。本謂柏舟終不遇，却驚華袞重爲榮。岷峨雨後方知峭，〔二〕風月霜餘始見清。前有古人稱寡和，陽春白雪豈虚名。

【校勘記】

〔一〕詩題中「長安張强」，徐本作「張安長强」。　〔二〕「岷峨」，四庫本同，叢刊本作「峨峨」，疑誤。

代書答淮南憲張司封〔一〕

緣木求魚固不能，緣魚求炙恐能行。與其病後求良藥，〔二〕不若醉時辭大觥。〔三〕芝草無根休用種，蟠桃有實豈難生。荷君見愛情非淺，〔四〕一芥還同一芥榮。〔五〕

【校勘記】

〔一〕詩題，宋本作「答張司封」，蔡本作「代書寄張司封」。　〔二〕「其」，蔡本作「君」。　〔三〕「時」，宋本同，蔡本作「前」。「大」，蔡本同，宋本作「火」。　〔四〕「見」，宋本、蔡本同，叢刊本作「光」。　〔五〕蔡本「榮」下有「渠勸以學禪故云」七小字。

偶得吟〔一〕

集大成人不肯模，〔二〕却行何異棄金車。便言天下無難事，〔三〕豈信人間有丈夫。天意順時爲善計，人情安處是良圖。〔四〕天人之際只些子，〔五〕過此還同隔五湖。

【校勘記】

〔一〕詩題，宋本作「偶得」。〔二〕「模」，宋本作「摸」。〔三〕「事」，宋本作「士」。〔四〕「良」，宋本作「良」。〔五〕「際」，宋本同，徐本作「意」。

代書寄友人〔一〕

一別光陰二紀餘，歲華如箭止堪吁。東西契闊久經難，前後慇懃兩得書。故國山川皆夢寐，舊家人物半丘墟。何時重講當時事，笑對西風拆酒壺。

【校勘記】

〔一〕詩題，宋本作「寄友」。

風吹木葉吟熙寧三年

風吹木葉不吹根，慎勿將根苦自陳。天子舊都閑好住，聖人餘事冗休論。長年國裏神仙侶，安樂窩中富貴人。萬水千山行已遍，歸來認得自家身。

閑行吟〔一〕

長憶當年掃弊廬，〔二〕未嘗三徑草荒蕪。欲爲天下屠龍手，肯讀人間非聖書。否泰悟來知進退，乾坤見了識親疎。自從會得環中意，〔三〕閑氣胷中一點無。

投吴走越覓青天，殊不知天在眼前。開眼見時猶有病，舉頭尋處更無緣。顔淵正在如愚日，孟子方當不動年。安得功夫遊寶肆，愛人珠貝重憂錢。

買卜稽疑是買疑，病深何藥可能醫。夢中説夢重重妄，牀上安牀疊疊非。列子御風徒一本作猶。有待，夸夫逐日豈無疲。勞多未有收功處，踏盡人間閑路岐。

【校勘記】

〔一〕詩題，宋本作「閑行」。　〔二〕「掃」，宋本作「歸」。　〔三〕「環」，宋本作「寰」。

對花飲〔一〕

人言物外有煙霞，物外煙霞豈足誇。若用較量爲樂事，〔二〕但無憂撓是仙家。百年光景留難住，〔三〕十日芳菲去莫遮。對酒有花非負酒，〔四〕對花無酒是虧花。

【校勘記】

〔一〕詩題，宋本同，蔡本作「惜芳菲四吟」，本詩爲第三首。　〔二〕「若用較量爲樂事」，宋本作「若爲較量爲樂事」，蔡本作「若用較量非樂事」。「較」，叢刊本、徐本、四庫本作「校」。　〔三〕「留難住」，宋本同，蔡本作「難留駐」。　〔四〕「有」，宋本同，蔡本作「無」。

春盡後園閑步

緑樹成陰日，黄鶯對語時。小渠初瀲灔，新竹正參差。倚杖閑吟久，攜童引步遲。好風知我意，故故向人吹。

代書寄吴傳正寺丞〔一〕

敦篤情懷世所稀，昔年今日事難追。雪霜未始寒無甚，松桂何嘗色暫移。洛邑士人雖我信，〔二〕天津風月只君知。夢魂不悟東都遠，依舊過從似舊時。〔三〕

【校勘記】

〔一〕詩題，宋本作「寄吴寺丞」。　〔二〕「我信」，宋本作「信我」。　〔三〕「似」，宋本同，徐本作「是」。

洛下園池

洛下園池不閉門，洞天休用別尋春。縱遊只却輸閑客，遍入何嘗問主人。更小亭欄花自好，儘荒臺榭景纔真。虛名誤了無涯事，未必虛名總到身。

夢過城東謁洛陽尉楊應之〔一〕

夜來清夢過城東，溪水分流徑路通。全似乘查上天漢，〔二〕但無嚴子驗行蹤。

【校勘記】

〔一〕詩題，蔡本作「夢過城東」。 〔二〕「查」，蔡本同，四庫本作「槎」。

代書寄前洛陽簿陸剛叔祕校

洛城官滿振衣裾，塵土何由浼遠途。道在幸逢清日月，眼前應見舊江湖。〔一〕知行知止唯賢者，能屈能伸是丈夫。歸去何妨趁殘水，三吴還似嚮時無。

【校勘記】

〔一〕「見」，徐本作「識」。

答人乞碧蘆

草有可嘉者，莫將蕭艾儔。扶疎全類竹，蒼翠特宜秋。風雨聲初入，江湖思莫收。無功濟天下，藉此一淹留。

逍遥吟〔一〕

吾道本來平，人多不肯行。得心無厚味，〔二〕失脚有深坑。若未通天地，焉能了死生。向其間一事，須是自誠明。

人生憂不足，足外更何求。吾生雖未足，亦也却無憂。〔三〕天和將酒養，真樂用詩勾。〔四〕不信年光會，催人早白頭。

夜入安樂窩，〔五〕晨興飲太和。〔六〕窮神知道泰，養素得天多。日月任推盪，山川徒琢磨。〔七〕欲求爲此者，到了是誰何。

何事感人深，求之無處尋。兩儀長在手，萬化不關心。石裏時藏玉，砂中屢得金。分明難理會，須索入沉吟。〔八〕

【校勘記】

〔一〕詩題，宋本作「逍遥」。第二首宋本重出，又題作「無憂」。

〔二〕「厚」，宋本同，叢刊本、徐本作「後」。

〔三〕「亦也却」，宋本作「却也都」。〔四〕「樂」，宋本作「藥」。〔五〕「窩」，宋本作「高」。〔六〕「太」，宋本同，徐本作「大」。〔七〕「徒」，宋本作「從」。〔八〕「吟」，宋本作「泠」。

偶得吟〔一〕

相去一毛間，千山復萬山。雖能忘寢食，未肯去機關。不是責人備，柰何開口難。天心況非遠，既遠遂無還。

【校勘記】

〔一〕詩題，蔡本作「偶得」。

每度過東鄰

每度過東鄰，東鄰愈覺懃。既來長自愧，〔一〕相見只如親。飲食皆隨好，兒童亦自忻。吾鄉有是樂，何必更求仁。〔二〕

【校勘記】

〔一〕「自」，蔡本、叢刊本、徐本、四庫本作「是」。〔二〕「仁」，蔡本、徐本作「人」。

每度過東街〔一〕

每度過東街，東街怨暮來。〔二〕只知閑説話，那覺太開懷。我有千般樂，人無一點猜。半醺歡喜酒，未晚未成迴。

【校勘記】

〔一〕詩題，蔡本作「過東街」。〔二〕「暮」，蔡本作「春」。

君子與人交

君子與人交，未始無驚惕。小人與人交，未始無差忒。秖此真喜歡，也宜重愛惜。他年雲水踈，亦恐難尋覓。

唯天有二氣〔一〕

唯天有二氣，一陰而一陽。陰差産蛇蝎，〔二〕陽和生鸞凰。〔三〕安得蛇蝎死，不爲人之殃。安得鳳凰生，〔四〕長爲國之祥。

【校勘記】

〔一〕詩題，宋本同，蔡本作「二氣吟」。〔二〕「差」，叢刊本、徐本、四庫本作「毒」。〔三〕「鸞」，宋本同，徐本作「鳳」。〔四〕「鳳凰」，宋本同，蔡本作「鸞凰」。

無客迴天意〔一〕

無客迴天意，〔二〕有人資盜糧。〔三〕日中屢見斗，六月時降霜。有書不暇讀，有食不暇嘗。食況不盈缶，書空堆滿牀。〔四〕

惡死而好生，古今之常情。人心可生事，〔五〕天下自無兵。草木尚咸若，山川豈不寧。胡爲無擊壤，飲酒樂昇平。

【校勘記】

〔一〕詩題，宋本作「有客回天意」，蔡本作「有客回天意吟」。第二首宋本題作「古今常情」。〔二〕「無」，宋本作「有」。〔三〕「盜」，蔡本同，宋本作「道」。〔四〕「堆」，宋本作「推」。〔五〕「可生事」，宋本作「可事生」，四庫本作「不生事」。

放小魚〔一〕

纖鮮不足留，〔二〕此失一生休。放爾江湖去，寬渠鼎鑊遊。〔三〕更宜深避網，慎勿悞吞鉤。天下多庖者，無令落庶羞。

【校勘記】

〔一〕詩題，蔡本作「放小魚吟」。〔二〕「纖鮮」，蔡本作「鱗纖」，叢刊本、徐本、四庫本作「纖鱗」。〔三〕「渠」，蔡本作「君」。「遊」，蔡本作「憂」。

依韻和田大卿見贈〔一〕

日日步家園，清風不著錢。城中得野景，竹下弄飛泉。自顧無嗟若，何妨養浩然。却慙天下士，〔二〕語道未忘筌。〔三〕

【校勘記】

〔一〕詩題，宋本作「和田大卿」。〔二〕「士」，宋本作「事」。〔三〕「未」，宋本作「者」。

乞笛竹

洛人好種花，唯我好種竹。所好雖不同，其心亦自足。花止十日紅，竹能經歲緑。俱霑雨露恩，獨無霜雪辱。

依韻和王不疑少卿招飲

經難憶浮丘，吾鄉足勝遊。風前驚白髮，雨後喜新秋。仕宦情雖薄，〔一〕登臨興未休。人間浪憂事，都不到心頭。

【校勘記】

〔一〕「宦」，叢刊本作「官」。

再和王不疑少卿見贈〔一〕

乍涼天氣好，何處不堪遊。鴻鴈來賓日，鷹鸇得志秋。忘形終夕樂，失脚一生休。多少江湖上，舟船未到頭。〔二〕

【校勘記】

〔一〕詩題，蔡本作「和人見邀吟」。　〔二〕「到」，蔡本作「着」。

依韻和三王少卿同過弊廬〔一〕安之、不疑、中美

洛中詩有社，馬上句如神。白首交情重，黄花節物新。見過心可荷，知愧道非淳。寂寞西風裏，身閑半古人。

【校勘記】

〔一〕「弊」，四庫本作「敝」。

代書寄南陽太守呂獻可諫議

一別星霜二紀中，升沉音問不相通。林間談笑須歸我，天下安危宜繫公。萬乘几前常蹇諤，〔一〕百花洲上略從容。不知月白風清夜，能憶伊川舊釣翁。

【校勘記】

〔一〕「常」，叢刊本作「嘗」，徐本作「當」。

誨答堯夫見寄〔一〕

冥冥鴻羽在雲天，邈阻風音已十年。不謂聖皇求治理，尚容遺逸臥林泉。羨君身散歲時樂，顧我官閑飽晝眠。應笑無成三黜後，病衰方始賦歸田。

【校勘記】

〔一〕此詩底本原無，據叢刊本、徐本、四庫本補。四庫本詩題作《答堯夫見寄誨》

寄吳傳正寺丞〔一〕

天津風月一何孤，似我經秋相憶無。每仗晴波寄聲去，不知曾得到東都。

【校勘記】

〔一〕詩題，宋本作「寄吴寺丞」。

寄前洛陽簿陸剛叔祕校〔一〕

洛陽官滿歸吴會，男子雄圖志未伸。若到江山最佳處，舉杯無惜望天津。

【校勘記】

〔一〕詩題，宋本作「寄陸秘校」。

依韻和淮南憲張司封〔一〕

庭梧葉半黄，籬菊初受霜。向晚意不快，把酒西南望平聲。望君不見君，但見鴻南翔。正欲思寄書，自成書數行。〔二〕

【校勘記】

〔一〕詩題，宋本作「和張司封」。

〔二〕「數」，宋本作「兩」。

重陽前一日作〔一〕

近來多病不堪言，長欲醺醺帶醉眠。〔二〕新酒乍逢重九日，好花初接小春天。自知命薄臨頭上，不願事多來眼前。唯有天津橫落照，水聲仍是舊潺湲。

【校勘記】

〔一〕詩題，宋本同，蔡本作「重陽吟」。　〔二〕「欲」，蔡本同，宋本作「嘆」。

重九日登石閣三首

人情見了多，世態諳來久。事過憂噬臍，物傷防掣肘。水濁更澄濾，衣塵須抖擻。必欲論主衡，何人爲好手。

事出一時間，時過事莫還。當時深可愛，過後不堪看。夏去休言暑，冬來始講寒。人能知此理，憂患自難干。

今歲重陽日，凭欄氣候遲。雲煙雖已淡，林木未全衰。天地開懷處，山川快眼時。欄干空倚遍，此意有誰知。

依韻答友人

百萬貔貅動塞塵，朝廷委寄不輕人。胡兒〔一〕生事雖然淺，國士盡忠須是純。隴上悲歌應憤惋，林間酣飲但酸辛。欲陳一句好言語，只恐相知未甚真。

【校勘記】

〔一〕「胡兒」，四庫本作「邊疆」。

偶見吟

富貴多傲人，人情有時移。道德不傲人，人情久益歸。道德有常理，富貴無定期。蒿萊霜至萎，〔一〕松柏雪更滋。世人多附炎，〔二〕炎歇人自去。君子善處約，約久情自固。炎歇勢不迴，情固人不去。路人或如親，親人却如路。心跡貴相親，相親善惡分。世間須有物，天下豈無人。既見薰蕕臭，當思玉石焚。如何得時態，長似洛陽春。

【校勘記】

〔一〕「萎」，叢刊本、徐本、四庫本作「委」。〔二〕「人」，叢刊本、四庫本作「上」。

無題吟

昔日不鍊物，嘗爲物所誤。今日不鍊人，又爲人所怒。物誤亦可辯，〔一〕人怒難往訴。我對人稱過，人亦爲我恕。

【校勘記】

〔一〕「辯」，叢刊本、四庫本作「辨」。

無酒吟

自從新法行，嘗苦罇無酒。每有賔朋至，〔一〕盡日閑相守。必欲丐于人，交親自無有。必欲典衣買，焉能得長久。

【校勘記】

〔一〕「有」，徐本作「日」。

讀陶淵明《歸去來》

歸去來兮任我真，事雖成往意能新。何嘗不遇如斯世，其那難逢似此人。近暮特嗟時翳翳，向榮還喜木欣欣。可憐六百餘年外，復有閑人繼後塵。

伊川擊壤集卷之八

訪南園張氏昆仲因而留宿

中秋天氣隨宜好，來訪南園會隱家。張氏園名。貪飲不知歸去晚，水精宫裏宿煙霞。

和王安之少卿同遊龍門

生平有癖好尋幽，一歲龍山四五遊。或往或還都不計，蓋無榮利可稽留。

數朝從款看伊流，夜卜香山宿石樓。會有涼風開遠意，更和煙雨弄高秋。

歸城中再用前韻

乘興龍山訪盡幽，恰如人在畫圖遊。恨無美酒酬佳景，正欲留時不得留。

又一首〔一〕

初秋微雨造輕寒，倚遍東岑閣上欄。不謂是時煙靄裏，松齋人作畫圖看。松齋，安之弟所居，在水西。

【校勘記】

〔一〕詩題，叢刊本、徐本、四庫本無「一首」二字。

和人留題張相公庵〔一〕

做了三公更引年，〔二〕人間福德合居先。〔三〕結茅未盡忘君處，正在嵩高萬歲前。

【校勘記】

〔一〕詩題，宋本作「題張相公庵」。　〔二〕「引」，宋本作「別」。　〔三〕「福德」，宋本作「禍福」。

代書寄程正叔

嚴親出守劍門西，色養歡深世表儀。唐相規模今歷歷，蜀民遨樂舊熙熙。海棠洲畔停橈處，金鴈橋邊立馬時。料得預憂天下計，不忘君者更爲誰。

歲暮自貽

當年志意欲横秋，今日思之重可羞。事到强圖皆屑屑，道非真得盡悠悠。静中照物精難隱，〔一〕老後看書味轉優。談麈從容對賓客，薦章重疊誤公侯。已蒙賢傑開青眼，不顧妻孥怨白頭。谷口鄭真焉敢望，壽陵餘子若爲謀。鼎間龍虎忘看守，棊上山河廢講求。一枕晴窗睡初覺，數聲幽鳥語方休。林泉好處將詩買，風月佳時用酒酬。三百六旬如去箭，肯教襟抱落閑愁。

【校勘記】

〔一〕「精」，叢刊本、徐本、四庫本作「情」。

歡喜吟熙寧四年〔一〕

行年六十一，筋骸未甚老。已爲兩世人，便化豈爲夭。况且粗康强，〔二〕又復無憂撓。如何不喜歡，〔三〕佳辰自不少。〔四〕

【校勘記】

〔一〕詩題，宋本作「喜歡」。〔二〕「况且」，宋本作「况復」。〔三〕「不」，宋本作「求」。〔四〕「自」，宋本作「目」。

寄李景真太博

花前静榻閑眠處，竹下明窗獨坐時。著甚語言名宇泰，林間自有翠禽知。

感事吟〔一〕

蛇頭蝎尾不相同，毒殺人多始是功。風月四時無限好，莫將閑事撓胷中。

【校勘記】

〔一〕詩題，宋本作「感事」。

寄亳州秦伯鎮兵部〔一〕

三川地正得中陽，氣入奇葩亦自王。善識好花人不遠，好花無恡十分芳。

人事紛紛積有年，何煩顰蹙向花前。〔二〕萬般計較頭須白，饒了胷中不坦然。

無限有情風月間，好將醇酒發酡顔。柰何人自生疑阻，利害嫌輕更設關。

雖貧無害日高眠，人不堪憂我自便。煆鍊物情時得意，新詩還有百來篇。

天心復處是無心，〔三〕心到無時無處尋。若謂無心便無事，〔四〕水中何故却生金。〔五〕

酒涵花影滿卮紅，〔六〕瀉入天和胷臆中。最愛一般情味好，半醺時與太初同。

【校勘記】

〔一〕詩題，宋本作「寄秦兵部」，下有「四首」二小字。宋本收有本詩之第二首、第五首、第六首以及下一首詩《别寄一首》，共四首。　〔二〕「煩」，宋本作「須」。　〔三〕「復」，宋本作「腹」。　〔四〕「謂」，宋本作「爲」。

〔五〕「却」，宋本同，叢刊本作「不」。　〔六〕「滿」，蔡本作「入」。

別寄一首

許大秦皇定九州，九州纔定却歸劉。他人莫謾誇精彩，徒自區區撰白頭。

思故人

芳酒一樽雖甚滿，故人千里柰思何。柳拖池閣條偏細，〔一〕花近簷楹香更多。

【校勘記】

〔一〕「拖」，叢刊本、徐本作「拶」。

謝王平甫教授賞花處惠茶仍和元韻〔一〕

太學先生善識花，得花精處却因茶。萬紅香裏烹餘後，分送天津第一家。

【校勘記】

〔一〕詩題，叢刊本、徐本、四庫本作「和王平甫教授賞花處惠茶韻」。

南園賞花〔一〕

三月初三花正開，閑同親舊上春臺。尋常不醉此時醉，更醉猶能舉大杯。〔二〕

花前把酒花前醉，醉把花枝仍自歌。花見白頭人莫笑，白頭人見好花多。〔三〕

【校勘記】

〔一〕詩題，宋本作「賞花」，下有「二首」二小字。　〔二〕「猶」，宋本作「無」。　〔三〕「白頭人見」，宋本作「擡頭人看」。

獨賞牡丹

賞花全易識花難，善識花人獨倚欄。雨露功中觀造化，神仙品裏定容顔。尋常止可言時尚，奇絶方名出世間。〔一〕賦分也須知不淺，〔二〕筭來消得一生閑。

【校勘記】

〔一〕「名」，宋本作「言」。　〔二〕「賦」，宋本作「賤」。

問春

三月春歸留不住，春歸春意難分付。凡言歸者必歸家，爲問春家在何處。
春歸必竟歸何處，無限春冤都未訴。欲托流鶯問所因，子規又叫不如去。
春來愁去只因花，春去愁來翻殢酒。長恨愁多酒力微，爲春成病花知否。

安樂窩中自貽〔一〕

物如善得終爲美，事到巧圖安有公。不作風波於世上，自無氷炭到胷中。災殃秋葉霜前墜，富貴春華雨後紅。造化分明人莫會，枯榮消得幾何功。〔二〕

【校勘記】

〔一〕詩題，蔡本作「自貽」。〔二〕「枯榮」，蔡本作「雲枯」，叢刊本、四庫本作「花榮」。

花前勸酒

春在對花飲，〔一〕春歸花亦殘。對花不飲酒，〔二〕歡意遂闌珊。酒向花前飲，花宜醉後看。花前不飲酒，終負一年歡。

【校勘記】

〔一〕「在」，宋本作「來」。〔二〕「對」，宋本作「舞」。

書皇極經世後〔一〕

樸散人道立，法始乎犧皇。〔二〕歲月易遷革，書傳難考詳。二帝啓禪讓，三王正紀綱。五伯仗形勝，七國争强良。〔三〕兩漢驤龍鳳，三分走虎狼。西晉擅風流，羣凶來北荒。東晉事清芬，傳馨宋齊梁。逮陳不足筭，江表成悲傷。後魏乘晉弊，掃除幾小康。遷洛未甚久，旋聞東西將。北齊舉爝火，後周馳星光。隋能一統之，駕福于巨唐。五代如傳舍，天下徒擾攘。〔四〕不有真主出，何由奠中央。一萬里區宇，四千年興亡。五百主肇位，〔五〕七十國開疆。或混同六合，或控制一方。或創業先後，或垂祚短長。或奮于將墜，或奪于已昌。或災興無妄，〔六〕或福會不祥。或患生藩屏，或難起蕭墻。或病由脣齒，或疾亟膏肓。談笑萌事端，酒食開戰場。情慾之一發，利害之相戕。劇力恣吞噬，無涯罹禍殃。山川纔表裏，丘壠又荒涼。荆棘除難盡，芝蘭種未芳。龍蛇走平地，玉石粹崑崗。〔七〕善設稱周孔，〔八〕能齊是老莊。柰何言已病，安得意都忘。

【校勘記】

〔一〕詩題，宋本作「詠史」，蔡本作「經世吟」，下有「書《皇極經世》集後」七小字。　〔二〕「犧皇」，宋本作「儀皇」，蔡本作「羲皇」。　〔三〕「良」，宋本、蔡本同，叢刊本、徐本、四庫本作「梁」。　〔四〕「徒」，宋本作「如」，蔡本作「懼」。　〔五〕「百」，宋本作「霸」，蔡本作「伯」。　〔六〕「興」，蔡本同，宋本作「與」。　〔七〕「粹」，宋本、蔡本同，叢刊本、徐本、四庫本作「碎」。　〔八〕「稱」，宋本同，蔡本作「講」。

履道會飲

衆人之所樂，所樂唯囂塵。吾友之所樂，所樂唯清芬。清芬無鼓吹，直與太古鄰。太古者靡他，〔一〕和氣常絪緼。里閈舊情好，有才復有文。過從一日樂，十月生陽春。洛陽古神州，周公嘗縷陳。四時寒暑正，四方道里均。代不乏英俊，號爲多縉紳。至于花與木，天下莫敢倫。而逢此之景，而當此之辰。而能開口笑，而世有幾人。清衷貫金石，劇談驚鬼神。天地爲一指，富貴如浮雲。明時緩康濟，白晝閑經綸。莫如陪歡伯，又復對此君。商於六百里，黄金四萬斤。不能買兹樂，自餘惡足論。接䍦倒戴時，蟾蜍生海垠。小車倒戴時，〔二〕山翁歸天津。

【校勘記】

〔一〕「他」，叢刊本、徐本作「陀」，四庫本作「它」。

〔二〕「戴」，叢刊本、徐本、四庫本作「載」。

思鄭州陳知默因感其化去不得一識面

美物須絶代，異人須不世。造化生得成，諒亦非容易。曠世耳可聞，同時目能視。陳子同時人，柰何聞諸耳。

謝城南張氏四兄弟冒雪載餚酒見過

久旱幾逾冬，川守祈未得。鴈行聯鑣來，佳雪遽盈尺。酒面生紅光，客心喜何極。半夜離天津，〔一〕天津陡岑寂。

【校勘記】

〔一〕「半」，叢刊本、四庫本作「上」。

大寒吟

舊雪未及消，新雪又擁户。堦前凍銀牀，簷頭冰去聲鐘乳。清日無光輝，烈風正號怒。人口各有舌，言語不能吐。

和李審言龍圖大雪

萬樹瓊花一夜開，都和天地色皚皚。素娥腰細舞將徹，白玉堂深曲又催。甕牖書生方挾策，沙場甲士正銜杖。幽人骨瘦欲清損，賴有時時酒一杯。

小車行〔一〕

喜醉豈無千日酒，惜春還有四時花。〔二〕小車行處人歡喜，〔三〕滿洛城中都似家。

【校勘記】

〔一〕詩題，宋本作「車子」。　〔二〕「春」，宋本作「花」。　〔三〕「歡喜」，宋本作「觀言」。

依韻和浙憲任度支

宦路尋知已得真，〔一〕可堪輕負洛城春。江湖相望三千里，休使鄉朋想望頻。

【校勘記】

〔一〕「宦路尋知」，叢刊本、徐本、四庫本作「官路尋真」。

和宋都官乞梅熙寧五年

小園雖有四般梅，不似江南迎臘開。長恨東君少風韻，先時未肯放春來。

東軒黄紅二梅正開坐上書呈友人

一年一度見雙梅，能見雙梅幾度開？人壽百年今六十，休論閑事且銜杯。

和任比部憶梅

痛惜梅開易得殘，〔一〕既殘憔悴不堪看。年年長被清香誤，争似閑栽竹數竿。

【校勘記】

〔一〕「惜」，叢刊本、徐本作「憶」。

初春吟〔一〕

花木四時分景致，經書千卷號生涯。有人若問閑居處，道德坊中第一家。

【校勘記】

〔一〕此詩底本原無，據叢刊本、徐本、四庫本補。

垂柳

門前垂柳正依依，更被東風來往吹。忘了自家今已老，却疑自是少年時。〔一〕

【校勘記】

〔一〕「自」，宋本、叢刊本、徐本、四庫本作「身」。

至靈吟

至靈之謂人，至貴之謂君。明則有日月，幽則有鬼神。

人鬼吟〔一〕

既不能事人，又焉能事鬼。人鬼雖不同，其理何嘗異。〔二〕

【校勘記】

〔一〕詩題，宋本作「幽夢」。叢刊本、四庫本此詩在卷十二《心耳吟》下。　〔二〕「人鬼雖不同，其理何嘗異」，宋本作「雖不同□□，□鬼何嘗異」。

生平與人交

生平與人交，未始有甘壞。己亦無負人，人亦無我害。

知識吟〔一〕

目見之謂識，耳聞之謂知。柰何知與識，天下亦常稀。

【校勘記】

〔一〕此詩，叢刊本在卷十二《人情吟》上。

偶書吟

風林無静柯，風池無静波。林池既不静，禽魚當如何。

思患吟〔一〕

僕奴凌主人，夷狄犯中國。〔二〕自古知不平，無由能絶得。

【校勘記】

〔一〕此詩叢刊本在卷十六《三十年吟》下。

〔二〕「夷狄犯中國」，四庫本作「所患及人國」。

寄三城王宣徽二首

林下居雖陋，花前飲却頻。世間無事樂，都恐屬閑人。

路上塵方坌，壺中花正開。何須頭盡白，然後賦歸來。

一室吟〔一〕

一室可容身，四時長若春。何嘗無美酒，未始絶佳賓。

【校勘記】

〔一〕此詩底本原無，據叢刊本、徐本、四庫本補。詩題，宋本作「一室」。

仁聖吟

盡道之謂聖，如天之謂仁。如何仁與聖，天下莫敢倫。

將還河北留别先生　恕〔一〕

先生抱道隱墻東，心迹兼忘出處通。圯下每慙知孺子，牀前曾憶拜龐公。已將目擊存微妙，直把神交寄始終。此日離違限南北，蕭蕭班馬正依風。

【校勘記】

〔一〕此詩底本原無，據叢刊本、徐本、四庫本補。叢刊本詩題作《恕將還河北留别先生》。

和邢和叔學士見别〔一〕

世路如何若大東，相逢不待語言通。觀君自比諸葛亮，顧我殊非黄石公。講道汙隆無巨細，語時興替有初終。出人才業尤須惜，慎勿輕爲西晉風。

【校勘記】

〔一〕詩題，宋本作「和邢龍圖」。

擊壤吟〔一〕

人言别有洞中仙，洞裏神仙恐妄傳。若俟靈丹須九轉，必求朱頂更千年。〔四〕長年國裏花千樹，安樂窩中樂滿懸。有樂有花仍有酒，却疑身是洞中仙。

【校勘記】

〔三〕詩題，宋本作「擊攘」。　〔四〕「朱」，宋本作「珠」。

春去吟〔一〕

好物足艱難，都來數日間。既爲風攪撓，〔二〕又被雨摧殘。富貴醉初醒，神仙夢乍還。遊人不知止，依舊倚朱欄。

【校勘記】

〔一〕詩題，宋本作「春去」。　〔二〕「撓」，宋本作「擾」。

南園花竹

花行竹逕緊相挨，〔一〕每日須行四五迴。〔二〕因把花行侵竹種，〔三〕且圖竹逕對花開。花香遠遠隨衣袂，〔四〕竹影重重上酒杯。誰道山翁少温潤，這般紅翠却長偎。

【校勘記】

〔一〕「行」，宋本作「竹」。　〔二〕「須」，宋本作「不」。　〔三〕「行」，宋本作「莖」。　〔四〕「袂」，宋本作「服」。

再答王宣徽〔一〕

自有吾儒樂，人多不肯循。以禪爲樂事，又起一重塵。

【校勘記】

〔一〕詩題，宋本作「答王宣徽二絶」。

又

大達誠無礙，人人自有家。假花猶入念，何者謂真花。

蒼蒼吟寄答曹州李審言龍圖〔一〕

一般顔色正蒼蒼，今古人曾望又作吽。斷腸。日往月來無少異，陽舒陰慘不相妨。迅雷震後山川裂，甘露零時草木香。幽暗巖崖生鬼魅，清平郊野見鸞凰。千花爛爲三春雨，萬木凋因一夜霜。此意分明難理會，直須賢者入消詳。〔二〕

【校勘記】

〔一〕詩題，宋本作「蒼蒼」。　〔二〕「者」，宋本作「門」。

林下五吟〔一〕

真工造化豈容私，拙者爲謀亦甚微。安樂窩深初起後，太和湯釅半醺時。長年國裏籃舁往，永熟鄉中杖策歸。身似升平無一事，數莖髭白任風吹。

老年軀體索温存，〔二〕安樂窩中別有春。萬事去心閑偃仰，四支由我任舒伸。〔三〕庭花盛處涼鋪簟，簷雪飛時軟布裀。誰道山翁拙於用，〔四〕也能康濟自家身。

有物輕醇號太和，半醺中最得春多。〔五〕靈丹換骨還如否，〔六〕白日升天得似磨。〔七〕儘快意時仍起舞，〔八〕到忘言處只謳歌。賓朋莫怪無拘檢，真樂攻心不柰何。

相招相勸飲流霞，鬢亂秋霜髮亂華。所記莫非前甲子，凡經多是老官家。共誇今日重孫過，更説當時舊事呀。言語丁寧有情味，後生無笑太周遮。

生來未始事田疇，無歲無時長有秋。隨分杯盤俱是樂，〔九〕等閑池館便成遊。風花雪月千金子，水竹雲山萬户侯。欲俟河清人壽幾，兩眉能著幾多愁。

【校勘記】

〔一〕詩題，宋本第二首題作「出安樂窩」，第三首題作「太和湯」，第五首題作「永熟鄉」。　〔二〕「索」，宋本作「素」。　〔三〕「支」，宋本作「肢」。　〔四〕「誰」，宋本作「盡」。　〔五〕「醺」，宋本作「春」。　〔六〕「如」，宋本作「知」。　〔七〕「得似磨」，宋本作「低得麽」，叢刊本、庫本、徐本作「似得」。　〔八〕「快」，宋本作「使」。　〔九〕「俱是樂」，宋本作「須管樂」。

安樂窩中自訟吟〔一〕

不向紅塵浪著鞭，唯求寡過尚無緣。虛更蘧瑗知非日，謬歷宣尼讀《易》年。髮到白時難受彩，心歸通後更何言。至陽之氣方爲玉，猶恐鑽磨未甚堅。

【校勘記】

〔一〕詩題，宋本作「出安樂窩」，蔡本作「自訟吟」。

花庵詩二章拜呈堯夫　光〔一〕

自然天物勝人爲，萬葉無風碧四垂。猶恨簪紳未離俗，荷衣蕙帶始相宜。洛陽四時常有花，雨晴顏色秋更好。誰能相與共此樂，坐對年華不知老。

【校勘記】

〔一〕此詩底本原無，據叢刊本、徐本、四庫本補。

和君實端明花庵二首〔一〕

不用丹楹刻桷爲，重重自有翠陰垂。後人繼取天真意，種蒔增華非所宜。

庵後庵前盡植花，花開番次四時好。主人事簡常燕休，〔二〕不信歲華能撰老。〔三〕

【校勘記】

〔一〕詩題，宋本作「和司馬端明花庵」。

〔二〕「常」，宋本作「當」。

〔三〕「撰」，宋本作「拱」，四庫本作「換」。

伊川擊壤集卷之九

六十二吟〔一〕

行年六十二康强，況復身居永熟鄉。美景良辰非易得，〔二〕淺斟低唱又何妨。無涯歲月難拘管，〔三〕有限筋骸莫毀傷。〔四〕多少英豪弄才智，〔五〕大曾經過惡思量。

【校勘記】

〔一〕詩題，蔡本作「六十二歲吟」。　〔二〕「美景良辰」，蔡本同，叢刊本、四庫本作「道德生辰」。　〔三〕「拘」，蔡本作「收」。　〔四〕「筋」，蔡本同，叢刊本、四庫本作「形」。　〔五〕「英豪弄才」，蔡本作「英才弄豪」，叢刊本作「英毫弄才」，四庫本作「英雄弄才」。

林下局事吟

閑人亦也有官守，官守一身四事有。〔一〕一事承曉露看花，一事迎晚風觀柳。一事對皓月吟詩，一事留佳賓飲酒。從事于兹二十年，欲求同列誰能否。〔二〕

【校勘記】

〔一〕「四事有」，蔡本作「有四事」。〔二〕「列」，蔡本作「到」。「否」下，蔡本有「到一作列」四小字。

依韻和吳傳正寺丞見寄

五十年來讀舊書，世間應笑我迂疏。因思偶女忘今古，遂悟輪人致疾徐。道業未醇誠可病，生涯雖薄敢言虛。時和受賜已多矣，安有胸中不晏如。

延福坊李太博乞園池詩〔一〕

宣威十九次高牙，弈葉功臣舊將家。清世辭榮歸里第，〔二〕白頭行樂過年華。杯盈香醑浮春水，曲度新聲出靚花。如此園池如此壽，兒孫滿眼慶無涯。〔三〕

【校勘記】

〔一〕詩題，宋本作「李太傅乞圜池」。〔二〕「世」，宋本作「節」。「里第」，宋本作「第里」。〔三〕「孫」，宋本作「爾」。

金玉吟

良金美玉信難偕，〔一〕好物其來最受埋。盜跖免兵非積善，〔二〕仲尼無土反成猜。〔三〕中乎

既若須爲信一云：「能成信」。〔四〕無妄因何却有災。莫若致之爲外事，〔五〕心源可樂是昭回。〔六〕

【校勘記】

〔一〕「良」，蔡本同，叢刊本作「銀」。〔二〕「積善」，蔡本作「不幸」。〔三〕「土」，蔡本同，叢刊本作「工」。〔四〕「須爲信」，蔡本作「能通信」。〔五〕「莫若」，蔡本作「都與」。〔六〕「回」下，蔡本有「一作須爲信」五小字。

夏日南園

夏木無重數，森陰翠樾低。相呼百禽語，太半是黄鸝。

謝寧寺丞惠希夷鐏

仙掌峯巒峭不收，希夷陳圖南也。去後遂無儔。能斟時事高抬手，善酌人情略撥頭。畫虎不成心尚在，悲麟無應淚横流。悟來不必多言語，贏得清閑第一籌。

花庵獨坐呈堯夫先生〔一〕　光

荒園才一畝，意足以爲多。雖不居丘壑，嘗如隱薜蘿。忘機林鳥下，極目塞鴻過。爲問市朝客，紅塵深幾何？

【校勘記】

〔一〕此詩底本原無，據叢刊本、徐本、四庫本補。

和君實端明花庵獨坐

靜坐養天和，其來所得多。眈眈同又作殊。厦宇，〔一〕密密引藤蘿。忘去貴臣度，能容野客過。繫時休戚重，終不道如何。

【校勘記】

〔一〕小注「殊」，叢刊本、四庫本作「朱」。

依韻和宋都官惠椶拂子

洛邑從來號別都，能容無狀久安居。衆蚊多少成雷處，一拂何由議掃除。

同王勝之學士轉運賞西園芍藥〔一〕

此物揚州素所聞，今于洛汭特稱珍。〔二〕雅知國色善移物，更著天香暗結人。欲殿羣芳仍占夏，得專奇品不須春。日斜立馬將歸去，再倚朱欄看一巡。

【校勘記】

〔一〕詩題，宋本作「賞芍藥」。　〔二〕「今于」，宋本作「移來」。

戲謝富相公惠班笋三首

名園不放過鵶飛，相國如今遂請時。鼎食從來稱富貴，更和花笋一兼之。

承將大笋來相詫，小圃其如都不生。雖向性情曾著力，柰何今日未能平。

應物功夫出世間，豈容人可强躋攀。我儂自是不知量，培塿須求比泰山。

答李希淳屯田

逢時雖出欲胡爲，其那天資智識微。弊性止堪同蠖屈，薄才安敢望鵬飛。長因訪舊歡無極，每爲尋幽暮不歸。花愛半開承露看，柰何花上露沾衣。

苔錢

一雨一番新，非關鼓鑄頻。縱多難贈客，便失不猜人。遍地未爲富，滿堦那濟貧。買愁須有爲，酤酒斷無因。散處如籌計，重時似索陳。不能賙己急，〔一〕何暇更賙親。

【校勘記】

〔一〕「賙」，宋本作「周」，下同。

種穀吟

農家種穀時，種禾不種莠。柰何禾未榮，而見莠先茂。莠若不誅鋤，禾亦未成就。又況雨霈時，霑及恩一溜。

贈堯夫先生〔一〕　光

家雖在城闕，蕭瑟似荒郊。遠去名利窟，自稱安樂巢。雲歸白石洞，鶴立碧松梢。得喪非吾事，何須更解嘲。

【校勘記】

〔一〕此詩底本原無，據叢刊本、徐本、四庫本補。

和君實端明見贈

曾不見譊譊，城中類遠郊。雖無千里馬，却有一枝巢。月出雲山背，風來松竹梢。頑然何所得，豈復避人嘲。

别一章改韻同五詩呈堯夫〔一〕

光

家雖在城闕，蕭瑟似山阿。遠去名利窟，自稱安樂窩。
雲歸白石洞，鶴立碧松柯。得喪非吾事，何須更寤歌。

【校勘記】

〔一〕此詩底本原無，據叢刊本、徐本、四庫本補。

秋夜

浮雲一消散，星斗粲長天。〔一〕碧蘚墜丹果，清香生白蓮。體涼猶衣葛，耳靜已無蟬。坐久羣動息，秋空唯寂然。

【校勘記】

〔一〕「粲」，叢刊本、四庫本作「燦」。

平日遊園常策筇杖秋來發篋復出貂褥二物皆景仁所貺睹物思人斐然成詩

筇杖攜已久，貂褥展猶新。漸染岷山雪，拂除京國塵。危扶醉歸路，穩稱病來身。賴此齋中物，時如見故人。

雲

晴空碧於水，那得片雲飛。映日成丹鳳，隨風變白衣。去來皆絶迹，隱顯兩忘機。天理誰能測，終然何所歸。

閑來

閑來觀萬物，在處可逍遥。魚爲貪鈎得，蛾因赴火焦。碧梧飢鸑鷟，白粒飽鷦鷯。帶索誰家子，行歌復采樵。

花庵多牽牛清晨始開日出已瘁花雖甚美而不能留賞

望遠雲凝岫，粧餘黛散鈿。縹囊承曉露，翠蓋拂秋煙。嚮慕非葵比，雕零在槿先。才供少頃玩，空廢日高眠。

和秋夜

久畏夏暑日，喜逢秋夜天。急雨過脩竹，涼風摇晚蓮。豈謂敗莎蛩，能繼衰柳蟬。安得九皐禽，清唳一灑然。

和貂褥筇杖二物皆范景仁所惠

君子亦保物，保故不保新。筇生蜀部石，貂走陰山塵。善扶巇嶮路，能暖瘦羸身。行坐不可捨，常如覩斯人。

和雲

萬里幙四垂，一片雲自飛。秖知根抱石，不爲天爲衣。既來曾無心，却去寧有機。未能作霖雨，安用帝鄉歸。

和閑來

以身觀萬物，萬物理非遥。馬爲乘多瘦，龜因灼苦焦。能言謝鸚鵡，易飽過鷦鷯。伊洛好煙水，願同漁與樵。

和花庵上牽牛花

葉闊深如幄，花繁翠似鈿。瀼瀼冷曉露，〔一〕幂幂蔽晴煙。謝既成番次，開仍有後先。主人凝佇苦，長是廢朝眠。

【校勘記】

〔一〕「冷」，叢刊本、徐本、四庫本作「零」。

寄三城舊友衛比部二絶

雖老未龍鍾，籬邊菊滿叢。乍涼天氣好，里閈正過從。

景好身還健，天晴路又乾。小車芳草軟，又作穩。處處是清歡。

秋日登石閣〔一〕

初晴僧閣一凭欄，風物淒涼八月間。欲盡上層嘗脚力，更於高處看人寰。秋深天氣隨宜好，老後心懷只愛閑。爲報遠山休斂黛，這般情意久闌珊。

【校勘記】

〔一〕「日」，四庫本作「霽」。

堯夫先生示秋霽登石閣之句，病中聊以短章戲答〔一〕　弼

高閣岧嶤對遠山，雨餘愁望不成歡。擬將斂黛强消遣，却是幽思苦未闌。來詩斷章云：爲報遠山休斂黛，這般情意久闌珊。

【校勘記】

〔一〕此詩底本原無，據叢刊本、徐本、四庫本補。

和堯夫先生秋霽登石閣〔一〕　光

飛簷危檻出林端，王屋嵩丘咫尺間。獨愛高明遊佛閣，豈知憂喜滿塵寰。目窮蒼莽纖毫盡，身得逍遥萬象閑。暇日登臨無厭數，悲風殘葉已珊珊。先生冬夏俱不出。

【校勘記】

〔一〕此詩底本原無，據叢刊本、徐本、四庫本補。

行至龍門先寄堯夫先生〔一〕　復圭

碧洛青嵩刮眼明，馬頭次第似相迎。天街高士還知否，好約南軒醉一觥。

【校勘記】

〔一〕此詩底本原無，據叢刊本、徐本、四庫本補。

和李審言龍圖行次龍門見寄

萬里秋光入坐明，交情預喜笑相迎。菊花未服重陽過，如待君來泛巨觥。

風月吟

涼風無限清，良月無限明。清明不我捨，長能成歡情。終朝三褫辱，晝日三接榮。榮辱不我預，〔一〕何復能有驚。

【校勘記】

〔一〕「不我」，叢刊本、四庫本作「我不」。

贈富公〔一〕

天下繫休戚，世間誰擬倫。三朝爲宰相，四水作閑人。〔二〕照破萬古事，收歸一點真。不知緣底事，見我却慇懃。

【校勘記】

〔一〕詩題，宋本作「上富相公」。　〔二〕「水」，宋本作「海」。

弄筆吟

人生所貴有精神，既有精神却不淳。〔一〕弄假象真終是假，將勤補拙總輸勤。因飢得飽飽猶病，〔二〕爲病求安安未真。人誤聖人人不少，聖人無誤世間人。

【校勘記】

〔一〕「淳」，蔡本作「純」。

〔二〕「猶病」，蔡本作「由拙」。

招司馬君實遊夏圃

雨霽景自好，秋深天未寒。可能乘興否，夏圃一盤桓。

和堯夫先生相招遊夏圃〔一〕　光

野迥秋光滿，逕微朝露寒。登高與行遠，餘力尚桓桓。

【校勘記】

〔一〕此詩底本原無，據叢刊、徐本、四庫本補。

秋日雨霽閑望〔一〕

水泠雲踈霜意早，歲華雖晚黄花好。饒教四面遠山圍，〔二〕柰何一片秋光老。上天生物固無私，聖人餘事人難曉。陳言生活不須矜，自是中才皆可了。

【校勘記】

〔一〕在蔡本中，本詩爲《秋懷吟》之第四首。　〔二〕「遠」，蔡本作「遶」。

四小吟簡陳季常

八月小春天，小花開且殷。晚來經小雨，遂使小車閑。

樂樂吟

吾常好樂樂，所樂無害義。樂天四時好，樂地百物備。樂人有美行，樂己能樂事。此數樂之外，更樂微微醉。

誡子吟

善惡無他在所存，小人君子此中分。改圖不害爲君子，迷復終歸作小人。良藥有功方利病，白珪無玷始稱珍。欲成令器須追琢，過失如何不就新。

聞少華崩

變化無蹤倏忽間，力迴天地不爲難。若教舒展巨靈手，〔一〕豈止軒騰少華山。〔二〕六社居民皆覆没，〔三〕九泉磐石盡飛飜。芻蕘一句能收采，堯舜之時自可攀。

【校勘記】

〔一〕「舒」，宋本、叢刊本、徐本、四庫本作「施」。　〔二〕「軒」，宋本作「掀」。　〔三〕「六」，宋本作「七」。

自古吟

自古大聖人，猶以爲難事。而況後世人，豈復便能至。求之不勝難，得之至容易。千人萬人心，〔一〕一人之心是。

【校勘記】

〔一〕「千人萬人心」，蔡本作「千萬人之心」。

代書寄祖龍圖〔一〕

三十年交舊，相逢各白頭。海壖曾共飲，洛社又同遊。脱屣風波地，〔二〕開懷松桂秋。兩眉從此後，應不著閑愁。

【校勘記】

〔一〕詩題，宋本作「寄祖龍圖」。　〔二〕「屣」，宋本作「屣」。

寒夜吟

天加一上寒，我添一重被。不出既往言，不爲已甚事。責己重以周，與人不求備。唯是大聖人，能立無過地。

知幸吟

雞職在司晨，犬職在守禦。二者皆有功，一歸于報主。我飢亦享食，我寒亦受衣。〔一〕如何無纖毫，功德補于時。

【校勘記】

〔一〕「受」，蔡本作「愛」。

趨嚮

捨我靈龜，觀我朵頤。背義從利，人無遠思。賁于丘園，束帛戔戔。既能圖大，小在其間。

不可知吟

犂牛生騂角，老蚌産明珠。人雖欲勿用，山川其捨諸。事固不可知，物亦難其拘。一歸于臆度，義失乎精麤。

事急吟

旱極望雨意，病危思藥心。人人當此際，不待勸而深。

知人吟

事到急時觀態度，人于危處露肝脾。深心厚貌平時可，慎勿便言容易知。

言語吟

一語便喜處，千言益怒時。既因言語合，却爲語言離。

思患吟

緣飾近虚襟，虚襟後患深。療飢當用食，救旱必須霖。

人生一世吟〔一〕

前有億萬年，後有億萬世。中間一百年，做得幾何事。又况人之壽，幾人能百歲。如何不

喜歡，强自生憔悴。〔二〕

【校勘記】

〔一〕詩題，宋本作「人生一世」，蔡本作「浮生吟」。〔二〕「强自生憔悴」，宋本作「强自生焦悴」，蔡本作「與物争憔悴」。

謝人惠石笋

誰將天柱峯，快刀割一半。泉漱痕微漬，〔一〕雲抱色猶見。權門不能移，富室不能轉。則予何人哉，當閣君之獻。

【校勘記】

〔一〕「漬」，叢刊本、四庫本作「清」。

十月二十四日早始見雪登自雲臺閑望亂道走書呈堯夫先生〔一〕弼

氣候隨時應，初寒雪已盈。乾坤一色白，山水萬重清。是處人煙合，無窮鳥雀驚。忻然不成下，連把玉罍傾。

【校勘記】

〔一〕此詩底本原無，據叢刊、徐本、四庫本補。

奉和十月二十四日初見雪呈相國元老

壬子初逢雪，未多仍却晴。人間都變白，林下不勝清。寒士痛遭恐，窮民惡著驚。杯觴限新法，何故便能傾。

臺上再成亂道走書呈堯夫〔一〕　弼

密雪終宵下，晨登百尺端。瑞光翻怯日，和氣不成寒。天末無纖翳，雲頭未少乾。四郊聞擊壤，農望已多歡。

【校勘記】

〔一〕此詩底本原無，據叢刊本、徐本、四庫本補。

和相國元老

崇臺未經慶，瑞雪下雲端。雖地盡成白，而天不甚寒。有年豐可待，盈尺潤難乾。畎畝無忘處，追蹤擊壤歡。

天津看雪代簡謝蔣秀才還詩卷

清洛接天去，寒雲貼地飛。人於橋上立，詩向雪中歸。

安樂窩中看雪〔一〕

同雲漠漠雪霏霏，〔二〕安樂窩中卧看時。初訝後園羅玉樹，却驚平地璨瑶池。〔三〕未逢寒食梨花謝，不待春風柳絮飛。酒放半醺簾半卷，此情無使外人知。〔四〕滿目是瑶琚，貧家遂富如。許覩非許賣，宜慘不宜舒。醇釀裝醺後，重衾造暖餘。肯於人世上，造一作還。險較錙銖。

【校勘記】

〔一〕詩題，蔡本作「看雪」。〔二〕「漠漠」，蔡本作「幕幕」。〔三〕「璨」，蔡本作「際」。〔四〕「情」，蔡本作「常」。

歲在癸丑年始七十正旦日書事　弼〔一〕

人生七十古來稀，老杜詩云：「酒債尋常行處有，人生七十古來稀。」今日愚年已及期。從此光陰猶不測，只應天道始相知。

【校勘記】

〔一〕此詩底本原無，據叢刊本、徐本、四庫本補。

又

親賓何用舉椒觴，已覺閑中歲月長。不學香山醉謌舞，只將吟嘯敵流光。

又

先聖明明許從心，山川風月恣遊尋。此中若更論規矩，籍外閑人不易禁。
今年始是乞骸年，我向年前已掛冠。都爲君王憐久疾，肯教先去養衰殘。

答富韓〔一〕公見示正旦四絶熙寧六年

正旦四篇詩，緣忻七十期。請觀唐故事，未放晉公歸。

【校勘記】

〔一〕「韓」，四庫本作「鄭」。

上元書懷〔一〕　光

老去春無味，年年覺病添。酒因脾積斷，燈爲目痾嫌。勢位非其好，紛華久已厭。唯餘讀書樂，暖日坐前簷。

【校勘記】

〔一〕此詩底本原無，據叢刊、徐本、四庫本補。

和君實端明

養道自安恬，霜毛一任添。且無官責咎，幸免世猜嫌。蓬户能安分，藜羹固不饜。一般偏好處，曝背向前簷。

安樂窩中四長吟〔一〕

安樂窩中快活人，閑來四物幸相親。一編詩逸收花月，〔二〕一部書嚴驚鬼神。〔三〕一炷香清冲宇泰，一罇酒美湛天真。太平自慶何多也，〔四〕唯願君王壽萬春。

【校勘記】

〔一〕詩題，宋本作「安樂窩」。

〔二〕「收」，宋本作「煞」。

〔三〕「一部書嚴驚鬼神」，宋本作「一卷書囊壓鬼神」。　〔四〕「太平自慶何多也」，宋本作「太平自度何多少」。

安樂窩中詩一編〔一〕

安樂窩中詩一編，自歌自詠自怡然。陶鎔水石閑勳業，銓擇風花静事權。〔二〕意去乍乘千里馬，興來初上九重天。忺時更改三兩字，〔三〕醉後吟哦五七篇。直恐心通雪外月，〔四〕又疑身是洞中仙。銀河洶湧翻晴浪，玉樹查牙生紫煙。萬物有情皆可狀，百骸無病不能蠲。命題濫被神相助，得句謬爲人所傳。肯讓貴家常奏樂，〔五〕寧慚富室賸收錢。若條此過知何限，因甚臺官獨未言。

【校勘記】

〔一〕詩題，宋本作「自和」，爲第三首。　〔二〕「静」，宋本作「盡」。　〔三〕「忺」，宋本作「炊」，四庫本作「歡」。　〔四〕「雪」，宋本、叢刊本、徐本、四庫本作「雲」。　〔五〕「肯」，宋本作「豈」。

安樂窩中一部書〔一〕

安樂窩中一部書，號云皇極意何如。春秋禮樂能遺則，父子君臣可廢乎？浩浩羲軒開闢後，巍巍堯舜協和初。炎炎湯武干戈外，恟恟桓文弓劒餘。〔二〕日月星辰高照耀，皇王帝伯音霸。大鋪舒。幾千百主出規制，數億萬年成楷模。治久便憂强跋扈，患深仍念惡驅除。才堪命世有時有，智可濟時無世無。〔三〕既往盡歸閑指點，未來須俟別支梧。〔四〕不知造化誰爲主，生得許多奇丈夫。

【校勘記】

〔一〕詩題，宋本作「自和」，爲第四首。〔二〕「桓」，宋本作「威」。〔三〕「智」，宋本作「知」。〔四〕「梧」，宋本同，徐本作「吾」。

安樂窩中一炷香〔一〕

安樂窩中一炷香，凌晨焚意豈尋常。禍如許免人須諂，福若待求天可量。且異緇黄徼廟貌，又殊兒女裛衣裳。〔二〕中孚起信寧煩禱，無妄生災未易禳。虚室清泠都是白，靈臺瑩静别生光。觀風禦寇心方醉，對景一作境。顏淵坐正忘。〔三〕赤水有珠涵造化，泥丸無物隔青蒼。生爲男子仍身健，時遇昌辰更歲穰。日月照臨功自大，君臣庇廕効何長。〔四〕非又作不。徒聞道至於此，〔五〕金玉誰家不滿堂。

【校勘記】

〔一〕詩題，宋本作「自和」，爲第五首。〔二〕「裛」，宋本作「裏」，叢刊本、四庫本作「裛」。〔三〕「坐正」，宋本作「正坐」。〔四〕「庇廕効」，宋本作「花蔭效」。〔五〕「非」，宋本作「不」。

安樂窩中酒一罇〔一〕

安樂窩中酒一罇，非唯養氣又頤真。〔二〕頻頻到口微成醉，拍拍滿懷都是春。〔三〕何異君臣初際會，〔四〕又同天地乍絪緼。〔五〕醺酣情味難名狀，〔六〕醖釀工夫莫指陳。斟有淺深存爕理，〔七〕飲無多少寄經綸。〔八〕鳳凰樓下逍遥客，郟鄏城中自在人。高閣望時花似錦，小車行處草如茵。卷舒萬世興亡手，出入千重雲水身。雨後静觀山意思，〔九〕風前閑看月精神。這般事業權衡别，〔十〕振古英雄一本作豪。恐未聞。〔十一〕

【校勘記】

〔一〕詩題，宋本作「自和」，爲第六首。〔二〕「頤」，宋本作「怡」。〔三〕「都」，宋本作「俱」。〔四〕「際」，宋本作「濟」。〔五〕「又同」，宋本作「正如」。〔六〕「名」，宋本作「形」。〔七〕「爕」，宋本作「變」。〔八〕「寄」，宋本作「記」。〔九〕「思」，宋本作「想」。〔十〕「事業」，宋本作「事躰」。〔十一〕「振古英雄」，宋本作「鎮古英毫」。

謝富相公見示新詩一軸

通衢選地半松筠，元老辭榮向盛辰。多種好花觀物體，每斟醇酒發天真。清朝將相當年事，碧洞神仙今日身。更出新詩二十首，其間字字敵陽春。

文章天下稱公器，詩在文章更不踈。到性始知真氣味，入神方見妙工夫。〔一〕閑將歲月觀消長，静把乾坤照有無。辭比《離騷》更温潤，《離騷》其柰少寬舒。

【校勘記】

〔一〕「工」，叢刊本、徐本、四庫本作「功」。

弼承索近詩復貺佳句輒次元韻奉和詩以語志不必更及乎詩也伏惟一覽而已　弼〔一〕

出入高車耀縉紳，從來天幸喜逢辰。道孤常恐難逃悔，性拙徒能不失真。風雨坐生无妄疾，林泉歸作自由身。歲寒未必輸松柏，已見人間七十春。

賦分蕭條只自如，生平常向宦情踈。亡功每歎孤明主，得謝何妨作老夫。官品尚叨三事貴，世緣應信一毫無。病來髀肉消幾盡，尤覺陰陽繫慘舒。

【校勘記】

〔一〕此詩底本原無，據叢刊、徐本、四庫本補。

安樂窩中好打乖吟〔一〕

安樂窩中好打乖，打乖年紀合挨排。重寒盛暑多閉户，〔二〕輕暖初涼時出街。風月煎催親

筆硯，鬭花引惹傍樽罍。〔三〕問君何故能如此，秖被才能養不才。〔四〕

【校勘記】

〔一〕詩題，宋本作「自和」，爲第二首。　〔二〕「閉」，宋本作「閑」。　〔三〕「傍」，宋本作「停」。

〔四〕「秖被」，宋本作「只爲」。

和　　弼〔一〕

先生自衛客西畿，樂道安閑窩義絶世機。再命初筵終不起，獨甘窮巷寂無依。貫穿百代常探古，吟咏千篇亦造微。珍重相知忽相訪，醉和風雨夜深歸。

【校勘記】

〔一〕富弼至呂希哲八首和詩底本原無，據叢刊本、徐本、四庫本補。

和　　拱辰

安樂窩中名隱君，腹藏經笥富多聞。一廛水竹爲生計，三徑琴觴混世紛。婉畫舊嘗辭幕府，少微今已應星文。了心便是棲真地，何必煙霞卧白雲。

和　光

安樂窩中自在身，猶嫌名字落紅塵。醉吟終日不知老，經史滿堂誰道貧。長掩柴荊避寒暑，只將花卉記冬春。料非閑處打乖客，乃是清朝避世人。

和　尚恭

窩名安樂已詼諧，更賦新詩訟所乖。豈以達爲賢事業，自知安是道梯階。權門富室先藏跡，好景良朋亦放懷。應照先生純粹處，肯揮妙墨記西齋。

和　逵

安樂先生醉便歌，莊篇徒爾説焚和。有名有守同應少，無事無來得最多。勝處林泉供放適，清時風月助吟哦。能拋憂責忘勞外，不縱逍遥更待何。

和　顥

打乖非是要安身，道大方能混世塵。陋巷一生顔氏樂，清風千古伯夷貧。客求妙墨多携卷，天爲詩豪剩借春。儘把笑談親俗子，德容猶足畏鄉人。

聖賢事業本經綸，肯爲巢由繼後塵。三幣未回伊尹志，萬鍾難换子輿貧。且因經世藏千古，已占西軒度十春。時止時行皆有命，先生不是打乖人。

和　　呂希哲

先生不是閉關人，高趣逍遥混世塵。得志須爲天下雨，放懷聊占洛陽春。家無甔石賔常滿，論極錙銖意始新。任便終身卧安樂，一毫何費養天真。

二月六日登石閣〔一〕　　光

極目千里外，川原繡畫新。始知平地上，看不盡青春。

【校勘記】

〔一〕此詩底本原無，據叢刊本、徐本、四庫本補。

和君實端明登石閣

平地雖然遠，那知物物新。危樓一百尺，别有萬般春。

二月六日送京醖二壺上堯夫〔一〕　光

紅櫻零落杏花開，春物相催次第來。莫作林間獨醒客，任從花笑玉山頹。

【校勘記】

〔一〕此詩底本原無，據叢刊、徐本、四庫補。

和君實端明副酒之什

洛陽花木滿城開，更送東都雙榼來。遂使閑人轉狂亂，奈何紅日又西頹。

對花吟

春在花爭好，春歸花遂殘。好花留不住，好客會亦難。酒既對花飲，花宜把酒看。如何更斟滿，酒盡此時歡。

依韻寄成都李希淳屯田

思君君未還，君戀蜀中官。白首雖知倦，清衷宜自寬。花時難得會，蠶市易成歡。莫歎歸休晚，生涯苦未完。

代書寄廣信李遵度承制

薊北更千里，漢唐爲極邊。柰何今境土，不復舊山川。虎帳兵家重，雕弓嗣子傳。他年勤功處，無使後燕然。

自和打乖吟〔一〕

安樂窩中好打乖，自知元没出人才。老年多病不服藥，少日壯心都已灰。庭草剗除終未盡，檻花抬舉尚難開。輕風吹動半醺酒，此樂直從天外來。

【校勘記】

〔一〕詩題，宋本作「自和」，爲第一首。

伊川擊壤集卷之十

年老逢春十三首〔一〕

年老逢春春莫猜，老年方自少年迴。人情少悅酒不解，天氣却寒花未開。〔二〕堤外有風斜送柳，墻陰經雨半生苔。去年波水東流去，〔三〕舊淥柰何新又來。〔四〕

年老逢春春正妍，春妍況在禁煙前。纔寒却暖養花日，行去聲。雨便晴消酒天。進退罇罍宜有主，栽培桃李豈無權。清談已是歡情極，更把狂詩當管絃。

年老逢春雨乍晴，雨晴況復近清明。天低宮殿初長日，風暖園林未囀鶯。花似錦時高閣望，草如茵處小車行。東君見賜何多也，又復人間久太平。

年老逢春莫厭春，住家況復在天津。既將水竹爲生計，須與風花作主人。故宅廢功除瓦礫，〔五〕新畦加意種蘭薰。未知去此閑田地，何地更能容此身。

年老逢春始識春，春妍都恐屬閑身。能知青帝工夫大，〔六〕肯逐後生撩亂頻。酒趂嫩醅嘗格韻，花承曉露看精神。大凡尤物難分付，造化從來不負人。

年老逢春春意多，波光誰染柳誰搓。〔七〕池亭正好愛不徹，草木向榮情柰何。便把罇罍通意思，須防風雨害清和。千紅萬翠中間裏，似我閑人更有麽？

年老逢春春莫厭，春工慎勿致猜嫌。紅芳若得眼前過，白髮任從頭上添。雨後艷花零淚顆，風餘新月露眉尖。輕醇酒面斟來凸，舉盞長憂不易拈。

年老逢春春莫慳，春慳不當世艱難。四時只有三春好，一歲都無十日閑。酒盞不煩人訴免，花枝須念雨摧殘。却愁千片飄零後，〔八〕多少金能買此歡。

年老逢春莫厭頻，更頻能見幾回春。〔九〕須將酒盞强留客，却恐花枝解笑人。世態不堪新間舊，物情難免假疑真。誰云梁燕多言語，此箇深冤都未伸。

年老逢春興未收，願春慈造少遲留。〔十〕既稱好事愁花老，須與多情秉燭遊。酒裏功勞閑汗馬，詩中罪過静風流。〔十一〕東君不柰人嘲戲，僝僽花枝惡未休。〔十二〕

年老逢春莫惜狂，惜狂無那興難當。園林恰到惡明媚，〔十三〕風雨便多閑中傷。花等半開宜速賞，酒聞纔熟便先嘗。大都美物天長惜，非是吾儕曲主張。

年老逢春春不任，不任緣被老來侵。一身老去惡足惜，〔十四〕滿眼春歸何處尋。紅日墜時風更急，落花流處水仍深。流鶯不悟芳菲歇，猶向枝頭送好音。

年老逢春認破春，破春不用苦傷神。〔十五〕身心自有安存地，草木焉能媚惑人。此日榮爲他日瘁，今年陳是去年新。世間憂喜常相逐，〔十六〕多少酒能平得君。

【校勘記】

〔一〕詩題，宋本作「年老逢春」。　〔二〕「却」，宋本作「多」。　〔三〕「去」，宋本作「処」。　〔四〕「渌」，宋本作「緑」。　〔五〕「廢」，宋本作「費」。　〔六〕「工」，叢刊本、徐本、四庫本作「功」。　〔七〕「搓」，叢刊本作「㧯」，四庫本作「拖」。　〔八〕「飄」，宋本作「風」。　〔九〕「見」，宋本作「得」。　〔十〕「春」，宋本作「君」。　〔十一〕「詩中罪過静風流」，宋本作「詩中旨趣足風流」。　〔十二〕「僝僽」，宋本作「以中」。　〔十三〕「惡」，四庫本作「恁」。　〔十四〕「惡」，四庫本作「恁」。　〔十五〕「苦」，宋本作「若」。　〔十六〕「常」，宋本作「長」。

和堯夫先生年老逢春三首〔一〕

光

年老逢春春莫咍，朱顔不肯似春迴。酒因多病無心醉，花不解愁隨意開。荒徑倦遊從碧草，空庭慵掃任蒼苔。相逢談笑猶能在，坐待牽車陌上來。

年老逢春無用驚，對花弄筆眼猶明。不嫌貧舍舊來燕，喚起醉眠何處鶯。一僕相隨幅巾出，羣童聚看小車行。人間萬事都捐去，莫遣胷中氣不平。

年老逢春猶解狂，行歌南陌上東岡。晴雲高鳥各自得，白日遊絲相與長。草色無情盡眼緑，林花多思麗人香。吾儕幸免簪裾累，痛飲閑吟樂未央。

【校勘記】

〔一〕此三首詩底本原無，據叢刊、徐本、四庫本補。

崇德久待不至〔一〕　光

淡日濃雲合復開，碧嵩青洛遠縈迴。林端高閣望已久，〔二〕花外小車猶未來。

【校勘記】

〔一〕此詩底本原無，據叢刊本、徐本、四庫本補。　〔二〕「久」，宋本作「矣」。

和司馬君實崇德久待不至〔一〕

君家梁上年時燕，過社今年尚未迴。請罰誤君凝竚久，萬花深處小車來。

天啓夫君八斗才，〔二〕野人中路必須迴。神仙一句難忘處，花外小車猶未來。

【校勘記】

〔一〕詩題，宋本、叢刊本、徐本僅有「和」字。　〔二〕「天」，宋本作「夫」。

別兩絶

樓外花深礙小車，難忘有德見思多。欲憑桃李爲之謝，桃李無言争柰何。

賞花高閣上，負約罪難回。若許將詩贖，〔一〕何時不可陪。

【校勘記】

〔一〕「許」，宋本作「欲」。

春日登石閣

滿洛城中將相家，廣栽桃李作生涯。年年二月凭高處，〔一〕不見人家只見花。

【校勘記】

〔一〕「二月」，宋本、徐本作「三月」。

六十三吟

行年六十有三歲，齒髮雖衰志未衰。耻把精神虚作弄，肯將才力妄施爲。愁聞刮骨聲音切，悶見吹毛智數卑。珍重至人嘗有語，落便宜是得便宜。陳希夷先生嘗有是言。

感事吟

古人不見面，止可觀其心。其心固無他，而多顧義深。今人不見心，止可觀其面。〔一〕其面顧無他，而多顧利淺。顧義則利人，顧利則害民。利人與害民，而卒反其身。〔二〕其身幸而免，亦須殃子孫。

【校勘記】

〔一〕「止」，叢刊本、四庫本作「正」。

〔二〕「卒」，叢刊本作「猝」。

偶書〔一〕

天生萬物，各遂其一。唯人最靈，萬物能并。芝蘭芬芳，麒麟鳳凰。此類之人，鮮有不臧。〔二〕狼毒野葛，〔三〕梟鴆蛇蝎。此類之人，鮮有不孽。臧唯思安，孽唯思殘。日夜無息，相代于前。天無私覆，地無私載。俱能含養，始知廣大。

【校勘記】

〔一〕詩題，蔡本作「偶書吟」，下有「四言」二小字。〔二〕「臧」，蔡本作「藏」。〔三〕「野」，蔡本同，叢刊本、徐本作「冶」。

偶得吟

蛙蜢泥中走，鳳凰雲外飛。雲泥相去遠，自是難相知。

太和湯吟

二味相和就甕頭，一般收口效偏優。同斟秖却因無事，獨酌何嘗爲有愁。纔沃便從真宰辟，半醺仍約伏犧遊。〔一〕人間盡愛醉時好，未到醉時誰肯休。

【校勘記】

〔一〕「犧」，叢刊本作「羲」。

洗竹

歲寒松柏共經秋，叢刿無端蔽翳稠。遍地冗枝都與去，倚天高榦一齊留。應龍吟後聲能效，儀鳳來時功可收。未説其他爲用處，此般風格最難儔。

天意吟〔一〕

天意無他只自然，自然之外更無天。不欺誰怕居暗室，〔二〕絶利須求在一源。未喫力時猶有説，到收功處更何言。聖人能事人難繼，無價明珠正在淵。

【校勘記】

〔一〕詩題，宋本作「天意」。　〔二〕「暗」，宋本作「閑」。

代書戲祖龍圖

祖兄同甲中，〔一〕二十七日長。無怨可低眉，有歡能抵掌。交情日更深，道義久相尚。但欠

書丹人，黄金八百兩。擇之葬其親也，書誌用予名姓。〔二〕

【校勘記】

〔一〕「中」，叢刊本、徐本、四庫本作「申」。〔二〕小注「名姓」二字，叢刊本、徐本作「姓名」。

把酒

把酒囑兒男，吾今六十三。處身雖未至，講道固無慙。世上榮都謝，林間樂尚貪。語其貪一也，且免世猜嫌。

對花熙寧七年〔一〕

花枝照酒卮，把酒囑花枝。酒盡錢能買，花殘藥不醫。人無先酩酊，花莫便離披。慢慢對花飲，況春能幾時。

【校勘記】

〔一〕此詩，蔡本重出，一題作「囑花吟」，一題作「對花」。

四道吟〔一〕

天道有消長，地道有險夷。人道有興廢，物道有盛衰。興廢不同世，盛衰不同時。柰何人當之，許多喜與悲。

【校勘記】

〔一〕詩題，宋本作「四道」。

林下吟

林下一般奇，俗人那得知。乍圓明月夜，纔放好花枝。美酒未斟滿，佳賓莫放歸。世間優我輩，幸有這些兒。

春陰〔一〕

日日是春陰，春陰又復沈。養花雖有力，愛月豈無心。月滿方能看，花開始可吟。柰何花與月，殊不諒人深。

花好難久觀，月好難久看。花能五七日，月止十二圓。〔二〕圓時仍齟齬，開處足摧殘。風雨尋常事，人心何不安。〔三〕

【校勘記】

〔一〕詩題，宋本同，蔡本作「花月吟」。〔二〕「二」，蔡本同，宋本作「五」。〔三〕「安」，宋本同，蔡本作「堅」。

囑花吟〔一〕

把酒囑花枝，花枝亦要知。花無十日盛，人有百年期。據此銷魂處，〔二〕寧思中酒時。若非詩斷割，〔三〕難解一生迷。

【校勘記】

〔一〕詩題，蔡本同，宋本作「囑花」。〔二〕「銷」，宋本、蔡本作「消」。〔三〕「非」，蔡本作「無」。「割」，宋本同，蔡本作「送」。

懶起吟

半記不記夢覺後，似愁無愁情倦時。擁衾側卧未忺起，〔一〕簾外落花撩亂飛。

【校勘記】

〔一〕「忺」，徐本作「忻」，四庫本作「歡」。

感事吟

君子小人正相反，上智下愚誠不移。野葛根非連靈芝，〔一〕柰何生與天地齊。

【校勘記】

〔一〕「野」，叢刊本、徐本作「治」。

三惑

老而不歇是一惑，安而不樂是二惑。閑而不清是三惑，三者之惑自戕賊。

四喜

一喜長年爲壽域，二喜豐年爲樂國。三喜清閑爲福德，四喜安康爲福力。

何如吟

立身須作真男子，臨事無爲淺丈夫。料得人生皆素定，空多計較竟何如。

問春吟〔一〕

自古言花須説鷪，〔二〕鷪花本合一時行。因何花謝鷪纔至，〔三〕浪得鷪花相與名。輒欲問春春不應，私於蜂蝶有何情。流鷪不伏春辜負，〔四〕啼了千聲又萬聲。

【校勘記】

〔一〕詩題，蔡本作「問春」。〔二〕「鬻」，蔡本作「我」。〔三〕「因」，蔡本作「思」。〔四〕「伏」，蔡本作「服」。

樓上寄友人

有客常輕平地春，夫春不得不云云。〔一〕能安陋巷無如我，既上高樓還憶君。滿眼雲林都是緑，萬花煙瓦半來新。〔二〕凭欄須是心無事，誰是凭欄無事人。

【校勘記】

〔一〕「夫」，四庫本作「失」。〔二〕「萬花煙瓦」，叢刊本、四庫本作「萬家輝舞」，徐本作「萬家烟瓦」。

所失吟

所失彌多所得微，中間贏得一歔欷。〔一〕人榮人悴乃常理，花謝花開何足追。偶爾相逢却相別，乍然同喜又同悲。只消照破都無事，何必區區更辯爲。〔二〕

【校勘記】

〔一〕「贏」，宋本作「嬴」。〔二〕「辯」，叢刊本、四庫本作「辨」。

插花吟〔一〕

頭上花枝照酒巵，酒巵中有好花枝。身經兩世太平日，眼見四朝全盛時。況復筋骸粗康健，那堪時節正芳菲。酒涵花影紅光溜，〔二〕争忍花前不醉歸。

【校勘記】

〔一〕詩題，宋本作「插花」。　〔二〕「涵」，宋本作「含」。

閑居吟〔一〕

閑居須是洛中居，天下閑居皆莫如。文物四方賢俊地，山川千古帝王都。絶奇花畔持芳醑，最軟草間移小車。〔二〕只有堯夫負親舊，交親殊不負堯夫。

【校勘記】

〔一〕詩題，宋本作「閑居」。　〔二〕「間」，宋本作「門」。

依韻和張子堅太博

八載相逢恨未平，如何別酒又還傾。雖慙坦率珠多纇，却識清和玉有聲。處世當爲天下士，賞花須是洛陽城。也知今古真男子，造化工夫不易生。〔一〕

【校勘記】

〔一〕「工」，叢刊本、四庫本作「功」。

還鞠十二著作見示共城詩卷

寫象丹青未易偕，丹青難寫象情懷。覽君十首詩三遍，勝我再遊鄉一回。故國不知新想望，家山如見舊崔嵬。功名時事人休問，只有兩行清淚揩。

樂物吟〔一〕

日月星辰天之明，耳目口鼻人之靈。皇王帝伯音霸。由之生，〔二〕天意不遠人之情。飛走草木類既別，士農工商品自成。安得歲豐時長平，樂與萬物同其榮。〔三〕

【校勘記】

〔一〕詩題，宋本作「樂物」。　〔二〕「由」，四庫本作「人」。　〔三〕「萬物」，宋本作「五物」。

喜春吟

春至已將詩探伺，春歸更用酒追尋。酒因春至春歸飲，詩爲花開花謝吟。花謝花開詩屢作，春歸春至酒頻斟。情多不是彊年少，和氣衝心何可任。

暮春吟

多情潘佑羨楊花，出入千家復萬家。少日壯心都失去，老年新事不知他。詩中罪過人多恕，〔一〕酒裏功勞我自誇。猶有一般牢落處，交親太半在天涯。〔二〕

【校勘記】

〔一〕「多」，蔡本作「當」。　〔二〕「太」，蔡本、徐本作「大」。

和王中美大卿致政二首

等候人間七十年，便如平子賦歸田。知時所得誠多矣，養志其誰曰不然。況有林泉情悦樂，却無官守事拘牽。小車近日曾馳謁，正值夫君春晝眠。

自古有才思奮飛，夫君何故獨知時。平生懷抱未少屈，盛世掛冠良得宜。入格柳揺風細細，〔一〕壓春花笑日遲遲。傳呼震地門前過，更不令人問是誰。

【校勘記】

〔一〕「揺」，四庫本作「拖」。

和北京王郎中見訪留詩〔一〕

車從賞春來北京，耿君先期已馳情。此時殞霜奈何重，今歲花開徒有聲。〔二〕既辱佳章仍墜刺，寧無累句代通名。天之才美應自惜，〔三〕料得不爲時虚生。〔四〕

【校勘記】

〔一〕詩題，蔡本作「和王仲賢吟」。〔二〕「花開」，蔡本作「開花」。〔三〕「才美」，蔡本作「美才」。

〔四〕「虚生」，蔡本作「虚名」。

喜樂吟

生身有五樂，居洛有五喜。人多輕習常，殊不以爲事。吾才無所長，吾識無所紀。其心之泰然，奈何能了此。〔一〕一樂生中國，二樂爲男子，三樂爲士人，四樂見太平，五樂聞道義。一喜多善人，二喜多好事，三喜多美物，四喜多佳景，五喜多大體。

【校勘記】

〔一〕「能」，叢刊本、四庫本作「人」。

歡喜吟

歡喜又歡喜，喜歡更喜歡。吉士爲我友，好景爲我觀。美酒爲我飲，美食爲我餐。此身生長老，盡在太平間。

天道吟

天道不難知，人情未易窺。雖聞言語處，更看作爲時。隱几功夫大，揮戈事業卑。春秋賴乘興，出用小車兒。

一室吟〔一〕

一室可容身，四時長有春。〔二〕何嘗無美酒，未始絶佳賓。洞裏賞花者，君實也，宅中有洞。天邊泛月人。君貺也，宅中有樓。相逢應有語，笑我太因循。

【校勘記】

〔一〕詩題，宋本作「一室」，叢刊本、四庫本作「室吟」。〔二〕「有」，宋本作「若」。

正月二十六日獨步至洛濱偶成二詩呈堯夫先生〔一〕　光

拜表歸來抵寺居，解鞍縱馬罷傳呼。紫花金帶盡脱去，便是林間一野夫。

草軟波晴沙路微，手携笻竹着深衣。白鷗不信忘機久，見我猶穿岸柳飛。

【校勘記】

〔一〕此詩底本原無，據叢刊、徐本、四庫本補。

依韻和君實端明洛濱獨步〔一〕

冠蓋紛紛塞九衢，〔二〕聲名相軋在前呼。獨君都不將爲事，始信人間有丈夫。

風背河聲近亦微，斜陽淡泊隔雲衣。一雙白鷺來煙外，將下沙頭又却飛。

【校勘記】

〔一〕詩題，宋本作「和司馬獨步」。　〔二〕「紛紛」，宋本作「紛華」。

雨後天津獨步〔一〕

洛陽宫殿鎖晴煙，〔二〕唐漢以來書可傳。〔三〕多少升沉都不見，空餘四面舊山川。

【校勘記】

〔一〕詩題，宋本作「雨後獨步」。　〔二〕「宫殿」，宋本作「獨殿」。　〔三〕「以」，宋本作「已」。

春色

去歲春歸留不住，今年春色來何處。洛陽處處是桃源，小車漸轉東街去。

太平吟

天下太平日，人生安樂時。更逢花爛漫，争忍不開眉。

禁煙留題錦𡸁山下四首

滿川桃李弄芳妍，不忍重爲風所殘。〔一〕忍使一年春遂去，儘凭高處與盤桓。

寒食風煙錦𡸁下，凭高把酒興何如。滿川桃李方妍媚，不忍重爲風破除。

無涯桃李待清明，經歲方能開得成。不念化工曾著力，狂風何故苦相淩。

春半花開百萬般，東風近日惡摧殘。可憐桃李性温厚，吹盡都無一句言。

【校勘記】

〔一〕「忍」，四庫本作「任」。

兩歲錦𡸁之游不克見鄭令因以寄之

歲歲羣芳正爛開，錦𡸁山下賞春來。兩年不得陪仙躅，〔一〕洞裏仙人出未回。

【校勘記】

〔一〕「仙」，叢刊本、四庫本作「山」。

東軒前添色牡丹一株開二十四枝成二絶呈諸公

牡丹一株開絶倫，二十四枝嬌娥羣。天下唯洛十分春，邵家獨得七八分。

牡丹一株開絶奇，二十四枝嬌娥圍。滿洛城人都不知，邵家獨占春風時。

酬堯夫招看牡丹〔一〕　光

君家牡丹深淺紅，二十四枝爲一叢。不唯春光占七八，才華自是詩人雄。

君家牡丹今盛開，二十四枝爲一栽。主人果然青眼待，正忙亦須偷暇來。少選當與景仁上謁。

【校勘記】

〔一〕此詩底本原無，據《四部叢刊》、徐本、四庫本補。

花時阻雨不出

三月洛城春半時，鞦韆未拆楊花飛。小車不出閑春泥，亂紅飜處流鸎啼。

安樂窩中吟

安樂窩中職分脩，分脩之外更何求。滿天下士情能接，〔一〕遍洛陽園身可遊。行己當行誠盡處，看人莫看力生頭。因思平地春言語，使我嘗登百尺樓。〔二〕司馬君實有詩云：「始知平地上，看不盡青春。」

安樂窩中事事無，唯存一卷伏犧書。倦時就枕不必睡，忺後携筇任所趨。〔三〕准備點茶收露水，隄防合藥種魚蘇。苟非先聖開蒙吝，〔四〕幾作人間淺丈夫。

安樂窩中弄舊編，舊編將絶又重聯。燈前燭下三千日，水畔花間二十年。〔五〕有主山河難占籍，無争風月任收權。閑吟閑咏人休問，此箇工夫世不傳。〔六〕

安樂窩中萬户侯，良辰美景忍虚休。已曾得手春深日，更欲放懷年老頭。〔七〕曉露重時花滿檻，暖醅浮處酒盈甌。聖人喫緊些兒事，〔八〕又省工夫又省憂。

安樂窩中春夢回，略無塵事可裝懷。〔九〕輕風一霎座中過，遠樂數聲天外來。〔十〕日影轉時從杖屨，花陰交處傍罇罍。人間未若吾鄉好，又況吾鄉多美才。

安樂窩中春不虧，山翁出入小車兒。水邊平轉緑楊岸，〔十一〕花外就移芳草堤。明快眼看三月景，康强身歷四朝時。鳳凰樓下天津畔，仰面迎風倒載歸。

安樂窩中三月期，老來纔會惜芳菲。自知一賞有分付，〔十二〕誰讓萬金無孑遺。〔十三〕美酒飲教微醉後，好花看到半開時。〔十四〕這般意思難名狀，〔十五〕只恐人間都未知。

安樂窩中春暮時，閉門慵坐客來稀。蕭蕭微雨竹間霽，嘒嘒翠禽花上飛。好景盡將詩記録，歡情須用酒維持。自餘身外無窮事，皆可掉頭稱不知。

安樂窩中甚不貧，中間有榻可容身。儒風一變至於道，和氣四時長若春。〔十六〕日月作明明主日，人言成信信由人。唯人與日不相遠，過此何嘗更語真。

安樂窩中設不安，略行湯劑自能痊。居常無病不服藥，就使有災宜俟天。理到昧時須索講，情於盡處更何言。自餘虛費閑思慮，都可易之爲晝眠。

安樂窩中春欲歸，春歸忍賦送春詩。雖然春老難牽復，却有夏初能就移。飲酒莫教成酩酊，賞花慎勿至離披。人能知得此般事，焉有閑愁到兩眉。又云：「安樂窩中三月期，老年才會惜芳菲。酒防酩酊須生病，花恐離披遂便飛。飲酒莫教成酩酊，賞花慎勿至離披。離披酩酊惡滋味，不作〔歡〕欣只作悲。〔十七〕」

生爲男子偶昌辰，安樂窩中富貴身。大字寫詩誇壯健，小杯飲酒惜輕醇。〔十八〕山川澄浄初經雨，草木暄妍正遇春。造化工夫精妙處，都宜分付與閑人。

安樂窩中雖不拘，不拘終不失吾儒。輕醇酒用小盞飲，豪壯詩將大字書。花木暄妍春雨後，山川澄浄九秋餘。閑中意思長多少，〔十九〕無忝人間一丈夫。

【校勘記】

〔一〕「士」，宋本作「事」。 〔二〕「嘗」，宋本作「須」。 〔三〕「忺」，宋本同，徐本作「懽」，四庫本作「歡」。

〔四〕「吝」，叢刊本、徐本作「悋」。 〔五〕「水畔」，宋本作「水水」。 〔六〕「工」，宋本、叢刊本、四庫本作「功」。 〔七〕「放懷」，宋本同，叢刊本、四庫本作「披衣」。 〔八〕「喫緊」，宋本同，叢刊本、四庫本作「喜得」。

〔九〕「略」，叢刊本作「俻」，四庫本作「併」。 〔十〕「遠樂數聲」，叢刊本作「安樂窩中」，四庫本作「此樂直從」。〔十一〕「楊」，宋本作「柳」。〔十二〕「付」，宋本作「寸」。〔十三〕「萬」，宋本同，叢刊本、四庫本作「黄」。「孑」，宋本作「子」。〔十四〕「看」，宋本作「放」。〔十五〕「難名狀」，宋本作「名難狀」。〔十六〕「若」，宋本作「似」。〔十七〕小注「歡」，原脱，據叢刊本補。〔十八〕「飲」，宋本作「斟」。〔十九〕「思」，宋本作「似」。

奉和安樂窩吟〔一〕　光

靈臺無事日休休，安樂由來不外求。細雨寒風宜獨坐，暖天佳景即閑遊。松篁亦足開青眼，桃李何妨插白頭。我以著書爲職業，爲君偷暇上高樓。

【校勘記】

〔一〕此詩底本原無，據《四部叢刊》、徐本、四庫全書補。

食梨〔一〕

願君莫愛金花梨，〔二〕願君須愛紅消梨。金花紅消兩般味，〔三〕一般顔色如烟脂。〔四〕紅消食之甘如飴，金花食之先顰眉。〔五〕似此誤人事不少，〔六〕未食之前宜辯之。〔七〕

【校勘記】

〔一〕詩題，宋本同，叢刊本、徐本、四庫本作「食梨吟」。〔二〕「願」，宋本作「勸」。「愛」，宋本作「食」。

〔三〕「味」，宋本作「梨」。「花」，叢刊本、四庫本作「色」。　〔四〕「烟」，四庫本作「胭」。　〔五〕「顰」，宋本作「皺」。　〔六〕「似此誤人事不少」，宋本作「似此悞人多少事」。　〔七〕「辯」，四庫本作「辨」。

依韻答王安之少卿

疊巘如屛四面開，可堪虛使亂雲堆。已曾同賞花無限，須約共遊山幾迴。未老秋光詩擁筆，乍涼天氣酒盈杯。輕風早是得人喜，更向芰荷深處來。

伊川擊壤集卷之十一

上巳觀花思友人〔一〕

上巳觀花花意穠，今年正與昔年同。〔二〕當時同賞知何處，把酒猶能對遠風。

【校勘記】

〔一〕詩題，宋本作「上巳觀花思友」。

〔二〕「昔」，宋本作「惜」。

戲呈王郎中

近年好花人輕之，東君惡怒人不知。直與增價一百倍，滿洛城春都買歸。〔一〕一株二十有四枝，枝枝皆有傾城姿。又恐冷地狂風吹，盛時都與籍入詩。予家有牡丹一株，名曰添色紅，開二十有四枝。

【校勘記】

〔一〕「春」，徐本作「中」。

流鶯吟〔一〕

遷喬固有之，〔二〕出谷未多時。正嫩簧爲舌，初新金作衣。替花言灼灼，代柳説依依。柳外晚猶囀，花前曉又啼。〔三〕啼多因雨過，囀少爲春歸。莫遣行人聽，行人路正迷。〔四〕

【校勘記】

〔一〕詩題，宋本作「流鶯」。〔二〕「固」，宋本作「因」。〔三〕「曉」，宋本作「晚」。〔四〕「路正」，宋本作「正路」。

善賞花吟

人不善賞花，只愛花之貌。人或善賞花，只愛花之妙。花貌在顔色，顔色人可效。花妙在精神，精神人莫造。

善飲酒吟

人不善飲酒，唯喜飲之多。人或善飲酒，唯喜飲之和。飲多成酩酊，酩酊身遂痾。飲和成醺酣，醺酣顔遂酡。

省事吟〔一〕

慮少夢自少，言稀過亦稀。簾垂知日永，〔二〕柳静覺風微。〔三〕但見花開謝，〔四〕不聞人是非。〔五〕何須尋洞府，度歲也應遲。〔六〕

【校勘記】

〔一〕詩題，宋本作「過稀」，蔡本作「省事」。〔二〕「日」，宋本同，蔡本作「晝」。〔三〕「微」，宋本同，蔡本作「低」。〔四〕「見」，蔡本同，宋本作「看」。〔五〕「聞」，宋本作「言」，蔡本作「関」。〔六〕「歲」，蔡本同，宋本作「世」。

一春吟〔一〕

一春九十日，風雨占幾半。〔二〕花好不成觀，心狂未能按。〔三〕

【校勘記】

〔一〕詩題，宋本作「一春」。〔二〕「風雨」，宋本作「一春」，疑誤。〔三〕「心狂未能按」，宋本作「心往未能安」。

舉世吟〔一〕

舉世自紛紛，〔二〕誰爲無事人。吾生獨何幸，卧看洛陽春。〔三〕

【校勘記】

〔一〕詩題，宋本作「舉世」。〔二〕「自」，宋本作「日」。〔三〕「洛陽」，宋本作「洛城」。

春水吟

春水渌成波，成波無柰何。難將染他物，止可染輕羅。

春雨吟〔一〕

春雨細如絲，如絲霢霂時。如何一霶霈，萬物盡熙熙。

【校勘記】

〔一〕詩題，宋本作「春雨」。

可惜吟〔一〕

可惜熙熙一片春，未多時節覓無因。〔二〕眼前園苑知何限，〔三〕只見鶯啼不見人。

【校勘記】

〔一〕詩題，宋本作「可惜」。〔二〕「未」，宋本同，叢刊本、四庫本作「不」。〔三〕「園」，宋本作「因」，疑誤。「知」，宋本作「雖」。

簪花吟〔一〕

簪花猶且強年少，訴酒固非佯小心。花好酒嘉情更好，〔二〕奈何明日病還深。〔三〕

【校勘記】

〔一〕詩題，宋本作「簪花」。〔二〕「嘉」，宋本作「佳」。〔三〕「深」，宋本作「身」。

春去吟〔一〕

春去休驚晚，〔二〕夏來還喜初。殘芳雖有在，得似緑陰無。

【校勘記】

〔一〕詩題，宋本作「春去」。〔二〕「晚」，宋本作「暑」。

奉別堯夫先生承見留數刻漬梅酒磨沉水飲別聊書代謝　中師〔一〕

磨湯漬酒重分携，景霽和風二月時。莫忘天津別君處，黄梅庭下半離披。

【校勘記】

〔一〕此詩底本原無，據叢刊本、徐本、四庫本補。

和大尹李君錫龍圖留別詩〔一〕

多情大尹辭春去，正是羣芳爛漫時。自古英豪重恩意，羣芳慎勿便離披。

【校勘記】

〔一〕詩題，蔡本作「和李龍圖」。

走筆和君錫堯夫〔一〕　光

先生洛社坐忘機，大尹朝天去佐時。今日梅花浮別酒，青雲早晚重來披。

【校勘記】

〔一〕此詩底本原無，據叢刊本、徐本、四庫本補。

答李希淳屯田三首

去歲嘗蒙遠寄詩，當時已歎友朋希。如今存者殆非半，不縱歡遊待幾時。

竹間水際情懷好，月下風前意思多。洛社過從無事日，非吾數輩更誰何。

胷中日月時舒慘，筆下風雲旋合離。老去無成尚如此，不知成後更何爲。

箋年老逢春詩〔一〕

年老逢春春莫疑，
　箋云：物理窺開後，人情照破時。且無形不見，〔二〕只有意能知。
老年纔會惜芳菲。
　箋云：一歲正榮處，三春特盛時。是花堪愛惜，況見好花枝。
自知一賞有分付，
　箋云：羣卉争妍處，奇花獨異時。東君深意思，亦恐要人知。
誰讓千金無孑遺。〔三〕
　箋云：白日偏催處，黄金欲盡時。侈心都用了，始得一開眉。
美酒飲教微醉後，
　箋云：瓮頭噴液處，盞面起花時。有客來相訪，通名曰伏犧。
好花放到半開時。〔四〕
　箋云：風輕如笑處，露重似啼時。只向笑啼處，濃香惹滿衣。
這般意思難名狀，

箋云：陰陽初感處，天地未分時。言語既難到，丹青何處施。

只恐人間都未知。

箋云：酒到醺酣處，花當爛漫時。醺酣歸酩酊，爛漫入離披。

【校勘記】

〔一〕詩題，叢刊本、徐本、四庫本作「箋年老逢春八首」。〔二〕「不」，叢刊本、徐本、四庫本作「可」。〔三〕「千」，叢刊本、四庫本作「萬」，徐本作「黃」。〔四〕「放」，叢刊本、徐本、四庫本作「看」。

謝彦國相公和詩用醉和風雨夜深歸

道堂閑話儘多時，塵外杯觴不浪飛。初上小車人已静，醉和風雨夜深歸。

謝君實端明用只將花卉記冬春

有時自問自家身，莫是犧皇已上人。日往月來都不記，只將花卉記冬春。

謝君貺宣徽用少微今已應星文〔一〕

一字詩中義未分，少微今已應星文。〔二〕閑人早是無憑據，更與閑人開後門。

【校勘記】

〔一〕詩題，蔡本作「謝王宣徽」。　〔二〕「少微」，蔡本作「大微」。

謝安之少卿用始知安是道梯階〔一〕

窩名安樂直堪咍，臂痛頭風接續來。恰見安之便安樂，始知安是道梯階。〔二〕

【校勘記】

〔一〕詩題，蔡本作「謝王安之」。　〔二〕「始知安是道梯階」，蔡本作「始梯階下好安排」。

謝開叔司封用無事無求得最多

客問人間事若何，堯夫對曰不知他。居林之下行林下，無事無求得最多。

謝伯淳察院用先生不是打乖人

經綸事業須才者，燮理工夫有巨臣。〔一〕安樂窩中閑偃仰，焉知不是打乖人。

【校勘記】

〔一〕「工」，叢刊本、四庫本作「功」，下同。

自謝用此樂直從天外來〔一〕

得自苦時終入苦，〔二〕來從哀處卒歸哀。既非哀樂中間得，〔三〕此樂直從天外來。〔四〕

【校勘記】

〔一〕詩題，蔡本作「自謝」。〔二〕「得自苦時終入苦」，蔡本作「得自若時終日若」。〔三〕「樂」，蔡本同，叢刊本、徐本、四庫本作「苦」。〔五〕「從」，蔡本作「須」。

別謝彥國相公三首

和詩韓國老，見比以宣尼。引彼返魯事，〔一〕指予來西畿。又作還洛時。日星功共大，麋鹿分同微。華衮承褒借，將何答所知。

仲尼天縱自誠明，造化工夫發得成。見比當初歸魯事，堯夫才業若爲情。

嘗走狂詩到座前，座前仍是洞中仙。無涯風月供才思，清潤何人敢比肩。

【校勘記】

〔一〕「返」，徐本、叢刊本作「還」。

別謝君實端明〔一〕

曹王八斗才，今日爲余催。〔二〕錦繡佳章裹，芝蘭秀句開。煩痾熠軀體，〔三〕溽暑爍樓臺。宜把君詩諷，清風當自來。〔四〕

【校勘記】

〔一〕詩題，宋本作「謝司馬」。〔二〕「余催」，宋本作「予推」。〔三〕「熠」，宋本作「揩」。〔四〕「當」，宋本作「常」。

大字吟〔一〕

詩成半醉正陶陶，〔二〕更用如椽大筆抄。〔三〕儘得意時仍放手，〔四〕到凝情處略濡毫。〔五〕魯陽却日功猶淺，宗慤乘風志未高。寫出太平難狀意，任他天下頌功勞。〔六〕

【校勘記】

〔一〕詩題，宋本作「大字」。〔二〕「半」，宋本作「成」。〔三〕「抄」，宋本作「操」。〔四〕「仍」，宋本同，徐本作「隨」。〔五〕「凝」，宋本作「疑」。〔六〕「他」，宋本作「它」。

教子吟〔一〕

爲人能了自家身，千萬人中有一人。雖用知如未知説，在乎行與不行分。該通始謂才中秀，傑出方名席上珍。善惡一何相去遠，也由資性也由勤。

【校勘記】

〔一〕詩題，宋本作「教子」。

臂痛吟〔一〕

先苦頭風已病軀，〔二〕新添臂痛又何如。無妨把盞只妨拜，雖廢梳頭未廢書。不向醫方求効驗，唯將談笑且消除。大凡物老須生病，人老何由不病乎。

【校勘記】

〔一〕詩題，宋本作「臂痛」。

〔二〕「先」，宋本作「光」，四庫本作「老」。

世上吟〔一〕

世上偷閑始得閑，我生長在不忙間。〔二〕光陰有限同歸老，風月無涯可慰顔。〔三〕坐卧遶身唯水竹，登臨滿目但雲山。〔四〕醉眠只就花陰下，〔五〕轉破花陰夢始還。

【校勘記】

〔一〕詩題，宋本作「世上」，蔡本作「偷閑吟」。〔二〕「長」，宋本同，蔡本作「常」。〔三〕「無涯可慰顔」，宋本作「天涯每在懷」。「可」，蔡本作「獨」。〔四〕「但」，宋本作「俱」。〔五〕「眠」，宋本作「眼」。

逸書吟〔一〕

丹山誰道鳳爲巢，筆下吾能見九苞。〔二〕逸句得時如虎變，大篇成處若神交。千端蜀錦新番樣，萬樹春華暖弄梢。〔三〕天馬無蹤周八極，但臨風月鐙相敲。

【校勘記】

〔一〕詩題，宋本作「逸書」。〔二〕「苞」，宋本作「包」。〔三〕「華」，宋本作「花」。「梢」，宋本同，叢刊本、徐本作「稍」。

旋風吟二首〔一〕

安有太平人不平，人心平處固無事。〔二〕棊中機械不願看，琴裏語言時喜聽。少日掛心唯帝典，老年留意只犧經。〔三〕自知别得收功處，松桂隆冬始見青。

松桂隆冬始見青，〔四〕蒿萊盛夏亦能榮。光陰去後繩難繫，利害在前人必争。萬事莫於疑處動，〔五〕一身常向吉中行。人心相去無多遠，安有太平人不平。

【校勘記】

〔一〕詩題，宋本作「旋風」，下有「三首」二小字。宋本《旋風》之第三首爲本卷内之《答客吟》。〔二〕「事」，宋本作「争」。〔三〕「經」，宋本作「今」，疑誤。〔四〕「隆冬」，宋本作「冬來」。〔五〕「疑處動」，宋本作「凝滯處」。

又二首

近日衰軀有病侵，如何醫藥不求尋。軒前密葉自成幄，砌下黄花空散金。閑看蜜蜂收蜜意，静觀巢鷰累巢心。非關天下知音少，自是蕘夫不善琴。

自是蕘夫不善琴，非關天下少知音。老年難做少年事，年少不知年老心。將養精神便静坐，調停意思喜清吟。如何醫藥不尋訪，近日衰軀有病侵。

頭風吟

近日頭風不奈何，未妨談笑與高歌。人才相去不甚遠，事體所争能許多。閉目面前都是暗，開懷天外更無他。若由智數經營得，大有英雄善揣摩。

答客吟〔一〕

説者從來太過乎，道須能卷又能舒。人間好事不常有，天下奇才何處無。年近縱心唯策杖，〔二〕詩逢得意便操觚。快心亦恐詩拘束，〔三〕更把狂詩大字書。

【校勘記】

〔一〕本詩，宋本爲本卷《旋風吟》之第三首。　〔二〕「縱」，宋本同，四庫本作「從」。　〔三〕「拘束」，宋本作「包」，疑「包」下脱一字。

老去吟〔一〕

老去無成不入時，中年養病只吟詩。因乘意思要舒放，肯把語言生事治。〔二〕世上閑愁都一致，人間何務更能爲。〔三〕攜笻晚步天津畔，爲報沙鷗慎勿飛。〔四〕

行年六十有三歲，二十五年居洛陽。林静城中得山景，池平坐上見江鄉。賞花長被杯盤苦，愛月屢爲風露傷。看了太平無限好，此身老去又何妨。

【校勘記】

〔一〕詩題，宋本作「老去」，下有「二首」二小字。　〔二〕「治」，宋本作「持」。　〔三〕「爲」，宋本作「提」。

〔四〕「爲報沙鷗慎勿飛」，宋本作「爲□□□鷗鷺飛」。

依韻和王安之判監少卿〔一〕

人行一善已爲優，何况夫君百行修。曩日慈闈貪眷戀，多年宦路不追求。〔二〕官纔少列孤清德，〔三〕職異上庠尊白頭。洛社逾時阻相見，〔四〕許多歡意却還休。

【校勘記】

〔一〕詩題，宋本作「和王少卿」。　〔二〕「宦」，宋本作「仕」，叢刊本、徐本、四庫本作「官」。　〔三〕「孤」，宋本、叢刊本、徐本、四庫本作「辜」。　〔四〕「洛」，宋本作「浴」，疑誤。

曉事吟〔一〕

曉物情人爲曉事，知時態者號知人。知人失後却成害，〔二〕曉事過時還不淳。〔三〕

【校勘記】

〔一〕詩題，宋本作「曉事」，蔡本作「曉物吟」。　〔二〕「失」，宋本同，蔡本作「淺」。　〔三〕「還不淳」，宋本作「還不停」，蔡本作「翻不淳」。

鮮歡吟

生不争名與争利，夫君何故鮮歡意。以道自重固有之，非理相干是無謂。白日升天恐虛傳，金貂換酒何曾醉。誰云憂撓大於山，亦是人間常式事。

病起吟

病作因循一月前，豈期爲苦稍淹延。朝昏飲食是難進，軀體虛羸不可言。既勸嘉賓持酒盞，更將大筆寫詩篇。始知心者氣之帥，心快沉痾自釋然。

半醉吟〔一〕

半醉上車兒，車兒穩碾歸。〔二〕輕風迎面處，〔三〕翠柳拂頭時。〔四〕意若兼三事，情如擁九麾。這般閑富貴，料得没人知。

半醉小車行，〔五〕世間無此榮。涼風迎面細，垂柳拂頭輕。〔六〕意若兼三事，情如擁萬兵。〔七〕這般閑富貴，料得没人争。

【校勘記】

〔一〕詩題，蔡本同，宋本作「半醉」。〔二〕「碾」，宋本、蔡本作「輾」。〔三〕「輕」，宋本同，蔡本作「涼」。

〔四〕「翠」，宋本同，蔡本作「細」。〔五〕「小」，宋本同，蔡本作「上」。〔六〕「垂」，蔡本同，宋本作「翠」。

「輕」，宋本、蔡本作「青」。〔七〕「擁」，蔡本同，宋本作「百」。

覽照吟〔一〕

淩晨覽照見皤然，〔二〕自喜皤然一叟仙。慷慨敢開天下口，分明高道世間言。雖然天下本無事，不柰世間長有賢。〔三〕自問此身何所用，此身唯稱老林泉。〔四〕

【校勘記】

〔一〕詩題，宋本作「覽照」。〔二〕「淩晨覽照」，宋本作「窗晨覽」，「覽」下當脱一字。〔三〕「柰」，宋本作「那」，叢刊本、徐本、四庫本作「那」。〔四〕「唯稱」，宋本作「汩汩」。

人壽吟〔一〕

人壽百年間，〔二〕其間多少難。予今六十三，何止于一半。〔三〕骨瘦固非清，髮白豈謂筭。便化不爲夭，〔四〕况且粗康健。〔五〕

【校勘記】

〔一〕詩題，宋本作「人壽」。〔二〕「百年間」，宋本作「一百年」。〔三〕「于」，宋本作「予」。〔四〕「夭」，宋本作「無」。〔五〕「且」，宋本作「止」。

年老吟〔一〕

身老太平間，〔二〕身閑心更閑。非貴亦非賤，〔三〕不飢兼不寒。〔四〕有賓須置酒，〔五〕無日不開顔。第一條平路，何人伴往還。〔六〕

【校勘記】

〔一〕詩題，宋本作「年老」，叢刊本作「年平吟」，四庫本作「太平吟」。〔二〕「身」，宋本作「年」。〔三〕「貴」，宋本作「富」。〔四〕「兼」，宋本作「亦」。〔五〕「置」，宋本作「命」。〔六〕「伴」，宋本作「半」。

古琴吟

長隨書與某，貧亦久藏之。碧玉琢爲軫，黄金拍作徽。典多因待客，彈少爲求知。近日僮奴惡，須防煑鶴時。〔一〕

【校勘記】

〔一〕「煑」，徐本作「煮」。

求信吟

始則求人信，有知有不知。既而求自信，人或多知之。〔一〕今我不求信，何人更起疑。〔二〕

無可無不可，安往不熙熙。

【校勘記】

〔一〕「人或」，宋本作「天下」。〔二〕「起」，宋本作「敢」。

蝎蛇吟〔一〕

蛇毒遠于生，蝎毒近于死。蛇蝎雖不同，其毒固無異。蛇以首中人，蝎以尾用事。柰何天地間，畏首又畏尾。

【校勘記】

〔一〕詩題，蔡本作「蛇蝎吟」。

自在吟〔一〕

心不過一寸，兩手何拘拘。身不過數尺，〔二〕兩足何區區。何人不飲酒，何人不讀書。柰何天地間，〔三〕自在獨堯夫。

【校勘記】

〔一〕詩題，宋本、蔡本作「自在」。〔二〕「數」，蔡本同，宋本作「八」。〔三〕「間」，宋本同，蔡本作「内」。

心安吟〔一〕

心安身自安，身安室自寬。〔二〕心與身俱安，何事能相干。誰謂一身小，〔三〕其安若泰山。誰謂一室小，寬如天地間。

【校勘記】

〔一〕詩題，蔡本同，宋本作「心安」。〔二〕「身安」，宋本作「寬心」。〔三〕「謂」，宋本作「爲」，下同。

論詩吟〔一〕

何故謂之詩，詩者言其志。既用言成章，〔二〕遂道心中事。〔三〕不止鍊其辭，〔四〕抑亦鍊其意。鍊辭得奇句，〔五〕鍊意得餘味。〔六〕

【校勘記】

〔一〕詩題，蔡本同，宋本作「論詩」。〔二〕「成」，宋本同，蔡本作「尤」。〔三〕「遂道心中事」，蔡本同，宋本作「道家中心事」。〔四〕「辭」，宋本同，蔡本作「詞」，下同。〔五〕「句」，蔡本同，宋本作「字」。〔六〕「餘」，宋本同，蔡本作「遺」。

爲善吟〔一〕

人之爲善事，善事義當爲。金石猶能動，鬼神其可欺。事須安義命，言必道肝脾。〔二〕莫問身之外，人知與不知。

【校勘記】

〔一〕詩題，蔡本同，宋本作「爲善」。　〔二〕「必」，蔡本同，宋本作「要」。

即事吟

事到患來頻，何由得任真。就新須果敢，從善莫因循。盗亦自有道，人而或不仁。義緣無定體，安處是行身。

偶得吟〔一〕

日爲萬象精，人爲萬物靈。萬象與萬物，由天然後生。言由人而信，月由日而明。由人與由日，何嘗不太平。〔二〕

【校勘記】

〔一〕詩題，蔡本作「明信吟」，宋本作「治身」。　〔二〕宋本此首詩之次序及文字有所不同，全詩如下：「日爲萬象精，人爲萬物霊。□□□□□，□□□□情。氣静形安楽，心閑身太平。□□□□□，□□□□生。」

静坐吟〔一〕

人生固有命，物生固有定。豈謂人最靈，〔二〕不如物正性。或聞陰有鬼，善能致人死。致死設有由，死外何所求。又况人之命，繫天不繫他。陰鬼設有靈，獨且柰天何。

【校勘記】

〔一〕詩題，蔡本「吟」下有「五言」二小字。

〔二〕「最」，蔡本作「至」。

静樂吟〔一〕

和氣四時均，何時不是春。都將無事樂，變作有形身。静把詩評物，閑將理告人。雖然無鼓吹，此樂世難倫。〔二〕

【校勘記】

〔一〕詩題，宋本作「静楽」，蔡本作「樂静吟」。

〔二〕「世」，蔡本作「一」，宋本作「是」。

男子吟〔一〕

欲作一男子，須了四般事。財能使人貪，〔二〕色能使人嗜。名能使人矜，勢能使人倚。四患既都去，〔三〕豈在塵埃裏。

【校勘記】

〔一〕詩題，宋本作「了身」。

〔二〕「財」，宋本作「才」。

〔三〕「患」，宋本作「事」。

望雨

盛夏久不雨，滿天下愁苦。安得一片雲，救取人間否。

久旱偶成雨，方喜慰愁苦。雖能歛塵土，不能救禾黍。

思義吟〔一〕

小人固無知，唯以利爲視。君子固不欺，見得還思義。思義不顧死，〔二〕見利或忘生。二者之所起，平之與不平。

【校勘記】

〔一〕詩題，宋本作「思義」，叢刊本、四庫本作「四義吟」。

〔二〕「死」，宋本作「無」。

金帛吟

金帛一種物，所用固不常。〔一〕聘則謂之幣，賰則謂之將。貿則謂之貨，積則謂之藏。賂則謂之賄，竊則謂之贓。

【校勘記】

〔一〕「不」，蔡本作「無」。

盜伯吟〔一〕

盜伯窺財物，其心不慮他。取時唯恐少，敗後只嫌多。盜伯窺財物，其心只慮添。安得取時貪，却似敗時嫌。

【校勘記】

〔一〕詩題，宋本作「盜伯」。

待物吟〔一〕

待物莫如誠，誠真天下行。〔二〕物情無遠近，天道自分明。義理須宜顧，才能不用矜。世間閑緣飾，到了是虚名。

【校勘記】

〔一〕詩題，蔡本作「至誠吟」。〔二〕「真」，蔡本作「至」。

唐虞吟

天下目爲目，謂之明四目。天下耳爲耳，謂之達四聰。前旒與黈纊，所貴無近情。〔一〕無爲無不爲，知此非虚生。

【校勘記】

〔一〕「情」，蔡本作「人」。

曝書吟

蟲蠹書害少，人蠹書害多。蟲蠹曝已去，人蠹當如何？

兩犯吟

這般事業人難繼，此箇工夫世莫傳。窺牖知天乃常事，不窺牖見是知天。

悶旱

正要雨時須不雨，已成災處更成災。〔如〕何百穀欲焦爛，〔一〕遍地止存蒿與萊。

【校勘記】

〔一〕「如」字原闕，據叢刊本、徐本、四庫本補。

無事吟

人間萬事若磨持，叢入枯榮利害機。秖有一般無對處，都如天地未分時。

閣上招友人

清風正藹如，小閣枕通衢。不欲久獨擅，能來同享無？

憶夢吟

心足而家貧，體踈而情親。開襟知骨瘦，發語見天真。

大筆吟

詩成大字書，意快有誰如。巨浪銀山立，風檣百尺餘。

酒喜小杯飲，詩忺大字書。〔一〕不知人世上，此樂更誰如？

【校勘記】

〔一〕「忺」，叢刊本、四庫本作「快」，徐本作「忻」。

自慶吟

俗阜知君德，時和見帝功。況吾生長老，俱在太平中。

伊川擊壤集卷之十二

心耳吟〔一〕

意亦心所至，言須耳所聞。誰云天地外，別有好乾坤。

【校勘記】

〔一〕此詩底本原無，據叢刊本、徐本補。

夢中〔一〕

夢裏常言夢，誰知覺後思。不知今亦夢，更説夢中時。

【校勘記】

〔一〕叢刊本、徐本、四庫本作「夢中吟」。

日中〔一〕

日中爲噬嗑，交易是尋常。彼各不相識，何復更思量。

【校勘記】

〔一〕叢刊本、徐本、四庫本作「日中吟」。

月到梧桐上吟〔一〕

月到梧桐上，風來楊柳邊。院深人復静，此景共誰言。〔二〕

【校勘記】

〔一〕詩題，宋本作「獨坐」。　〔二〕「共誰言」，宋本作「有誰怜」。

步月吟

林罅天尤碧，風餘月更明。人間無事日，得向此中行。

偶得吟

人間事有難區處，人間事有難安堵。有一丈夫不知名，静中只見閑揮麈。

答人吟

林下閑言語，何須更問爲。自知無紀律，安得謂之詩。

寄曹州李審言龍圖〔一〕

曏日所云是，如今却是非。安知今日是，不起後來疑。
曏日所云我，如今却是伊。不知今日我，又是後來誰。

【校勘記】

〔一〕詩題，蔡本作「向日」。

清夜吟〔一〕

月到天心處，風來水面時。〔二〕一般清意味，料得少人知。

【校勘記】

〔一〕詩題，宋本作「清夜」。〔二〕「水」，宋本作「人」。

思聖吟〔一〕

不逢聖人時，不見聖人面。聖人言可聞，聖人心可見。

【校勘記】

〔一〕詩題，蔡本作「思聖」。

君子吟〔一〕

君子存大體，小人無常心。於人不求備，受恩唯恐深。

【校勘記】

〔一〕詩題，蔡本作「君子」。

安分吟〔一〕

安分身無辱，知幾心自閑。雖居人世上，却是出人間。

【校勘記】

〔一〕詩題，蔡本作「安分」。

感事吟

四海三江與五湖，只通舟楫不通車。往來無限平安者，〔一〕豈是都由香一爐。

【校勘記】

〔一〕「平安」，叢刊本、徐本、四庫本作「安平」。

登石閣吟

一般情意惡難羈，長怕登高望遠時。今日憑欄異常日，幾迴將下又遲遲。

憶昔吟

憶昔初書大字時，學人飲酒與吟詩。苟非益友推金石，四十五年成一非。

可必吟

可必人間唯善事，不由天地只由衷。莫嫌效遠因而止，更勉其來更有功。

恍惚吟

恍惚陰陽初變化，氤氳天地乍迴旋。中間些子好光景，安得工夫入語言。〔一〕

【校勘記】

〔一〕「工」，叢刊本、四庫本作「功」。

謝君實端明詩〔一〕

人説崑崙多美玉，〔二〕世傳滄海有明珠。世傳人説恐無據，今我家藏乃不虚。

【校勘記】

〔一〕詩題，宋本作「謝司馬詩」。　〔二〕「崙」，宋本作「崘」。

好勇吟〔一〕

好勇能過我，當仁豈讓師。勇須仁以濟，仁必勇爲資。〔二〕

【校勘記】

〔一〕詩題，宋本作「感事」。　〔二〕「必」，宋本作「以」。

莫如吟

親莫如父子，遠莫如蠻夷。蠻夷和亦至，父子失須離。
仁莫如父子，義莫如君臣。二者尚有失，自餘惡足論。
君臣守以義，父子守以仁。義失爲敵國，仁失爲路人。

里閈吟

里閈閑過從，太平之盛事。吾鄉多吉人，況與他鄉異。
太平之盛事，天下之美才。人間無事日，都向洛中來。

思友吟〔一〕

欲見心無已，〔二〕久違情柰何。雲煙雖咫尺，不得屢相過。

【校勘記】

〔一〕詩題，宋本作「思友」。〔二〕「見」，宋本作「思」。

忠信吟

忠信于人最有情，平居非是鬼神輕。何須只在江湖上，患難切身然後行。

代簡答張淳秘校

老年前事怕追思，更見曾悲先德詩。却有斷章聊自慰，如今冢嗣弱於誰。

代簡謝尹處初先生

樂國久容人避乖，非窩何以狀清懷。則予豈敢窺高躅，天險能升不用階。

代簡謝王茂直惠酒及川牋

白羊玉屑誠佳物，臂痛頭風正苦時。酒放半醺詩思動，窩中何用更呼醫。

寄壽安令簿尉諸君

錦屏山下好安棲，花月風煙未改移。聞説近來長袖過，林前立馬儘多時。

知識吟〔一〕

曾見方言識，曾聞始謂知。柰何知與識，天下亦常稀。

【校勘記】

〔一〕此詩底本原無，據叢刊本、四庫本補。

人情吟

古事參今事，今人乃古人。只應情未浹，〔一〕情浹自相親。

【校勘記】

〔一〕「應」，徐本作「因」。

因何吟

梅因何而酸，鹽因何而鹹。茶因何而苦，薺因何而甘。

天聽吟〔一〕

天聽寂無音，蒼蒼何處尋。非高亦非遠，都只在人心。

【校勘記】

〔一〕詩題，蔡本作「天聽」，宋本作「感事」，爲第二首。

白頭吟〔一〕

五福雖難備，三殤却不逢。〔二〕太平無事日，得作白頭翁。

【校勘記】

〔一〕詩題，宋本作「白頭」。〔二〕「却」，宋本作「更」。

天意吟〔一〕

人能言語自能窺，天意無言人莫欺。莫道無言便無事，殆非流俗所能知。〔二〕

【校勘記】

〔一〕詩題，宋本作「天意」。〔二〕「流」，宋本作「無」，恐非。

謝壽安縣惠神林山牒

西南有山高崔嵬，亂峯圍遶如蓬萊。中間有地可容止，〔一〕泉甘木茂無塵埃。諸君之意一何厚，協謀判給如風雷。天津八月水波定，便可乘查觀一迴。〔二〕

【校勘記】

〔一〕「止」，叢刊本、徐本、四庫本作「足」。〔二〕「查」，徐本、四庫本作「槎」。

依韻和王安之少卿見戲安之非是棄堯夫吟

安之殊不棄堯夫，亦恐傍人有厚誣。開叔當初言得罪，希淳在後説無辜。誚然情意都如舊，〔一〕剗地杯盤又見呼。始信歲寒心未替，安之殊不棄堯夫。

【校勘記】

〔一〕「誚」，四庫本作「悄」。

小車吟〔一〕

自從三度絶韋編，不讀書來十二年。大甃子中消白日，小車兒上看青天。閑爲水竹雲山主，静得風花雪月權。俯仰之間俱是樂，〔二〕任他人道似神仙。〔三〕

【校勘記】

〔一〕詩題，宋本作「不讀書」。〔二〕「間」，宋本作「中」。「俱是樂」，宋本、叢刊本、徐本、四庫本作「無所愧」。

〔三〕「道」，叢刊本、徐本、四庫本作「謗」。

晚步吟

晚步上陽堤，手攜筇竹枝。静隨芳草去，閑逐野雲歸。月出松梢處，風來蘋末時。林間此光景，能有幾人知。

接花吟

物爲萬民生，人爲萬物靈。人非物不活，物待人而興。男女天所生，夫妻人所成。天人相與外，率是皆虚名。

答任開叔郎中昆仲相訪

竹影戰棊罷，閑思安樂窩。曠時稱不見，聯轡幸相過。寵莫兼金比，褒逾華衮多。從來有詩癖，使我遂成魔。

小春天〔一〕

八月小春天，〔二〕如人强少年。偷生誠有謂，却老固無緣。既有神仙術，能迴草木妍。安知太平日，不得似堯天。

【校勘記】

〔一〕詩題，蔡本作「小春吟」。　〔二〕「八」，蔡木同，四庫本作「十」。

深秋吟

終歲都無事，四時長有花。小車乘興去，所到便如家。

中秋吟

中秋光景好，況復月團團。大抵衆所愛，柰何兼獨難。天晴仍客好，酒美更身安。四者若闕一，不能成此歡。

同程郎中父子月陂上閑步吟〔一〕

草軟沙平風細溜，雲輕日淡柳低摟。〔二〕狂言不記道何事，劇飲未嘗如此杯。景好只知閑信步，朋歡那覺太開懷。必期快作賞心事，却恐賞心難便來。

【校勘記】

〔一〕詩題，徐本無「吟」字。　〔二〕「摟」，四庫本作「萎」。

和堯夫先生　顥〔一〕

先生相與賞西街，小子親持几杖來。行處每容參極論，坐隅還許侍餘杯。檻前流水心同樂，林外青山眼重開。時泰心閑難兩得，直須乘興數追陪。

月陂堤上四徘徊，北有中天百尺臺。萬物已隨秋色改，一樽聊爲晚涼開。水心雲影閑相照，林下泉聲静自來。世事無端何足計，但逢嘉日約重陪。

【校勘記】

〔一〕此詩底本原無，據叢刊本、徐本、四庫本補。詩題，叢刊本作「顥和」。

秋望吟〔一〕

草色連雲色，山光接水光。危樓一百尺，〔二〕旅雁兩三行。

【校勘記】

〔一〕詩題，宋本作「秋望」。〔二〕「一」，宋本作「二」。

閑適吟〔一〕

春看洛城花，〔二〕秋翫天津月。夏披嵩岑風，〔三〕冬賞龍山雪。

【校勘記】

〔一〕詩題，宋本作「賞心」。〔二〕「洛城」，宋本作「洛陽」。〔三〕「夏」，宋本作「竟」，疑誤。

觀陳希夷先生真及墨跡

未見希夷真，未見希夷蹟。止聞希夷名，希夷心未識。
及見希夷蹟，又見希夷真。始知今與古，天下長有人。
希夷真可觀，希夷墨可傳。希夷心一片，不可得而言。

游神林谷寄堯夫〔一〕　光

山人有山未嘗遊，俗客遠來仍久留。白雲滿眼望不見，可惜宜陽一片秋。

【校勘記】

〔一〕此詩底本原無，據叢刊本、徐本、四庫本補。

答君實端明遊壽安神林

占得幽棲一片山，都離塵土利名間。四時分定所遊處，不爲移文便往還。

杏香花

客説何州事，〔一〕經營杳未涯。訝予獨無語，貪嗅杏香花。

【校勘記】

〔一〕「何」，叢刊本、徐本、四庫本作「河」。

天津晚步

芝蓋久稀踈，暮雲空坱北。千年舊都城，一片閑宫闕。禁籞尚連延，觚稜猶巀嶭。橋勢横雌霓，堤形偃初月。瀍澗岸已深，漢唐時既歇。危亭獨坐人，浪把興亡閱。

歡喜吟

日往月來，終則有始。半行天上，半下地底。照臨之間，不憂則喜。予何人哉，歡喜不已。

自作真贊

松桂操行，鶯花文才。江山氣度，風月情懷。借爾面貌，假爾形骸。弄丸餘暇，閑往閑來。丸謂太極。

奢侈吟

侈不可極，奢不可窮。極則有禍，窮則有凶。

多多吟

天下居常，害多于利。亂多于治，憂多于喜。柰何人生，不能免此。柰何予生，皆爲外事。

畏愛吟〔一〕

人有正性，事事皆齊。人無正性，事事皆隮。失于用恩，以非爲是。失于用威，以是爲非。恩威既失，畏愛何知。不知畏愛，何用恩威。喜怒不節，鮮不至斯。〔二〕婦人男子，宜用戒之。

【校勘記】

〔一〕詩題，宋本作「畏愛」。

〔二〕「斯」，四庫本同，叢刊本作「期」。

秋閣〔一〕

秋閣一憑欄，人心何悄然。乾坤今歲月，唐漢舊山川。淡泊霜前日，蕭踈雨後天。丹青空妙手，此意有誰傳。

【校勘記】

〔一〕詩題，叢刊本、徐本、四庫本作「秋閣吟」。

浮生吟

浮生曉露邊，且喜又添年。動悔須有悔，求全未必全。〔一〕處人心上事，道物性中言。寰宇雖然廣，其誰曰不然。

【校勘記】

〔一〕「未」，蔡本作「不」。

力外吟

以少爲多，以無爲有。力外周旋，不能長久。

謝傅欽之學士見訪

長莫長于天，大莫大于地。天地尚有極，自餘安足計。世態非一朝，人情止于是。以至立殊功，〔一〕無非借巨勢。適會在其間，慎勿强生事。雖嚴似雪霜，〔二〕無改如松桂。方惜久離闊，却喜由道義。相别二十年，猶能記憔悴。

【校勘記】

〔一〕「立」，四庫本作「力」。　〔二〕「嚴」，四庫本作「然」。

賞雪吟

一片兩片雪紛紛，三杯五杯酒醺醺。此時情狀不可論，直疑天地纔絪緼。

答傅欽之

欽之謂我曰：詩欲多吟，〔一〕不如少吟。詩欲少吟，不如不吟。我謂欽之曰：亦不多吟，亦不少吟。亦不不吟，亦不必吟。芝蘭在室，不能無臭。金石振地，不能無聲。惡則哀之，哀而不傷。善則樂之，樂而不淫。

【校勘記】

〔一〕「欲」，叢刊本、四庫本作「似」。

月陂閑步

因隨芳草行來遠，爲愛清波歸去遲。獨步獨吟仍獨坐，初涼天氣未寒時。

仲尼吟

仲尼生魯在吾先，去聖千餘五百年。今日誰能知此道，當時人自比于天。皇王帝伯中原主，父子君臣萬世權。河不出圖吾已矣，修經意思豈徒然。

謝圓益上人惠詩一卷

覽公詩十首，起我意何多。似藥驅疑疾，〔一〕如茶滌睡魔。月當松皎潔，山隔水嵯峨。明日如無事，天津可再過。

【校勘記】

〔一〕「似」，四庫本作「以」。

自述二首

傳者堪名席上珍，〔一〕都緣當日得師真。是知佚我無如老，惟喜放懷長似春。得志當爲天下事，退居聊作水雲身。胷中一點分明處，不負高天不負人。

陸海卧龍收爪甲，遼天老鶴戢毛衣。難攀騏驥日千里，易足鷦鷯巢一枝。最好朋儕同放適，儘高臺榭與登躋。〔二〕雲山勝處追尋遍，似我清閑更有誰。

【校勘記】

〔一〕「傳」，叢刊本、徐本、四庫本作「何」。

〔二〕「儘」，叢刊本、四庫本作「博」。

答會計杜孝錫寺丞見贈

四方多善人，予善未毫分。有意空求志，無功漫愛君。閑行觀止水，静坐看歸雲。老向太平裏，朝廷正右文。

伊川擊壤集卷之十三

天津弊居蒙諸公共爲成買作詩以謝〔一〕

重謝諸公爲買園，買園城裏占林泉。〔二〕七千來步平流水，〔三〕二十餘家争出錢。〔四〕嘉祐卜居終是僦，〔五〕熙寧受券遂能專。〔六〕鳳凰樓下新閑客，〔七〕道德坊中舊散仙。〔八〕洛浦清風朝滿袖，嵩岑皓月夜盈軒。接籬倒戴芰荷畔，談麈輕摇楊柳邊。陌徹銅駝花爛熳，堤連金谷草芊綿。〔九〕青春未老尚可出，〔十〕紅日已高猶自眠。洞號長生宜有主，窩名安樂豈無權。〔十一〕敢於世上明開眼，〔十二〕會向人間别看天。〔十三〕盡送光陰歸酒盞，都移造化入詩篇。也知此片好田地，〔十四〕消得堯夫筆似椽。

【校勘記】

〔一〕詩題，宋本作「買園」。　〔二〕「占」，宋本作「得」。　〔三〕「七」，宋本作「三」。「平」，宋本作「通」。

〔四〕「争出錢」，宋本作「輸俸錢」。　〔五〕「卜居終是僦」，宋本作「經營方且住」。　〔六〕「受券」，宋本作「居止」。

〔七〕「新」，宋本作「安」。　〔八〕「道德坊」，宋本作「郟鄏城」。　〔九〕此句，宋本作：「湯號太和須有主，窩名□□豈無權。」

〔十〕「老」，宋本作「謝」。　〔十一〕此句，宋本作：「□□□時花灼灼，至凝情処草芊芊。」 〔十二〕「明」，宋本作「閑」。 〔十三〕「會」，宋本作「更」。 〔十四〕「好」，宋本作「閑」。

同諸友城南張園賞梅十首 二首和長水李令子真韻

東風一夜坼梅枝，〔一〕舞蝶遊蜂都不知。插了滿頭仍漬酒，任他人道拙於時。

折來嗅了依前嗅，重惜清香難久留。多謝主人情意切，未殘仍許客重遊。

清香冷艷偏多處，猛雨狂風未有前。賞意正濃紅日墜，如何既去遂經年。

紅日墜時情更切，玉山頹處興還深。攀條時揀繁枝折，不插滿頭孤此心。〔二〕

梅臺賞罷意何如，歸插梅花登小車。陌上行人應見笑，風情不薄是堯夫。

酒中漬後香尤烈，笛裏吹來韻更清。此韻此香來處好，此時消得一凝情。

春早梅花正爛開，〔三〕生平不飲亦銜杯。城南盡日高臺上，恰似江南去一迴。

梅花四種或黃紅，顏色不同香頗同。更遠也須重一到，看看隨水又隨風。

五嶺雖多何足觀，三川縱少須重去。臺邊〔四〕況有數千株，〔五〕仍在名園最深處。

人間好物尤宜惜，天下奇才非易得。他日相逢他處時，始知此會重難覓。

【校勘記】

〔一〕「坼」，叢刊本作「拆」，徐本、四庫本作「折」。 〔二〕「孤」，叢刊本、徐本、四庫本作「辜」。 〔三〕「早」，徐本作「蚤」。 〔四〕「邊」，徐本作「前」。 〔五〕「千」，叢刊本、徐本、四庫本作「十」。

答人〔一〕

誰道閑人無事權，事權唯只是詩篇。四時雪月風花景，都與收來入近編。
初春洛城梅開時，賞梅更吟梅花詩。梅花雖開難遠寄，唯寄梅詩伸所思。〔二〕

【校勘記】

〔一〕詩題，叢刊本、徐本、四庫本作「答人吟」，第二首宋本題作「梅詩」。〔二〕「伸」，宋本作「伸」。

依韻和君實端明惠酒〔一〕

春風吹雪亂飄飖，林下如何更寂寥。霜憲威稜正難犯，小人當貺是難消。

【校勘記】

〔一〕詩題，宋本作「司馬惠雪」。

謝壽安簿寄錦幈山下所失剪刀〔一〕

江夏尚能悲墜屨，少原唯解泣遺簪。〔二〕一刀所失安足繫，〔三〕不那久經人用心。

【校勘記】

〔一〕詩題，宋本作「謝壽安傳寄錦幈失」。〔二〕「少」，宋本作「小」。「唯」，宋本作「猶」。〔三〕「繫」，宋本作「訾」。

謝君實端明惠山蔬八品〔一〕

八品山蔬盡藥萌，〔二〕何山採得各標名。山翁驚受霜臺貺，即命山妻親自烹。〔三〕

【校勘記】

〔一〕詩題，宋本作「謝司馬惠山蔬」。〔二〕「萌」，宋本作「茵」。〔三〕「即」，宋本作「却」。

謝君實端明惠牡丹〔一〕

霜臺何處得奇葩，分送天津小隱家。初訝山妻忽驚走，尋常只慣插葵花。〔二〕

【校勘記】

〔一〕詩題，宋本作「謝司馬惠牡丹」。〔二〕「葵」，宋本作「野」。

謝判府王宣徽惠酒

自得花枝向遠隣，只憂輕負一番春。無何寵貺酒雙榼，少室山人遂不貧。

看花四絶句呈堯夫〔一〕　光

洛陽相望盡名園，牆外花勝牆裏看。手摘青梅供按酒，何須一一具杯盤。
洛陽相識盡名流，騎馬遊勝下馬遊。乘興東西無不到，但逢青眼即淹留。
洛陽春日最繁華，紅緑陰中千萬家。誰道群花如錦綉，人將錦綉學群花。
南園桃李近方栽，澆水未乾花已開。山果野蔬隨分有，交遊不厭但頻來。

【校勘記】

〔一〕此詩底本原無，據叢刊本、徐本、四庫本補。

和君實端明洛陽看花

洛陽最得中和氣，一草一木皆入看。飲水也須無限樂，况能時復舉杯盤。〔一〕
洛陽花木誇天下，吾輩遊勝庶士遊。重念東君分付意，忍於佳處不遲留。
洛陽交友皆奇傑，遞賞名園只似家。却笑孟郊窮不慣，一日看盡長安花。
南園一色栽桃李，春到且圖花早開。〔二〕多謝主人情意厚，天津客不等閑來。

【校勘記】

〔一〕「况」原作「兄」，據叢刊本、徐本、四庫本改。

〔二〕「早」，徐本作「蚤」。

送酒堯夫先生因戲之〔一〕　光

林下雖無憂可消，許由聞説掛空瓢。請君呼取孟光飲，共插花枝煮藥苗。前送牡丹藥苗，堯夫皆有詩。

【校勘記】

〔一〕此詩底本原無，據叢刊本、徐本、四庫本補。

和君實端明送酒

大凡人意易爲驕，雙榼何如水一瓢。亦恐孟光心漸侈，自茲微厭紫芝苗。

暮春吟

林下居常睡起遲，那堪車馬近來稀。春深晝永簾垂地，庭院無風花自飛。

依韻和鎮戎倅龔章屯田

十五年前初見君，見君情意便如親。雖然林下無他事，不那心間思故人。萬物比之論至底，丹誠到了總輸真。過從洛社勝諸處，何日能來共卜鄰。

安樂窩銘

安莫安于王政平，樂莫樂于年穀登。王政不平年不登，窩中何由得康寧。

愁恨吟

城裏住煙霞，天津小隱家。經書爲事業，〔一〕水竹是生涯。恨爲雲遮月，愁因風損花。〔二〕恨愁花月外，何暇更知他。

【校勘記】

〔一〕「經」，蔡本作「詩」。　〔二〕「風」，蔡本作「雨」。

悲喜吟

吴起初辭魏，張儀乍入秦。西河蒙惠久，南楚受欺頻。

善惡吟

君子學道則務本，小人見利則忘生。務本則非理不動，見利則非賄不行。

所學吟

人之所學，本學人事。人事不修，無學何異。

君子行〔一〕

何者爲君子，君子固可修。是知君子途，使人從之遊。與義不與利，記恩不記仇。揚善不揚惡，〔二〕主喜不主憂。

【校勘記】

〔一〕詩題，「君子行」，徐本作「君子吟」。

〔二〕「揚」原作「惕」，據叢刊本、徐本、四庫本改。

思省吟〔一〕

仲尼再思，曾子三省。予何人哉，敢忘修整。〔二〕

【校勘記】

〔一〕詩題，宋本作「思省」。

〔二〕「忘」，宋本作「不」。

梁鸎吟

物情誰道爾無知，秋去春來不失期。今歲新雛又成就，去時寧不重依依。

鄒田二忌

鄒田二忌不相能，買卜之言惡足明。利害傷真至于此，姓田人去恨難平。

孫龐二將

孫臏伏兵稱有法，龐涓鑽火一何愚。兵家詭詐盡如此，利害今人自不殊。

一言感人

爲女不嫁，爲士不官。齊人一言，田子辭焉。

四公子吟

時去三王，事歸五霸。七雄既争，四子乃詫。孟嘗居先，信陵居亞。平原居中，春申居下。

淳于髡酒諫

賜酒于君，飲不知味。執法在前，恐懼無既。當此之時，一斗而醉。宗族滿堂，既孝且悌。尊卑以親，少長以齒。當此之時，二斗而醉。賔之初筵，蹌蹌濟濟。獻酬百拜，升降有禮。當此之時，三斗而醉。里閈過從，如兄如弟。時和歲豐，情懷歡喜。當此之時，五斗而醉。朋友往還，講道求義。樂事賞心，登山臨水。當此之時，八斗而醉。男女雜坐，杯觴不記。燈燭明滅，衣冠傾圮。當此之時，一石而醉。

東海有大魚

東海有大魚，罔罟無能近。〔一〕碭然一失水，螻蟻得而困。

【校勘記】

〔一〕「罔」，徐本作「網」。

土木偶人

土木偶人，慎無相笑。天將大雨，止可相弔。

辯謗吟〔一〕

田單功蓋國，〔二〕貂勃語迴君。謗者古來有，猶能殺九人。

【校勘記】

〔一〕「辯」，叢刊本、四庫本作「辨」。　〔二〕「單」，叢刊本、徐本、四庫本作「丹」。

三皇吟

三皇之世正熙熙，烏鵲之巢俯可窺。當日一般情味切，〔一〕初春天氣早晨時。〔二〕

【校勘記】

〔一〕「切」，叢刊本、徐本、四庫本作「好」。　〔二〕「早」，徐本作「蚤」。

五帝

五帝之時似日中，聲明文物正融融。古今世盛無如此，過此其來便不同。

三王

三王之世正如秋，權重權輕事有由。深谷爲陵岸爲谷，陵遷谷變不知休。

五伯

五伯之時正似冬，雖然三代莫同風。當初管晏權輕重，父子君臣尚且宗。

七國

七國縱横事可明，蘇張得路信非平。當初天下如何爾，市井之人爲正卿。

掃地吟

管晏治時猶有體，蘇張用處更無名。三皇五帝從何出，掃地中原俟太平。

天人吟

犧軒堯舜雖難復，湯武桓文尚可循。事既不同時又異，也由天道也由人。

利害吟

兔犬俱斃，蚌鷸相持。田漁老父，坐而利之。

時吟〔一〕

騏驥壯時，千里莫追。及其衰也，駑馬先之。時與事會，談笑指揮。時移事去，雖死奚爲。

【校勘記】

〔一〕詩題，宋本作「時」。

二説吟

治不變俗，教不易民。甘龍之説，亦或可循。常人習俗，學者溺聞。商鞅之説，異乎所云。

言行吟

言不失仁，〔一〕行不失義。自天祐之，吉無不利。言與仁背，〔二〕行與義乖。天且不祐，人能行哉。有商君者，賊義殘仁。爲法自弊，車分其身。始知行義脩仁者，便是延年益壽人。

【校勘記】

〔一〕「仁」，四庫本作「行」。　〔二〕「背」，叢刊本作「皆」。

治亂吟

財利爲先，筆舌用事。饑饉相仍，盜賊蜂起。孝悌爲先，日月長久。時和歲豐，延年益壽。

太平吟〔一〕

老者得其養，幼者得其仰。勞者得其餉，死者得其葬。

【校勘記】

〔一〕詩題，宋本作「太平」。

商君吟〔一〕

商鞅得君持法處，趙良終日正言時。當其命令炎如火，〔二〕車裂如何都不知。〔三〕

【校勘記】

〔一〕詩題，宋本作「商君」。

〔二〕「炎」，宋本作「嚴」。

〔三〕「車裂如何」，宋本作「君裂何如」。

能懷天下心

能懷天下心，肯了人間事。豈止求于今，求古亦未易。

始皇吟

并吞天下九千日，一統寰中十五年。坑血未乾高祖至，驪山丘壠已蕭然。

有安吟

作僞少陰德，飾非多隱情。人心雖曖昧，天道自分明。手足既皆露，語言安足憑。

乾坤吟

用九見羣龍，首能出庶物。用六利永貞，因乾以爲利。四象以九成，遂爲三十六。四象以六成，遂成二十四。如何九與六，能盡人間事。

皇極經世一元吟〔一〕

天地如蓋軫，覆載何高極。日月如磨蟻，往來無休息。上下之歲年，其數難窺測。且以一元言，其理尚可識。一十有二萬，〔二〕九千餘六百。中間三千年，迄今之陳迹。治亂與廢興，〔三〕著見于方策。〔四〕吾能一貫之，皆如身所歷。

【校勘記】

〔一〕詩題，蔡本作「一元吟」，下有「五言」二小字。　〔二〕「萬」，蔡本作「分」，恐非。　〔三〕「廢興」，蔡本作「興廢」。　〔四〕「于」，蔡本作「乎」。

應龍吟

龍者陽類，與時相須。首出庶物，同遊六虚。能潛能見，能吸能呼。能大能小，能有能無。

何處是仙鄉〔一〕

何處是仙鄉，仙鄉不離房。眼前無冗長，〔二〕心下有清涼。静處乾坤大，閑中日月長。若能安得分，都勝别思量。

【校勘記】

〔一〕詩題，宋本作「安分」。

〔二〕「冗長」，宋本作「俗事」。

謝宋推官惠白牛

毛如霜雪眼如朱，耳角方齊三尺餘。狀異不將耕曠土，〔一〕性馴宜用駕安車。水邊牧處龍能擾，月下牽時兔可驅。從此洛陽圖幀上，丹青人更著工夫。〔二〕

【校勘記】

〔一〕「不」字原闕，據叢刊本、徐本、四庫本補。

〔二〕「工」，叢刊本、四庫本作「功」。

依韻和王安之少卿六老詩仍見率成七

六老皤然鬢似霜，縱心年至又非狂。園池共選何妨勝，〔一〕樽俎相歡未始忙。杖屨爛遊千載運，衣巾濃惹萬花香。過從見率添成七，况復秋來亦漸涼。

六老相陪卿與郎，閑曹饒却不清狂。過從無事易成樂，職局向人難道忙。煙柳嫩垂低更緑，露桃紅裛暖仍香。乘春醉卧花陰下，恰到花陰別是涼。

六翁誰讓少年場，老不羞人任意狂。同向静中觀物動，共於閑處看人忙。天心月滿蟾蜍動，水面風微菡萏香。肯信人間有憂事，新醅正熟景初涼。

六人相聚會時康，著甚來由不放狂。遍地園林同己有，滿天風月助詩忙。文章高摘漢唐艷，騷雅濃薰李杜香。水際竹邊閑適處，更無塵事只清涼。

六客同遊一醉鄉，又非流俗所言狂。追遊共喜清平久，唱和争尋警策忙。〔二〕薦酒月陂林果熟，發茶金谷井泉香。千年松下麈談塵，〔三〕襟袖無風亦自涼。

見率野人成七老，野人唯解野踈狂。編排每日清吟苦，趂辦遮年閑適忙。〔四〕夏末喜嘗新酒味，春初愛嗅早梅香。問君何故須如此，不奈心頭一點涼。

林下狂歌不帖腔，帖腔安得謂之狂。小車行處鬻花鬧，大筆落時神鬼忙。門掩柴荆闤闠遠，墻開瓮牖薜蘿香。一般天下難尋物，洛浦清風拂面涼。

【校勘記】

〔一〕「選」，叢刊本、徐本、四庫本作「避」。 〔二〕「警」，叢刊本、四庫本作「驚」。 〔三〕「麾談麈」，四庫本作「麈談麈」。 〔四〕「辧」，四庫本作「辨」。

依韻和張静之少卿惠文房三物

文房三物品皆精，報謝愁無秀句成。欲狀升平在歌頌，柰何才不逮升平。

依韻和王安之少卿謝富相公詩

寵辱見多惡足驚，出塵還喜自誠明。閑中氣象乾坤大，静處光陰宇宙清。素業經綸無少愧，全功天地不虚生。野人何幸逢昌運，一百餘年天下平。

安樂窩前蒲柳吟

安樂窩前小江曲，〔一〕新蒲細柳年年緑。眼前隨分好光陰，誰道人生多不足。

【校勘記】

〔一〕「江曲」，叢刊本、徐本、四庫本作「曲江」。

瓮牖吟〔一〕

瓮破已甘棄，言收用有方。用時須藉口，照處便安牀。不假軒窗力，能迴日月光。清平臥其下，自可比羲皇。

【校勘記】

〔一〕詩題，蔡本作「瓮牖」。

人生長有兩般愁〔一〕

人生長有兩般愁，〔二〕愁死愁生未易休。或向利中窮力取，或于名上盡心求。多思唯恐晚得手，〔三〕未老已聞先白頭。我有何功居彼上，〔四〕其間攘臂獨無憂。〔五〕

【校勘記】

〔一〕詩題，宋本作「省心」。　〔二〕「長」，宋本作「常」。　〔三〕「唯」，宋本作「只」。　〔四〕「居」，宋本作「在」。　〔五〕「攘」，宋本、叢刊本、徐本、四庫本作「掉」。

自詠

天下更無雙，無知無所長。年顏李文爽，風度賀知章。静坐多茶飲，閑行或道裝。傍人休用笑，安樂是吾鄉。

中秋月

一年一度中秋夜，十度中秋九度陰。求滿直須當夜半，要明仍候到天心。無雲照處情非淺，不睡觀時意更深。徒愛古人詩句好，何堪千里共如今。

小車吟

春暖秋涼兼景好，年豐身健更時和。如茵草上輕輕輾，似錦花間慢慢拕。

晝夢

夢裏到鄉關，鄉關二十年。依稀新國土，隱約舊山川。身已煙霞外，人家道路邊。覺來猶在目，〔一〕一餉但蕭然。

【校勘記】

〔一〕「目」，四庫本作「日」。

晚步洛河灘

晚步洛河灘，河灘石萬般。青黄有長短，大小或方圓。考彼多無數，求其用實難。琅玕在何處，止可使人歎。

和李文思早秋五首

一雨洗觚稜，三川氣象清。林風傳顥氣，木葉送商聲。忽忽蓮生的，看看菊吐英。太平時裏老，何以報虚生。

徑小新經雨，庭幽遍有苔。風前閑意思，堦下静徘徊。不分筋骸老，難甘歲月催。時時藉芳草，賴有酒同杯。

王金秋已至，〔一〕爍石景方闌。直養能希孟，閑居肯讓潘。竹間風葉葉，〔二〕松罅月團團。洛社多賢友，人人可共歡。

池畔拖垂柳，欄邊笑晚花。敗荷傾弊蓋，老檜露枯槎。歲暮驚時態，年高惜物華。東陵風未替，解憶故園瓜。

日脚雲微淡，林梢葉漸黄。可堪須變色，徹了爲侵霜。酒到難成醉，風來易得涼。老年何所欲，唯願且平康。

【校勘記】

〔一〕「王」，叢刊本作「土」，徐本作「黄」。　〔二〕「葉葉」，叢刊本、徐本作「彗彗」，四庫本作「嘒嘒」。

堯夫何所有〔一〕

堯夫何所有，一色得天和。夏住長生洞，冬居安樂窩。鸎花供放適，風月助吟哦。竊料人間樂，〔二〕無如我最多。

【校勘記】

〔一〕詩題，蔡本作「何所有吟」。　〔二〕「料」，蔡本作「得」。

長憶乍能言

長憶乍能言，朝遊父母前。方行初下膝，既老遂華顛。在昔四五歲，于今六十年。却看兒女戲，又喜又潸然。

答友人〔一〕

何者名爲善處身，非爲能武又能文。〔二〕可行可止存諸己，或是或非繫在人。遍數古來賢所得，歷觀天下事須真。吉凶悔吝生乎動，剛毅木訥近於仁。易地皆然休計較，不言而信省開陳。雖居蠻貊亦行矣，無患鄉閭情未親。

【校勘記】

〔一〕詩題，宋本作「處身」。　〔二〕「爲」，叢刊本、徐本作「唯」，四庫本作「惟」。

獨坐吟

天告自丁寧，人多不肯聽。四時皆有景，萬物豈無情。禍福眼前事，是非身後名。誰能事閑氣，浪與世人争。

又

天意自分明，人多不肯行。鶯花春乍暖，風月雨初晴。静坐澄思慮，閑吟樂性情。誰能事閑氣，浪與世人争。

意未萌于心〔一〕

意未萌于心，言未出諸口。神莫得而窺，〔二〕人莫得而咎。〔三〕君子貴慎獨，上不愧屋漏。人神亦吾心，口自處其後。〔四〕

【校勘記】

〔一〕詩題，蔡本作「意未萌吟」。〔二〕「神」，蔡本作「人」。〔三〕「人」，蔡本作「神」。〔四〕「處」，蔡本作「隨」。

自適吟

郟鄏城中，鳳凰樓下。風月庭除，鶯花臺榭。時和歲豐，閑行静坐。朋好身安，清吟雅話。

老翁吟〔一〕

皤然一老翁，凡百事皆慵。舊物不盡記，故人難得逢。幽花渾在霧，〔二〕殘夢半隨風。只且願天下，時和與歲豐。

【校勘記】

〔一〕詩題，宋本作「老翁」。〔二〕「渾」，宋本作「全」。

鐵如意吟

此物鐵爲之，何嘗肯妄持。長〔一〕隨大斃子，永伴小車兒。擊碎珊瑚處，敲殘牙齒時。誰能學此輩，纔始入鞭笞。

【校勘記】

〔一〕「長」，叢刊本、四庫本作「辰」。

道裝吟

道家儀用此衣巾，只拜星辰不拜人。何故堯夫須用拜，安知人不是星辰？
道家儀用此巾衣，師外曾聞更拜誰。何故堯夫須用拜，安知人不是吾師？
安車麈尾道衣裝，里閈過從乃是常。聞説洞天多似此，吾鄉殊不異仙鄉。
如知道只在人心，造化工夫自可尋。若説衣巾便爲道，堯夫何者敢披襟？

四者吟

目時然後視，耳時然後聽。口時然後言，身時然後行。前不見厚禄，後不見重兵。惟其義所在，〔一〕安知利與名？

【校勘記】

〔一〕「惟」，叢刊本、徐本作「推」。

偶得吟

壯歲苦奔馳，〔一〕隨分受官職。所得唯錙銖，〔二〕所喪無紀極。今日度一朝，明日過一夕。不免如路人，區區被勞役。

【校勘記】

〔一〕「苦」，叢刊本、徐本、四庫本作「若」。

〔二〕「唯」，四庫本作「惟」。

四事吟

會有四不赴，時有四不出。公會，生會，廣會，醵會。〔一〕大寒，大暑，大風，大雨。無貴亦無賤，無固亦無必。里閈閑過從，身安心自逸。如此三十年，幸逢太平日。

【校勘記】

〔一〕「醵」，叢刊本、四庫本作「醉」。

伊川擊壤集卷之十四

偶書

美食無使饜，饜則不能受。善人無使倦，倦則不能久。官小拜人喜，官高拜人耻。官職自外來，中心何若此。

賢德之人，所居之處，如芝如蘭，使人愛慕。凶惡之人，所居之處，如虎如狼，使人怕怖。妻强夫殃，奴强主殃，臣强君殃。尾大于身，冰堅于霜。辯之不早，〔一〕國破家亡。

才高命寡，耻居人下，若不固窮，非知道者。

【校勘記】

〔一〕「辯」，叢刊本、徐本、四庫本作「辨」。

王勝之諫議見惠文房四寶内有巨硯尤佳因以謝之

銅雀或常聞，未嘗聞金雀。始愧林下人，識物不甚博。金雀出何所，必出自靈岳。剪斷白雲根，分破蒼岑角。既爲之巨硯，遂登于綸閣。水貯見温潤，墨發知瀺濯。窗下喜鑑開，案前驚月姦人用誅削。胡爲不且留，生靈用安泊。則予何人哉，拜貺徒驚矍。須是筆如椽，方能無厚怍。落。見贈何慇懃，欲報須和璞。胡爲不且留，洪化用斟酌。胡爲不且留，賢人用選擢。胡爲不且留，

奉答堯夫先生金雀石硯詩〔一〕

益柔

般陽有山名金雀，山發清輝産奇璞。望氣嘗言玉寶藏，賈胡幾遺良工度。金剛寶鑽競窮搜，百里青蒼困鑱鑿。瓊瑰未獲得研材，溫潤還將六美學。有若玉徽琴面瑩，有如金彈陶輪著。是山有蘊玉金星二石中硯。規天矩地形制毓，中或辟流外圭角。晴窓氣暖墨花春，㦬㦬毫奔光照灼。吾生恃好惟四物，累載裒鳩盈機格。先生閉户日著書，朝餐每不饜平。藜藿。高閎粱肉雖有餘，孰敢就門瞷隱約。先生固自嘗有言，不忍將身作溝壑。先生崖岸高莫攀，持此謂宜無見却。一留爲惠固已多，敢冀新詩旋踵作。精深雅健迫風騷，使我憂荒忽驚矍。還如甘露醒心昏，更似神篦除眼膜。先生精義已入神，準易時容見涯畧。

【校勘記】

〔一〕此詩底本原無，據叢刊本、徐本、四庫本補。

再用晴窗氣暖墨花春謝王勝之諫議惠金雀硯

硯名金雀世難倫，用報慙無天下珍。國士有詩偏雅處，晴窗氣暖墨花春。〔一〕

【校勘記】

〔一〕「花春」，叢刊本作「春花」。

奉和堯夫〔一〕　益柔

固窮終不悔沉淪，滿腹深藏上古珍。手寫新詩成幾卷，亦教餘事照千春。

【校勘記】

〔一〕此詩底本原無，據叢刊本、徐本、四庫本補。

題范忠獻公真

范邵居洛陽，希夷居華山。陳邵爲逸人，忠獻爲顯官。邵在范之後，陳在范之前。三人貌相類，兩人名相連。

觀物吟〔一〕

時有代謝，物有枯榮。人有衰盛，事有廢興。

【校勘記】

〔一〕詩題，宋本作「觀物」。

對花吟

美酒豈無留客飲，好花猶解向人開。多情不忍阻花意，未醉何須辭滿杯。

義利吟

意不若義，義不若利。利之使人，能忘生死。利不若義，義不若意。意之使人，能動天地。

代簡謝朱殿直贈長韻詩

慇懃見贈用長篇，里閈過從積有年。歲事報成還報始，春華相次又暄妍。

試筆〔一〕

心在人軀號太陽，能於事上發輝光。如何皎日照八表，得似靈臺高一方。家用平康貧不害，身無疾病瘦何妨。高吟大笑洛城裏，看盡人間手脚忙。〔二〕

【校勘記】

〔一〕詩題，蔡本作「試筆吟」。

〔二〕「手脚忙」，蔡本作「脚手忙」。

試硯〔一〕

富貴傲人人未信，還知富貴去如何。常觀静處光陰好，亦恐閑時思慮多。日出自然天不暗，風來安得水無波。世間大有平田地，因甚須由捷徑過。〔二〕

【校勘記】

〔一〕詩題，蔡本作「試硯吟」。　〔二〕「過」，蔡本作「磨」。

問調鼎

請將調鼎問于君，調鼎工夫敢預聞。〔一〕只有鹽梅難盡善，豈無薑桂助爲辛。和羹必欲須求美，衆口如何便得均。慎勿輕言天下事，伊周殊不是庸人。

【校勘記】

〔一〕「工」，叢刊本、四庫本作「功」。

讀古詩

閑讀古人詩，因看古人意。古今時雖殊，其意固無異。喜怒與哀樂，貧賤與富貴。惜哉情何物，使人能如是。

蠹書魚

形狀類于魚，其心好蠹書。居常遊篋笥，未始在江湖。爲害千般有，言烹一物無。年年當盛夏，噉了却如初。

歲儉吟

歲儉心非儉，家貧道不貧。誰知天地内，别有好乾坤。

極論〔一〕

下有黃泉上有天，人人許住百來年。還知虛過死萬遍，都似不曾生一般。〔二〕要識明珠須巨海，〔三〕如求良玉必名山。〔四〕先能了盡世間事，〔五〕然後方言出世間。

【校勘記】

〔一〕詩題，宋本作「出世」。　〔二〕「都」，宋本作「恰」。　〔三〕「識」，宋本作「覓」。　〔四〕「名」，宋本作崑。　〔五〕「先能了盡世間事」，宋本作「先須歷遍人間事」。

求鑑吟

人無鑑流水，當求鑑止水。流水無定形，止水有定體。人無鑑于水，當求鑑于人。水鑑見人貌，人鑑見人神。

學佛吟

飽食豐衣不易過，日長時節柰愁何。求名少日投宣聖，怕死老年親釋迦。妄欲斷緣緣愈重，徼求去病病還多。長江一片常如練，幸自無風又起波。

霜露吟

天地有潤澤，其降也瀼瀼。暖則爲湛露，寒則爲繁霜。爲露萬物悦，爲霜萬物傷。二物本一氣，恩威何昭彰。

天命吟〔一〕

可委者命，可憑者天。人無率爾，事不偶然。

【校勘記】

〔一〕詩題，宋本作「天命」。

性情〔一〕

踐形治性，踐跡治情。賢人踐跡，聖人踐形。

【校勘記】

〔一〕叢刊本、徐本、四庫本作「性情吟」。

心跡吟

聖人了心，賢人了跡。了心無窮，了跡無極。

觀物吟

物不兩盛，事難獨行。榮瘁迭起，賢愚並行。

思慮吟

思慮未起，鬼神莫知。不由乎我，更由乎誰？

代書答朝中舊友

少日治文章，亦曾觀國光。山林雖不返，畎畝未嘗忘。麋鹿寧無志，鵷鴻自有行。還知今日事，大故索思量。

冬不出吟

冬非不欲出，欲出苦日短。年老恐話長，天寒怕歸晚。山翁頭有風，鄉友情非淺。必欲相招延，春光況不遠。

觀物〔一〕

地以静而方，天以動而圓。〔二〕既正方圓體，〔三〕還明動静權。〔四〕静久必成潤，動極遂成然。潤則水體具，然則火用全。水體以器受，〔五〕火用以薪傳。體在天地後，用起天地先。

【校勘記】

〔一〕詩題，蔡本同，叢刊本、徐本作「觀物吟」。　〔二〕「方，天」，蔡本作「天，方」，恐非。　〔三〕「體」，蔡本作「既」。　〔四〕「明」，蔡本作「各」，「各」恐「名」之訛。　〔五〕「器」，蔡本作「氣」。

家國吟

邪正異心，家國同體。邪能敗亡，正能興起。

邪正吟

賢人好正，姦人好邪。好邪則競，好正則和。

義利吟

君子尚義，小人尚利。尚利則亂，尚義則治。

天時吟

人作者事，天命者時。時來易失，事去難追。

思義吟

恩深者親，義重者君。恩義兩得，始謂之人。

閑步吟

何者謂知音，知音難漫尋。既無師曠耳，安有伯牙琴。雖逼桑榆景，寧忘松桂心。獨行月堤上，一步一高吟。

坐右吟

萬化備于身，〔一〕直須資養深。因何爲寶鑑，只被用精金。酒少如茶飲，詩多似史吟。顏淵方内樂，天下事難任。

【校勘記】

〔一〕「化」，叢刊本作「花」，四庫本作「物」。

感雪吟

旨酒嘉肴與管絃，〔一〕通宵鼎沸樂豐年。侯門深處還知否，百萬流民在露天。

【校勘記】

〔一〕「旨」，叢刊本作「旨」。

六十五歲新正自貽熙寧八年

予家洛城裏，况在天津畔。行年六十五，當宋之盛旦。南園臨通衢，北圃仰雙觀。雖然在京國，却如處山澗。清泉篆溝渠，茂木繡霄漢。涼風竹下來，皓月松間見。面前有芝蘭，目下無冰炭。坐上有餘歡，胷中無交戰。冬夏既不出，炎涼徒自變。榮辱既不入，富貴徒自衒。惡聞人之惡，樂道人之善。不行何趑趄，勿藥何瞑眩。誰謂金石堅，其心亦能斷。誰謂鬼神靈，其誠亦能貫。

小車六言吟

昔人乘車是常，今見乘車倉皇。既有前車戒慎，豈無覆轍兢莊。將出必用茶飲，欲登先須道裝。軫邊更掛詩帙，轅畔仍懸酒缸。輪緩爲移芳草，蓋低因礙垂楊。水際尤宜穩審，花間更要安詳。朝出頻經履道，晚歸屢過平康。春重縱觀明媚，秋深飫看豐穰。五鳳樓前月色，天津橋上風涼。金谷園中流水，魏王堤外脩篁。静處光陰最好，閑中氣味偏長。所經莫不意得，所見無非情忘。或見農人擁耒，或見蠶女求桑。或見蘼蕪遍野，或見蒺藜滿墻。或見荆棘茂密，或見芝蘭芬芳。或見雞豚狗彘，或見鵰鶚鸞凰。惡者既不見害，善者固無相傷。華嶽三峯岌嶪，黄陂萬頃汪洋。不爲虚作男子，無負閑居洛陽。天地精英多得，堯夫老去何妨。

安樂吟〔一〕

安樂先生，不顯姓氏。〔二〕垂三十年，居洛之涘。風月情懷，江湖性氣。色斯其舉，〔三〕翔而後至。無賤無貧，無富無貴。〔四〕無將無迎，〔五〕無拘無忌。窘未嘗憂，〔六〕飲不至醉。〔七〕收天下春，歸之肝肺。盆池資吟，瓮牖薦睡。小車賞心，大筆快志。或戴接籬，或著半臂。或坐林間，或行水際。樂見善人，樂聞善事。樂道善言，樂行善意。聞人之惡，若負芒刺。聞人之善，如佩蘭蕙。不佞禪伯，不諛方士。不出户庭，直際天地。三軍莫凌，萬鍾莫致。爲快活人，六十五歲。

【校勘記】

〔一〕詩題，宋本作「安樂」。　〔二〕「姓」，宋本作「名」。　〔三〕「其舉」，宋本作「舉矣」。　〔四〕宋本無此句。　〔五〕二「無」字，宋本作「不」。　〔六〕「窘」，宋本作「貧」。　〔七〕此下，宋本作：「多乘小車，愛書大字。聞人之惡，轉頭不記。聞人之善，如獲大利。不接禪師，不接方士。不出户庭，能際天地。三軍莫凌，萬乘莫致。作快活人，六十四歲。」

甕牖吟

有客無知，唯知自守。自守無他，唯求寡咎。有屋數間，有田數畝。用盆爲池，以甕爲牖。

墻高于肩，室大于斗。布被暖餘，藜羹飽後。氣吐胷中，充塞宇宙。筆落人間，暉映瓊玖。人能知止，以退爲茂。我自不出，何退之有。心無妄思，〔一〕足無妄走。人無妄交，物無妄受。炎炎論之，甘處其陋。綽綽言之，無出其右。犧軒之書，未嘗去手。堯舜之談，未嘗虚口。當中和天，同樂易友。吟自在詩，飲歡喜酒。百年升平，不爲不偶。七十康强，不爲不壽。

【校勘記】

〔一〕「思」，徐本作「想」。

盆池吟

有客無知，唯知不爲。不爲無他，唯求不欺。我有人是，人無我非。因開甕牖，遂鑿盆池。都邑地貴，江湖景奇。能遊澤國，不下堂基。簾外青草，軒前黄陂。壺中月落，鑑裏雲飛。既有荷芰，豈無蒹茨。既有蝌蚪，豈無蛟螭。亦或清淺，亦或渺瀰。亦或渌净，亦或漣漪。風起蘋藻，涼生袖衣。林宗何在，范蠡何歸。密雪霏霏，輕冰披披。〔一〕垂柳依依，細雨微微。可以觀止，可以忘機。可以照物，可以看時。不樂乎我，更樂乎誰。吾于是日，再見伏犧。

【校勘記】

〔一〕「冰」，徐本作「水」。

小車吟

有客無知，唯知有家。有家能歸，其歸非遐。靈臺瑩静，天壤披葩。書用大筆，出乘小車。身爲男子，生于中華。又居洛陽，爲幸何多。天地中央，帝王真〔一〕宅。漢唐遺烈，氣象自佳。聖賢區宇，士人淵藪。仁義場圃，聞見無涯。里巷相切，親朋相過。人疑日馭，我謂星查。或遊金谷，或泛月波。或經履道，或過銅駝。進退雲水，舒卷煙霞。揄揚風月，擡帖鶯花。性喜飲酒，飲喜微酡。飲未微酡，口先吟哦。吟哦不足，遂及浩歌。〔二〕浩歌不足，無可奈何。

【校勘記】

〔一〕「真」，叢刊本、四庫本作「貞」。　〔二〕「及」，徐本作「成」。

大筆吟

有客無知，爲性太質。不忮不求，無固無必。足躡天根，手探月窟。所得之懷，盡賦于筆。意遠情融，〔一〕氣和神逸。〔二〕酒放微醺，綃鋪半匹。如風之卒，如雲之勃。如雹之欻，如雨之密。或往或還，〔三〕或没或出。滌蕩氛埃，廓開天日。鸞鳳翱翔，龍蛇盤屈。春葩暄妍，秋山崪屼。三千簪裾，俯循儒術。百萬貔貅，仰聽軍律。松桂成林，芝蘭滿室。蜀錦初翻，〔四〕朝霞乍拂。白璧一雙，黄金百鎰。羲之來求，牧之來乞。物外神交，人間事畢。觀者析酲，〔五〕收之愈疾。

【校勘記】

〔一〕「情」，蔡本作「神」。　〔二〕「神」，蔡本作「情」。　〔三〕「往」，蔡本作「往」。　〔四〕「翻」，蔡本、叢刊本、徐本作「番」。　〔五〕「醒」，蔡本同，叢刊本、四庫作「醒」。

伊川擊壤集卷之十五

觀《易》吟〔一〕

一物其來有一身，一身還有一乾坤。能知萬物備於我，肯把三才別立根。天向一中分體用，又云造化。人於心上起經綸。天人焉有兩般義，又云事。道不虛行只在人。

【校勘記】

〔一〕詩題，宋本作「易」。

觀《書》吟〔一〕

吁嗟四代帝王權，盡入區區一舊編。或讓或爭三萬里，相因相革二千年。唐虞事業誰能繼，湯武工〔二〕夫世莫傳。時既不同人又異，仲尼惡得不潸然。

【校勘記】

〔一〕詩題，宋本作「書」。

〔二〕「工」，宋本、叢刊本、四庫作「功」。

觀《詩》吟〔一〕

愛君難得似當時，曲盡人情莫若《詩》。無雅豈明王教化，有風方識國興衰。〔二〕知音未若吳公子，〔三〕潤色曾經魯仲尼。〔四〕三百五篇天下事，後人誰敢更譏非。

【校勘記】

〔一〕詩題，宋本作「詩」。　〔二〕「識」，宋本作「議」。　〔三〕「若」，宋本作「出」。　〔四〕「魯」，宋本作「孔」。

觀《春秋》〔一〕

堂堂王室寄空名，天下無時不戰爭。滅國伐人唯恐後，〔二〕尋盟報役未嘗寧。晉齊命令炎如火，文武資基冷似冰。唯有感麟心一片，〔三〕萬年千載若丹青。

【校勘記】

〔一〕詩題，宋本、叢刊本、徐本作「觀春秋吟」。　〔二〕「唯」，宋本同，叢刊本、四庫本作「雖」。　〔三〕「麟」，宋本作「霊」，疑誤。

觀三皇吟〔一〕

許大乾坤自我宣，乾坤之外復何言。初分大道非常道，纔有先天未後天。作法極微難看蹟，收功最久不知年。若教世上論勳業，料得更無人在前。

【校勘記】

〔一〕詩題，宋本作「三皇」。

觀五帝吟〔一〕

進退肯將天下讓，著何言語狀雍容。〔二〕衣裳垂處威儀盛，玉帛脩時意思恭。物物盡能循至理，人人自願立殊功。〔三〕當時何故得如此，只被聲明類日中。〔四〕

【校勘記】

〔一〕詩題，宋本作「五帝」。　〔二〕「雍」，宋本作「從」。　〔三〕「自」，宋本作「皆」。　〔四〕「明」，宋本同，徐本作「名」。

觀三王吟〔一〕

一片中原萬里餘，殆非孱德所宜居。夏商正朔猶能布，湯武干戈未便驅。澤火有名方受

革，水天無應不成需。善能云觀。仁義爲心者，〔二〕肯作人間淺丈夫。〔三〕

【校勘記】

〔一〕詩題，宋本作「三王」。〔二〕「善能云觀」，宋本作「請觀」，叢刊本、徐本、四庫本作「詳知又云請觀」。〔三〕「淺」，宋本作「賤」。

觀五伯吟〔一〕

刻意尊名名愈虧，人人奔命不勝疲。生靈劍戟林中活，公道貨財心裏歸。〔二〕雖則餼羊能愛禮，柰何鳴鳳未來儀。〔三〕東周五伯餘年内，〔四〕歎息唯聞一仲尼。

【校勘記】

〔一〕詩題，宋本作「五霸」。〔二〕「公」，宋本作「云」，恐誤。〔三〕「鳴」，宋本作「烏」。〔四〕「伯」，宋本、叢刊本、徐本、四庫本作「百」。

觀七國吟〔一〕

當其末路尚縱横，仁義之言固不聽。肯謂破齊存即墨，能勝坑趙盡長平。清晨見鬼未爲恠，白日殺人奚足驚。加以蘇張掉三寸，扼喉其勢不俱生。

【校勘記】

〔一〕詩題，宋本作「七國」。

觀嬴秦吟〔一〕

轟轟七國正争籌，利害相磨未便休。比至一雄心底定，其如四海血横流。〔二〕三千賔客方成夢，百二山河又變秋。謾説罷侯能置守，趙高元不是封侯。

【校勘記】

〔一〕詩題，宋本作「秦」。〔二〕「如」，宋本作「知」。

觀兩漢吟〔一〕

秦破山河舊戰場，豈期民復見耕桑。〔二〕九千來里開封域，四百餘年號帝王。剝喪既而遭莽卓，〔三〕經營殊不念高光。當時文物如斯盛，〔四〕城復何由更在隍。〔五〕

【校勘記】

〔一〕詩題，宋本作「兩漢」。〔二〕「復」，宋本作「却」。〔三〕「剝」，宋本作「斲」。〔四〕「文物」，宋本作「文武」。〔五〕「在」，宋本作「有」。

觀三國吟〔一〕

桓桓鼎峙震雷音，絶唱高蹤没處尋。簫鼓一方情未暢，弓刀萬里力難任。論兵很石寧無意，〔二〕飲馬黄河徒有心。雖曰天時亦人事，誰知慮外失良金。

【校勘記】

〔一〕詩題，宋本作「三國志」。 〔二〕「很」，叢刊本、徐本、四庫本作「狼」。

觀西晉吟〔一〕

承平未必便無憂，安若忘危非善謀。〔二〕題品人材憑雅誚，〔三〕雌黄時事用風流。〔四〕有刀難剖公閭腹，無木可梟元海頭。禍在夕陽亭一句，〔五〕上東門嘯浪悠悠。

【校勘記】

〔一〕詩題，宋本作「二晉」。 〔二〕「善」，宋本作「筭」。 〔三〕「材」，宋本、叢刊本作「林」。 〔四〕「時事」，宋本作「時足」。 〔五〕「禍」，宋本作「偶」。

觀十六國吟〔一〕

溥天之下號寰區，大禹曾經治水餘。衣到弊時多蟣蝨，〔二〕瓜當爛後足蟲蛆。龍章本不資狂寇，象魏何嘗薦亂胡。〔三〕尼父有言堪味處，〔四〕當時欠一管夷吾。

【校勘記】

〔一〕詩題，宋本作「十六國」。　〔二〕「多」，宋本作「饒」。　〔三〕「不」，宋本作「自」。此句，四庫本作「龍章雖復悲懷滑，象魏何嘗屬石符」。　〔四〕「尼父」，宋本作「宣父」。

觀南北朝吟〔一〕

方其天下分南北，聘使何嘗絶往還。偏霸尚存前典憲，小康猶帶舊腥羶。〔二〕洛陽雅望稱崔浩，江表奇才服謝安。二百四年能並轡，謾將夷虜互爲言。〔三〕

【校勘記】

〔一〕詩題，宋本作「南北朝」。　〔二〕「猶帶舊腥羶」，宋本同，四庫本作「未靖舊戈鋋」。　〔三〕「夷虜」，四庫本作「中外」。

觀隋朝吟〔一〕

始謀當日已非臧，又更相承或自戕。螻蟻人民貪土地，泥沙金帛悦姬姜。征遼意思靡荒服，泛汴情懷厭未央。三十六年都掃地，不然天下未歸唐。

【校勘記】

〔一〕詩題，宋本作「隋」。

觀有唐吟〔一〕

天生神武奠中央，〔二〕不爾羣凶未易攘。〔三〕貞觀若無風凜凜，開元安有氣揚揚。〔四〕凭高始見山河壯，入夏方知日月長。三百年間能混一，〔五〕事雖成往道彌光。

【校勘記】

〔一〕詩題，宋本作「唐」。　〔二〕「天」，宋本作「大」。　〔三〕「易」，宋本作「擾」。　〔四〕「安有氣」，宋本作「安得意」，徐本作「焉有氣」。　〔五〕「混」，宋本同，叢刊本、四庫本作「渾」。

觀五代吟〔一〕

自從唐季墜皇綱，〔二〕天下生靈被擾攘。社稷安危懸卒伍，朝廷輕重繫藩方。深冬寒木固不脱，未旦小星猶有光。五十三年更五姓，始知除掃待真王。

【校勘記】

〔一〕詩題，宋本作「五代」。　〔二〕「皇」，宋本作「朝」。

觀盛化吟〔一〕

紛紛五代亂離間，一旦雲開復見天。草木百年新雨露，車書萬里舊山川。尋常巷陌猶簪紱，取次園亭亦管絃。〔二〕人老太平春未老，〔三〕鶯花無害日高眠。

吾曹養拙賴明時，爲幸居多寧不知。天下英才中遁跡，〔四〕人間好景處開眉。生來只慣見豐稔，老去未嘗經亂離。五事歷將前代舉，帝堯而下固無之。一事，革命之日市不易肆。二事，克服天下在即位後。三事，未嘗殺一無罪。四事，百年方四葉。五事，百年無腹心患。〔五〕

【校勘記】

〔一〕詩題，第一首宋本作「宋」，第二首蔡本作「養拙」。　〔二〕「亭」，宋本作「林」。　〔三〕「春未老」，宋本作「無事日」。　〔四〕「中」，蔡本作「終」。　〔五〕小注「患」下，徐本有「曰五事」三字。

喜老吟〔一〕

幾何能得鬢如絲，安用區區鑷白髭。在世上官雖不做，出人間事却能知。待天春暖秋涼日，〔二〕是我東遊西泛時。多少寬平好田地，〔三〕山翁方始會開眉。

【校勘記】

〔一〕蔡本此首詩重出，一題「鑷髭吟」，一題「幾何」。　〔二〕「待」，蔡本一同，蔡本二作「晴」。　〔三〕「平」，蔡本一同，蔡本二作「中」。

瞻禮孔子吟

執卷何人不讀書，能知性者又何如。工居天下語言内，妙出世間繩墨餘。陶冶有無天事業，權衡治亂帝工夫。〔一〕大哉贊《易》脩經意，料得生民以後無。

【校勘記】

〔一〕「工」，蔡本同，叢刊本、四庫本作「功」。

還圓益上人詩卷

瓶錫相從更一巾，一巾曾拂十州塵。心通佛性久無礙，口道儒言殊不陳。吴越江山前日事，伊嵩風月此時身。閑行閑坐松陰下，應恃眼明長笑人。

天人吟

知盡人情天豈異，〔一〕未知何啻隔天地。少時氣鋭未更諳，〔二〕不信人間有難事。知盡人情與天意，合而言之安有二。能推己心達人心，〔三〕天下何憂不能治。〔四〕

【校勘記】

〔一〕「情」，蔡本作「庸」。〔二〕「更」，蔡本作「經」。〔三〕「人心」，蔡本作「天意」。〔四〕「治」下，蔡本有「一本作達天心」六小字。

錦𡶶春吟

錦𡶶山下有家園，每歲家園過禁煙。早是三春天氣好，那堪百里主人賢。同於一派水邊飲，醉向萬株花底眠。明日歸鞍遂東指，上陽風景更暄妍。

樂春吟

四時唯愛春，春更愛春分。有暖温存物，無寒著莫人。好花方蓓蕾，〔一〕美酒正輕醇。安樂窩中客，如何不半醺？

【校勘記】

〔一〕「方」，叢刊本、四庫本作「萬」。

觀物吟四首

日月無異明，晝夜有異體。人鬼無異情，生死有異理。既未能知生，又焉能知死。既未能事人，又焉能事鬼。

鸎蟬體既分，安用苦云云。氣盛有餘力，聲銷無異聞。時來由自己，勢去屬他人。莫作傷心事，〔一〕傷心不益身。

古今情一也，能處又何難。識事事非易，知人人所艱。多疑虧任用，輕信失防閑。堯舜其猶病，何嘗無大姦。

人之耳所聞，不若目親照。耳聞有異同，目照無多少。併棄耳目官，專用口舌較。不成天下功，止成天下笑。

【校勘記】

〔一〕「作」，叢刊本、四庫本作「非」。

人貴有精神吟〔一〕

人貴有精神，精神反不醇。〔二〕有精神而醇，爲第一等人。不醇無義理，〔三〕是非隨怒喜。怒以是爲非，喜以非爲是。怒是善人踈，〔四〕喜非小人比。〔五〕敗國與亡家，〔六〕鮮有不由此。〔七〕娶妻娶柔和，嫁夫嫁才美。安得正婦人，〔八〕作配真男子？〔九〕

【校勘記】

〔一〕詩題，宋本作「精神」。　〔二〕「反」，宋本作「返」。　〔三〕「義理」，宋本作「義禮」。　〔四〕「是善人」，宋本作「非君子」。〔五〕「非」，宋本作「是」。〔六〕「敗國與亡家」，宋本作「破國與志家」。

〔七〕「鮮有不由此」，宋本作「未始不因此」。〔八〕「正」，宋本似作「真」。〔九〕「作」，宋本作「匹」。

義利吟

賁於丘園，束帛戔戔。義既在前，利在其間。捨爾靈龜，觀我朵頤。義既失之，利何能爲。尚義必讓，君子道長。尚利必争，小人道行。

小車初出吟

物外洞天三十六，都疑布在洛陽中。小車春暖秋涼日，一日止能移一宫。

府尹王宣徽席上作

留都三判主人翁，大第名園冠洛中。又喜一年春入手，萬花香照酒巵紅。
紛紛又過一年春，牢落情懷酒漫醇。滿眼暄妍都去盡，罇前唯憶舊交親。

春暮答人吟

相違經歲意何如，漫説爲隣德不孤。咫尺洛陽春已盡，過從能憶舊時無。

天津聞樂吟

名園相倚洛陽春，巷陌無塵羅綺新。何處青樓隔桃李，樂聲時復到天津。

春暮吟

有意楊花空學雪，無情榆莢漫堆錢。窮愁不服春辜負，酒病依還似去年。

自問二首

因甚年來可作詩，柰何人老又春歸。流鶯不忍花離披，啼到黄昏猶自啼。

年來因甚可吟詩，桃李無言鶯有辭。啼到黄昏猶自啼，柰何人老又春歸。

和成都俞公達運使見寄

前年車從過天津，花底當時把酒頻。此日錦城花爛漫，何嘗更憶洛陽春。〔一〕

【校勘記】

〔一〕「洛陽」，叢刊本、徐本作「洛城」。

吴越吟二首

乙未闔廬凌楚歲，戊辰勾踐破吴時。屈如當日乘虚事，〔一〕三十四年人不知。

夫差丁未曾囚越，勾踐戊辰還滅吴。二十二年時返復，一如當日却乘虚。

【校勘記】

〔一〕「屈」，叢刊本、徐本、四庫本作「正」。

屬事吟

鷦鷯分寄一枝巢，不信甘言便易驕。當力尚難超北海，去威何足動鴻毛。〔一〕願將情意分明謝，肯把恩光取次燒。天寵居多爲幸久，〔二〕春花無柰正夭饒。〔三〕

【校勘記】

〔一〕「去」，蔡本作「語」。　〔二〕「寵」，蔡本作「龍」。　〔三〕「正」，蔡本作「更」。

興亡吟

孫陳李三人，亡國體相似。雖然少有文，何復語英氣。

曹劉孫三人，興國體相似。雖然小有才，何復語命世。

文武吟

既爲文士，必有武備。文武之道，皆吾家事。

善惡吟

瞽鯀有子，堯舜無嗣。餘慶餘殃，何故如是。〔一〕堯舜無子，瞽鯀有嗣。福善禍淫，何故如此。〔二〕

【校勘記】

〔一〕「是」，叢刊本、四庫本作「此」。　〔二〕「此」，徐本作「是」。

責己吟

不爲十分人，不責十分事。既爲十分人，須責十分是。

無疾吟

無疾之安，無災之福。舉天下人，不爲之足。

四者吟

財色名勢，爲世所親。〔一〕四者不動，然後見人。

【校勘記】

〔一〕「親」，徐本作「欽」。

恩怨吟

人之常情，無重于死。恩感人心，死猶有喜。怨結人心，死猶未已。恩怨之深，使人如此。

秦川吟二首〔一〕

當時馬上過秦川，倏忽于今二十年。因見夫君話家住，依稀記得舊風煙。

秦川兩漢帝王區，今日關東作帝都。多少聖賢存舊史，夕陽唯只見荒蕪。

【校勘記】

〔一〕詩題，徐本作「秦川吟」。

和絳守王仲賢郎中

爲郎得絳分銅虎，見寄詩中非浪誇。地土尚傳唐草木，山川猶起晉雲霞。園池富有吟供筆，風俗淳無訟到衙。太守下車民受賜，一心殊不負官家。

日月吟

月明星自稀，日出月亦微。既有少正卯，豈無孔仲尼？

水旱吟

堯水九年，湯旱七載。調燮之功，此時安在。九年洪水，七年大旱。非堯與湯，民死過半。

老去吟

使吾却十歲，亦可少集事。柰何天地間，日無再中理。吾今六十六，衰老何可擬。志逮力不逮，人共知之矣。

人事吟

索鍊無如事，難知莫若人。人情隨手別，事體到頭均。

不同吟

求者不得，辭者不能。二者相去，其遠幾程。

貪義吟

貪人之惡，其過莫大。貪人之善，是亦爲罪。

月新吟〔一〕

月新與月殘，形狀兩相似。柰何人之情，初見自歡喜。

【校勘記】

〔一〕詩題，徐本作「新月吟」。

和内鄉李師甫長官見寄

雖未似神仙，能逃暑與寒。何嘗無水竹，未始離林巒。道不同新學，才難動要官。時和歲豐後，亦自有餘歡。

歲豐時又康，爲邑在南陽。不廢吏民事，得遊雲水鄉。春輸桃李艷，風薦蕙蘭香。太守兼賢傑，且無奔走忙。

内鄉天春亭

内鄉有園名天春，春時桃李如絲雲。邑民攜觴連帟幕，〔一〕或歌或舞何歡欣。縣尹中間意自若，直謂前世無古人。牡丹百品紅與紫，華而不實徒紛紜。

【校勘記】

〔一〕「連帟幕」，叢刊本作「連弈慕」，四庫本作「連簾幕」。

内鄉兼隱亭

兼隱詫來書，於時特起予。民淳無訟聽，縣僻類山居。簿領杯盤外，官聯談笑餘。不知當此際，傍邑更誰如？

李少卿見招代往吟

洛城春去會仙才，春去還驚夏却來。微雨過牡丹初謝，輕風動芍藥纔開。緑楊陰裏擁罇罍，身健時康好放懷。

病酒吟

年年當此際，酒病掩柴扉。早是人多感，那堪春又歸。花殘蝴蝶亂，晝永子規啼。安得如前日，和風初扇微。

争讓吟

有讓豈無争，無沿安有革。争讓起于心，沿革生于跡。羲軒讓以道，堯舜讓以德。湯武争以功，桓文争以力。

謝王諫議見思吟

西齋前後半松筠，萬慮澄餘始見真。不謂天光明淨處，又能時憶舊交親。〔一〕

【校勘記】

〔一〕「親」，叢刊本、四庫本作「新」。

依韻和任司封見寄吟

王侯貴盛不勝言，圖畫中山得一觀。不似夫君行坐看，貪嵩又更愛天壇。
高樓百尺破危空，天淡雲閑看帝功。更上一層情未快，思君不見見喬嵩。
辭麾來此住雲霄，聞健登臨肯憚勞。紫陌事多都不見，家山圍遶是嵩高。

伊川擊壤集卷之十六

答人吟

筋骸得似當年否，氣血能如舊日無。却喜一般增長處，罇前談笑有工夫。

歲寒吟

松柏入冬看，方能見歲寒。聲須風裏聽，色更雪中觀。

依韻謝任司封寄逍遥枕吟

夫君惠我逍遥枕，恐我逍遥蹟未超。形體逍遥終未至，更和魂夢與逍遥。〔一〕

【校勘記】

〔一〕「和」，四庫本作「知」。

齊鄭吟

子産何嘗辭鄭小，晏嬰殊不願齊衰。二賢生若得其地，才業當爲王者師。

代書寄吕庫部

周王八駿走天涯，争似君家四寶奇。鄭洛風煙雖咫尺，恨無由往一觀之。

和王安之少卿雨後

焦勞九夏餘，一雨物皆蘇。蛙鼓不足聽，蚊雷未易驅。非唯仰歲給，抑亦了官輸。林下閑遊客，何妨儘自愉。

和和承制見贈

自度無能處世間，經冬經夏掩柴關。青雲路穩無功上，翠竹叢疎有分閑。猶許艷花酬素志，更將佳酒發酡顔。年來老態非常甚，長懼英才未易攀。

清和吟

清而不和，隘而多鄙。和而不清，慢而鮮禮。既和且清，義無定體。時行則行，時止則止。

異同吟〔一〕

俊快傷滅裂，厚重傷滯泥。趨造隨所尚，〔二〕不免有同異。異己必爲非，〔三〕同己必爲是。〔四〕是非戰異同，〔五〕終身不知義。

【校勘記】

〔一〕詩題，蔡本作「同異吟」。　〔二〕「趨」，蔡本作「趍」。「尚」，蔡本作「向」。　〔三〕「必」，蔡本作「以」。

〔四〕「必」，蔡本作「以」。　〔五〕「異同」，蔡本作「同異」。

即事吟

生求媚于人，死求媚于鬼。媚人幸富貴，媚鬼免罪戾。生死雖殊途，人鬼豈異理。哀哉過用心，妄意何時已。

觀物吟〔一〕

耳目聰明男子身，洪鈞賦與不爲貧。〔二〕因探月窟方知物，未躡天根豈識人。乾遇巽時觀月窟，地逢雷處看天根。天根月窟閑來往，三十六宫都是春。

淳厚之人少秀慧，秀慧之人少審諦。安得淳厚又秀慧，與之共話人間事。

【校勘記】

〔一〕詩題，蔡本作「男子吟」。〔二〕「鈞」，蔡本作「均」。「與」，蔡本作「予」。

對酒吟〔一〕

有酒時時泛一甌，年將七十待何求。齒衰婚嫁尚未了，歲旱田園纔薄收。〔二〕客去有時閑拱手，日高無事静梳頭。霜毛不止裝詩景，〔三〕更可因而入畫休。〔四〕

【校勘記】

〔一〕詩題，蔡本作「對酒」。〔二〕「旱」，蔡本作「暮」。〔三〕「霜」，蔡本作「一」。〔四〕「更」，蔡本作「又」。

秋懷吟〔一〕

一番春了未多時，〔二〕雲外征鴻又報歸。節物眼前來若此，歲華頭上去如斯。當年志意雖然在，今日筋骸寧不衰。〔三〕賴有寸心常自喜，〔四〕聖人難處却能知。〔五〕

【校勘記】

〔一〕蔡本此詩爲《秋懷》之第五首。　〔二〕「多」，蔡本作「歸」。　〔三〕「不」，蔡本作「未」。

〔四〕「喜」，蔡本作「楽」。　〔五〕「聖」，蔡本作「垔」。

和王安之少卿秋遊

春夏而來可作詩，雖然可作待何爲。履空濫得同顏子，歷物固難如惠施。風月情懷無柰處，雲山意思不勝時。一歌一詠聊酬唱，敢拒安之與静之。〔一〕張少卿湍，字静之。

【校勘記】

〔一〕「拒」，叢刊本、四庫本作「據」。

和王安之同赴府尹王宣徽洛社秋會

後房深出會親賓，〔一〕樂按新聲妙入神。紅燭盛時飜翠袖，畫橈停處占青蘋。早年金殿舊遊客，此日鳳池將去人。宅冠名都號蝸隱，邵堯夫敢作西鄰。

【校勘記】

〔一〕「賔」，徐本作「朋」。

負河陽河清濟源三處之約以詩愧謝之韓持國、傅欽之、杜天經

秋霖積久泥正滑，念念何日天開晴。親朋延望固已甚，衰軀怯寒難遠行。一程相去雖不遠，兩次講行終未成。二事交戰乎胷中，隱几愁坐無由平。

依韻和王安之少卿秋約吟

升沉惡足論，事體到頭均。一片蓬蒿地，千年雲水身。收成時正好，寒暖氣初勻。自此過從樂，諸公莫厭頻。

長子伯温失解以詩示之

儒家所尚者，行義與文章。〔一〕用捨何嘗定，枯榮未易量。干求須黽勉，〔二〕得失是尋常。外物不可必，其言味甚長。

【校勘記】

〔一〕「義」，叢刊本、四庫本作「善」。　〔二〕「須」，叢刊本、四庫本作「便」。

歲暮自貽吟〔一〕

天道無長春，〔二〕地道無常珍。須稟中和氣，方生粹美人。良田多黍稌，薄地足荆榛。樗櫟蓬蒿類，正能充惡薪。〔三〕既爲萬物靈，須有萬物粹。〔四〕既無萬物靈，徒分萬物類。欲出至珍言，須有至珍意。欲彰至美名，須作至美事。〔五〕濟時爲美事，悟主爲珍意。〔六〕柰何此二者，我獨無一與。〔七〕

【校勘記】

〔一〕詩題，蔡本作「天道吟」，下有「五言」二小字。　〔二〕「長」，蔡本作「常」。　〔三〕「正」，蔡本、叢刊本、徐本、四庫本作「止」。　〔四〕「有」，蔡本作「分」。　〔五〕「作」，蔡本作「有」。　〔六〕「意」，蔡本作「言」。

〔七〕「與」，蔡本作「焉」。

君子飲酒吟〔一〕

父慈子孝，兄友弟恭。家給人足，時和歲豐。筋骸康健，里閈過從。〔二〕君子飲酒，其樂無窮。

【校勘記】

〔一〕詩題，宋本作「飲酒」。　〔二〕「里閈過從」，宋本作「里閭過從」，叢刊本、四庫本作「里閈樂從」。

讀張子房傳吟〔一〕

漢室開基第一功，善哉能始又能終。直疑後日赤松子，便是當年黄石公。用捨隨時無分限，〔二〕行藏在我有窮通。古人已死不復見，痛惜今人少此風。

【校勘記】

〔一〕詩題，蔡本作「讀留侯傳吟」。　〔二〕「分限」，蔡本作「定分」。蔡本「分」下有「一作躰」三小字。

觀物吟二首熙寧九年〔一〕

柳性至柔軟，〔二〕一年長丈餘。雖然易得榮，柰何易得枯。

百穀仰膏雨，極枯變極榮。安得此甘澤，聊且振羣生。

【校勘記】

〔一〕詩題，蔡本作「觀物」，四庫本無「二首」二字。　〔二〕「軟」，蔡本作「弱」。

治亂吟五首

亂多于治，害多于利。悲多于喜，惡多于美。一陰一陽，奈何如此。

中原一片閑田地，曾生三皇與五帝。〔一〕三皇五帝子孫多，或賤或貧或富貴。

精義入神以致用，利用出入之謂神。神無方而易無體，藏諸用而顯諸仁。

火能勝水，火不勝水，其火遂滅。水能從火，水不從火，其水不熱。夫能制妻，夫不制妻，其妻遂絶。妻能從夫，妻不從夫，其妻必孽。

天能生而不能養，地能養而不能生。火能烹而不能沃，水能沃而不能烹。天地尚猶無全功，水火何由有全能。得用二者交相養，反爲二者交相凌。

【校勘記】

〔一〕「生」，叢刊本、四庫本作「示」。

三十年吟〔一〕

比三十年前，今日爲艱難。比三十年後，〔二〕今日爲安閑。治久人思亂，〔三〕亂久人思安。安得千年鶴，乘去遊仙山。

【校勘記】

〔一〕詩題，蔡本作「思患吟」。〔二〕「比」，蔡本作「此」。〔三〕「思亂」，蔡本作「忘患」。

有病吟

身之有病，當求藥醫。藥之非良，其身必虧。國之有病，當求人醫。人之非良，其國必危。事之未急，當速改爲。事之既急，雖悔難追。

對花吟

今年花似昔年開，今日人開昔日懷。煩惱全無半掐子，喜歡常有百來車。〔一〕光陰已過意未過，齒髮雖頽志未頽。人問堯夫曾出否，答云方自洞天來。〔二〕

【校勘記】

〔一〕「來車」，叢刊本、徐本、四庫本作「車來」。〔二〕「來」，叢刊本、徐本、四庫本作「回」。

自述

春暖秋涼人半醉，安車麈尾閑從事。雖無大德及生靈，且與太平裝景致。

去事吟〔一〕

君子去事，民有餘祥。小人去事，民有餘殃。

【校勘記】

〔一〕詩題，宋本作「去事」。

策杖吟〔一〕

策杖南園或北園，春來尤足慰衰年。〔二〕初晴天氣上元後，〔三〕乍暖風光寒食前。〔四〕池岸微微粧嫩草，〔五〕林梢薄薄罩輕煙。東君此際情何厚，非象之中正造妍。

【校勘記】

〔一〕詩題，蔡本作「策杖」。　〔二〕「足慰衰年」，蔡本作「喜慰衰顔」。　〔三〕「初」，蔡本作「功」。

〔四〕「風光」，蔡本作「春光」。　〔五〕「粧」，叢刊本、徐本、四庫本作「裝」。

不願吟

不願朝廷命官職，不願朝廷賜粟帛。惟願朝廷省徭役，庶幾天下少安息。

量力吟

量力動時無悔吝，隨宜樂處省營爲。須求騏驥方乘馬，亦恐終身無馬騎。

戲答友人吟

邵堯夫者是何人，歲歲春秋來謁君。車小半年行一轉，余春秋一出。非如駿馬走香塵。

偶得吟

皋陶遇舜，伊尹逢湯。武丁得傅，文王獲姜。齊知管仲，漢識張良。諸葛開蜀，玄齡啓唐。

觀事吟

一歲之事勤在春，一日之事勤在晨。一生之事勤在少，一端之事勤在新。〔一〕

【校勘記】

〔一〕四「勤」字，叢刊本、徐本、四庫本皆作「慎」。

觀物吟

利輕則義重，利重則義輕。利不能勝義，自然多至誠。義不能勝利，自然多忿争。

金玉吟

聖在人中出，心從行上修。金於沙裏得，玉向石中求。

風霜吟

見風而靡者草也，見霜而殞者亦草也。見風而鳴者松也，見霜而凌者亦松也。見風而靡，見霜而傷。焉能爲有，焉能爲亡？

上下吟〔一〕

自下觀上，無限富貴。自上觀下，無限賤貧。〔二〕自心觀物，何物能一。自物觀心，何心不均。

【校勘記】

〔一〕詩題，宋本作「觀物」。

〔二〕「賤貧」，宋本作「貧賤」。

吾廬吟

吾廬雖小粗容身，且免輕爲僦舍人。大有世人無屋住，向人簷下索温存。

瀍河上觀杏花回

瀍河東看杏花開，花外天津暮却回。更把杏花頭上插，圖人知道看花來。

娶妻吟

人之娶妻，容德威儀。儻或生子，不臯則夔。

好事吟

好事固難將力取，賢人須是著心求。浮生日月無多子，時過千休復萬休。

不再吟〔一〕

春無再至，花無再開。人無再少，時無再來。

【校勘記】

〔一〕詩題，宋本作「不再」。

毛頭吟〔一〕

誰剪毛頭謝陸沉，生靈肌骨不勝侵。人間自有回天力，林下空多憂國心。日過中時憂未艾，月幾望處患仍深。軍中儒服吾家事，諸葛武侯何處尋。

憂國心深爲愛君，愛君須更重於身。口中講得未必是，手裏做成方始真。〔二〕妄意動時難照物，俗情私處莫知人。厚誣天下凶之甚，多少英才在下塵。

【校勘記】

〔一〕詩題，蔡本作「毛頭二吟」。〔二〕「成」，蔡本作「來」。「始」，蔡本作「是」。

六得吟〔一〕

眼能識得，耳能聽得。口能道得，手能做得。身能行得，心能放得。六者盡與，天地同德。〔二〕飲食起居，出處語默。不止省心，又更省力。

【校勘記】

〔一〕詩題，宋本作「六得」。〔二〕「六者盡與，天地同德」，宋本、叢刊本、徐本、四庫本作「六者盡能，與天同德」。

盛衰吟

勢盛舉頭方偃蹇，氣衰旋踵却嗟吁。厚誣天下稱賢者，天下何嘗可厚誣。

富貴吟

大舜與人同好惡，以人從欲得安乎。能知富貴尋常事，富貴能驕非丈夫。

無妄吟

耳無妄聽，目無妄顧，口無妄言，心無妄慮。四者不妄，聖賢之具。予何人哉，敢不希慕？

善惡吟〔一〕

人善不趨，己惡不除。謂之知道，不亦難乎？

【校勘記】

〔一〕詩題，宋本作「善惡」。

春日園中吟

春暖遊園廼是常，域中殊不異仙鄉。竹間日日同真侶，水畔時時泛羽觴。雨後鳥聲移樹囀，風前花氣觸人香。林間富貴一般樂，更縱其來更不妨。

解字吟〔一〕

人言爲信，日月爲明。止戈爲武，羔美爲羹。

【校勘記】

〔一〕詩題，宋本作「解字」。

感事吟〔一〕

芝蘭種不榮，荆棘剪不去。二者無柰何，徘徊歲將暮。

【校勘記】

〔一〕詩題，宋本作「感事」。

窮達吟

窮不能卷，達不能舒。謂之知道，不亦難乎？

宇宙吟

宇宙在乎手，萬物在乎身。緜緜而若存，用之豈有勤。〔一〕

【校勘記】

〔一〕「豈」，徐本作「惟」。

久旱吟

久旱望雨，久雨思晴。天之常道，人之常情。

成性吟

成性存存，用志不分。又何患乎，不到古人。

路徑吟〔一〕

面前路徑無令窄，路徑窄時無過客。〔二〕過客無時路徑荒，人間大率多荊棘。

【校勘記】

〔一〕詩題，宋本作「路徑」。　〔二〕「路」，宋本作「略」，疑誤。

大人吟

天道遠，人道邇。盡人情，合天理。

先天吟示邢和叔〔一〕

一片先天號太虛，〔二〕當其無事見真腴。胷中美物肯自衒，天下英才致厚誣。〔三〕理順是言皆可放，義安何地不能居。直從宇泰收功後，〔四〕始信人間有丈夫。〔五〕

【校勘記】

〔一〕詩題，蔡本作「先天吟」，下有「二首」二小字。　〔二〕「先天」，蔡本作「天心」。　〔三〕「致」，蔡本、叢刊本、徐本、四庫本作「敢」。　〔四〕「宇泰」，蔡本同，四庫本作「太宇」。　〔五〕「間」，蔡本作「聞」。

感事吟〔一〕

爲善大宜量力分，知機都在近人情。人情盡後疑難入，〔二〕力分量時事自平。〔三〕理順面前皆道路，義乖門外是榛荆。〔四〕何人肯認此言語，〔五〕此語分明人不聽。

【校勘記】

〔一〕詩題，蔡本作「量力吟」。〔二〕「後」，蔡本作「處」。〔三〕「力分」，蔡本作「分九」。〔四〕「榛荆」，蔡本作「蠻荆」，四庫本作「荆榛」。〔五〕「認」，蔡本作「聽」。

浩歌吟〔一〕

何者謂知機，〔二〕惟神能造微。行藏全在我，用捨繫於時。每恨知人晚，常憂見事遲。與天爲一體，然後識宣尼。

【校勘記】

〔一〕詩題，蔡本作「浩歌」。〔二〕「機」，蔡本同，叢刊本、四庫本作「幾」。

利名吟

利名都不到胷中，由此胷中氣自沖。既愛且憎皆是病，靈臺何日得從容？

凭高吟

誰將酷烈千般毒，變作恩光一派深。惆悵先民不復見，更凭高處儘沈吟。

意盡吟

意盡於物，言盡于誠。矯情鎮物，非我所能。

又浩歌吟二首〔一〕

憂愁與喜歡，相去一毛間。〔二〕治亂不同體，山川無兩般。笛聲方遠聽，草木正遥看。〔三〕何處危樓上，斜陽人凭欄。〔四〕

嘉善既難投，先生宜罷休。履霜猶可救，〔五〕滅木更何求。〔六〕獸困重來日，鴻飛遠去秋。民飢須是食，食外盡悠悠。

【校勘記】

〔一〕詩題，叢刊本、徐本作「浩歌吟」，四庫本作「浩歌吟二首」。蔡本第一首詩題作「凴欄吟」，第二首詩題作「嘉善吟」。　〔二〕「毛」，蔡本作「毫」。　〔三〕「草木正遥看」，蔡本作「草色正遥觀」。　〔四〕此下，徐本有詩題「其二」二字。　〔五〕「救」，蔡本作「辨」。　〔六〕「更」，蔡本作「又」。

温良吟

君子温良當責備，小人情僞又須知。〔一〕因驚世上機關惡，遂覺壺中日月遲。〔二〕

【校勘記】

〔一〕「知」，四庫本作「防」。

〔二〕「遲」，四庫本作「長」。

君子吟

君子與義，小人與利。與義日興，與利日廢。君子尚德，小人尚力。尚德樹恩，尚力樹敵。君子作福，小人作威。作福福至，作威禍隨。君子樂善，小人樂惡。樂惡惡至，樂善善歸。君子好譽，小人好毁。好毁人怒，好譽人喜。君子思興，小人思壞。思興召祥，思壞召恠。君子好與，小人好求。好與多喜，好求多憂。君子好生，小人好殺。好生道行，好殺道絶。

先天吟

先天天弗違，後天奉天時。弗違無時虧，奉時有時疲。

爽口吟

爽口之物少茹，爽心之行少慮。爽意之言少語，爽身之事少做。

至誠吟〔一〕

不多求故得，不離學故明。〔二〕欲得心常明，無過用至誠。〔三〕

【校勘記】

〔一〕詩題，宋本作「致誠」。〔二〕「離」，宋本同，叢刊本、徐本、四庫本作「雜」。〔三〕此句，宋本作「無過用致誠，必得心長明」。

書事吟

它山有石能攻玉，玉未全成老已催。有限光陰隨事去，無涯衰朽逐人來。陶鎔情性詩千首，燮理筋骸酒一杯。六十六年無事日，心源方始似昭回。

答寧秀才求詩吟〔一〕

林下閑言語，何須要許多。幾乎三百首，足以備吟哦。

【校勘記】

〔一〕四庫本此詩在本卷内《三十年吟》與《有病吟》之間。

詩酒吟〔一〕

聖人難處口能宣，何止千年與萬年。心静始能知白日，〔二〕眼明方會看青天。鬼神情狀將詩寫，造化工夫用酒傳。〔三〕傳寫不干詩酒事，〔四〕若無詩酒又難言。

【校勘記】

〔一〕詩題，蔡本作「詩酒」。

〔二〕「始」，蔡本作「方」。

〔三〕「工」，蔡本同，叢刊本、四庫本作「功」。

〔四〕「傳」，蔡本作「人」。

白頭吟

何人頭不白，我白不因愁。只被人多欲，其如我不憂。不憂緣不動，多欲爲多求。年老人常事，如何不白頭。

知音吟〔一〕

仲尼始可言無意，孟子方能不動心。莫向山中尋白玉，〔二〕但於身上覓黄金。山中白玉有

時得，身上黄金無處尋。我輩何人敢稱會，安知世上無知音。〔三〕

【校勘記】

〔一〕叢刊本、徐本、四庫本此詩在本卷内《觀事吟》與《觀物吟》之間。　〔二〕「尋」，蔡本作「收」。　〔三〕「無」，蔡本作「少」。

伊川擊壤集卷之十七

人物吟

人破須至護，物破須至補。補護既已多，卒歸于敗露。人有人之情，物有物之理。人物類不同，情理安有異。

偶得吟

林間無事可裝懷，晝睡功勞酒一杯。殘夢不能全省記，半隨風雨過東街。

觀物吟

一氣纔分，兩儀已備。圓者爲天，方者爲地。變化生成，動植類起。人在其間，最靈最貴。

戰國吟〔一〕

七國之時尚戰争，威强知詐一齊行。〔二〕廉頗白起善用兵，蘇秦張儀善縱横。朝爲布衣暮公卿，〔三〕昨日鼎食今鼎烹。范睢謝相何心情，蔡澤入秦何依憑。〔四〕始皇奮袂天下寧，二世乞爲氓不能。〔五〕三千賓客憤未平，百二山河漢已興。〔六〕所存舊物唯空名，〔七〕殘陽衰草山川形。都似一場春夢過，自餘惡足語威獰。

【校勘記】

〔一〕詩題，蔡本作「戰國」。

〔二〕「知」，蔡本作「智」。

〔三〕「公」，蔡本同，徐本作「爲」。

〔四〕「澤」，蔡本作「滓」，恐非。

〔五〕「氓」，蔡本作「民」。

〔六〕「漢已興」，蔡本作「已所興」。

〔七〕「所存舊物」，蔡本作「存舊物新」。

感事吟

切玉如泥劍不虛，誰知世上有昆吾。能言未是真男子，善處方名大丈夫。士老林泉誠所願，民填溝壑諒何辜。然非我事我心惻，珍重羲皇一卷書。

又五首〔一〕

萬物有精英，人爲萬物靈。必先詳事體，然後論人情。氣静形安樂，心閑身太平。伊耆治天下，不出此名生。

用藥似交兵，兵交豈有寧。求安安未得，去病病還生。湯劑未全補，甘肥又却争。何由能壽考，瑞應老人星。

萬物道爲樞，其來類自殊。性雖無厚薄，理亦有精粗。未若人爲盛，還知物有餘。我生于此日，幸免作庸夫。

曾聞不若見，曾見不如經。既用心經過，〔二〕何煩口説行。改詩知化筆，醒酒識和羹。料得人間事，無由出此情。

前有億萬年，後有億萬世。中間有壽人，未過百來歲。出口無善言，行身無善事。徒有人之身，殊無人之貴。

【校勘記】

〔一〕四庫本無此三字詩題。　〔二〕「心」，叢刊本、徐本、四庫本作「身」。

履道吟〔一〕

何代無人振德輝，衆賢今日會西畿。太平文物風流事，更勝元和全盛時。

【校勘記】

〔一〕詩題，叢刊本、徐本、四庫本作「履道留題吟」。

見義吟

見善必爲，不見則已。量力而動，力盡而止。

觀物吟

如鸞如鳳，意思安詳。所生之人，匪忠則良。如鼠如雀，意思驚躩。所生之人，不凶則惡。

王公吟〔一〕

王公大人，天下具瞻。輕流傳習，〔二〕重損威嚴。此尚未了，彼安能兼。〔三〕非爲失道，〔四〕又復起貪。頂戴儒冠，心存象教。本圖心寧，復使心鬧。〔五〕譬如生子，當求克肖。〔六〕不教義方，教之竊盜。〔七〕

【校勘記】

〔一〕「吟」下，蔡本有「四言」二小字。　〔二〕「傳」，四庫本作「薄」。　〔三〕「兼」，蔡本作「廉」。

〔四〕「爲」，蔡本作「惟」，叢刊本、徐本、四庫本作「唯」。　〔五〕「使」，蔡本作「起」。　〔六〕「當」，蔡本作「常」。　〔七〕「竊」，蔡本作「切」。

自詠吟〔一〕

老去無成齒髪衰，年將七十待何爲。居常無病不服藥，間或有懷猶作詩。〔二〕引水更憐魚並至，〔三〕折花仍喜蝶相隨。平生積學無他効，只得胷中惡坦夷。〔四〕

【校勘記】

〔一〕詩題，蔡本作「自詠」。　〔二〕「猶」，蔡本作「時」。　〔三〕「至」，蔡本作「逐」。　〔四〕「惡」，蔡本同，四庫本作「凭」。

觀物吟

畫工狀物，經月經年。軒鑑照物，立寫于前。鑑之爲明，猶或未精。工出人手，平與不平。天下之平，莫若于水。止能照表，不能照裏。表裏洞照，其唯聖人。察言觀行，罔或不真。盡物之性，去己之情。有德之人，而必有言。能言之人，未必能行。

能寐吟

大驚不寐，大憂不寐。大傷不寐，大病不寐。大喜不寐，大安能寐。何故不寐，湛於有累。何故能寐，行於無事。

鷓鴣吟二首〔一〕

人間重者是黃金，誰道黃金無處尋。不著閑辭文雅意，〔二〕更將何事悦良心。〔三〕遠山四面供清潤，幽鳥千般送好音。無限春光都去盡，〔四〕請君聽唱鷓鴣吟。

翠竹叢深啼鷓鴣，鷓鴣聲更勝提壺。江南江北常相逐，春後春前多自呼。遷客銷魂驚夢寐，征人零淚濕衣裾。愁中聞處腸先斷，似此傷懷禁得無？

【校勘記】

〔一〕詩題，蔡本作「鷓鴣吟」。蔡本此詩僅收第一首。　〔二〕「著」，蔡本作「着」。　〔三〕「悦」，蔡本作「發」。　〔四〕「無限春光都去盡」，蔡本作「一片春歸留不住」。

先天吟

若問先天一字無，後天方要著工夫。〔一〕拔山蓋世稱才力，到此分毫强得乎？一作無。〔二〕

【校勘記】

〔一〕「工」，叢刊本、四庫本作「功」。　〔二〕小注「一作無」三字，叢刊本、徐本無。

自樂吟

麟鳳何嘗不在郊，〔一〕太平消得苦譊譊。纔聞善事心先喜，每見奇書手自抄。一瓦清泉來竹下，兩竿紅日上松梢。窗中睡起窗前坐，安得閑辭解客嘲。

【校勘記】

〔一〕「嘗」，蔡本作「時」。

民情吟

民情既樂，和氣爲祥。民情既憂，戾氣爲殃。祥爲雨露，天下豐穰。殃爲水旱，天下凶荒。

牡丹吟

牡丹花品冠羣芳，況是其間更有王。四色變而成百色，百般顔色百般香。

代書吟

金須百鍊始知精，水鑑何如人鑑明。不棄既能存故舊，久要焉敢忘平生。經綸事體當言用，道義襟懷只論誠。草木面前何止萬，歲寒松桂獨青青。

病淺吟

病淺之時人不疑，病深之後藥難醫。勞謙所以有終吉，〔一〕迷復何嘗無大虧。物我中間難著髮，〔二〕天人相吉豈容絲。〔三〕能知古樂猶今樂，省了譊譊多少辭。

【校勘記】

〔一〕「吉」，蔡本作「言」。〔二〕「著」，蔡本作「着」。〔三〕「天人相吉」，蔡本作「天人之際」，叢刊本、徐本、四庫本作「天人相去」。

借出詩

詩狂書更逸，近歲不勝多。大半落天下，未還安樂窩。

無苦吟

平生無苦吟，書翰不求深。行筆因調性，成詩爲寫心。〔一〕詩揚心造化，筆發性園林。所樂樂吾樂，樂而安有淫。

【校勘記】

〔一〕「寫」，蔡本作「治」。

萬物吟〔一〕

萬物備于身，乾坤不負人。時光嗟荏苒，事體落因循。〔二〕既感青春老，還驚白髮新。胷中若無有，未免作埃塵。〔三〕一云走埃塵。

【校勘記】

〔一〕詩題，蔡本作「人事吟」。　〔二〕「落」，蔡本作「戒」。　〔三〕「作」，蔡本作「出」。

月窟吟

月窟與天根，中間來往頻。所居皆綽綽，何往不申申。〔一〕投足自有定，滿懷都是春。若無詩與酒，又似太虧人。

【校勘記】

〔一〕「申申」，叢刊本、徐本、四庫本作「伸伸」。

大象吟

大象自中虛，中虛真不渝。施爲心事業，應對口工夫。〔一〕伎量千般有，〔二〕憂愁一點無。人能知此理，〔三〕勝讀五車書。

【校勘記】

〔一〕「工」，蔡本周，叢刊本、四庫本作「功」。〔二〕「伎量」，叢刊本作「忮倆」，蔡本、徐本、四庫本作「伎倆」。

〔三〕「理」，蔡本作「意」。

百病吟

百病起於情，情輕病亦輕。可能無系累，却是有依憑。秋月千山静，春華萬木榮。若論真事業，人力莫經營。

小車吟

春暖未苦熱，秋涼未甚寒。小車隨意出，所到即成歡。

擊壤吟

擊壤三千首，行窩十二家。〔一〕樂天爲事業，養志是生涯。出入將如意，過從用小車。人能知此樂，何必待紛華。

【校勘記】

〔一〕「十二」，叢刊本、徐本、四庫本作「二十」。

留題水北楊郎中園亭二首

買宅從來重見山，見山今直幾何錢。奇峯環列遠隔水，喬木俯臨微帶煙。行路客疑經洞府，〔一〕凭欄人恐是神仙。長憂暗入丹青手，寫向鮫綃天下傳。

洛下誰家不買居，買居還得似君無。風光一片非塵世，景物四時真畫圖。〔二〕後圃花奇真閬苑，〔三〕前軒峯好類蓬壺。人生能向此中老，亦是世間豪丈夫。

【校勘記】

〔一〕「經」，叢刊本、徐本、四庫本作「驚」。〔二〕「真」，叢刊本、徐本、四庫本作「成」。〔三〕「真」，叢刊本、徐本、四庫本作「同」。

楊郎中新創高居二首和堯夫先生韻〔一〕　吕公著

高齋曠望極三川，却顧卑居不直錢。二室峰巒凝畫碧，萬家樓閣帶輕煙。春濃繚繞環遊騎，地勝依稀寓列仙。唱發幽人丞相和，當時紙貴洛城傳。韓相公同和。

碧瓦朱門將相居，見嵩臨洛百家無。登高此地還能賦，會老他年定入圖。花發四時排步障，鳥鳴終日勸提壺。何人遇賞偏留賞，退士清風激鄙夫。

【校勘記】

〔一〕此詩底本原無，據叢刊本、徐本、四庫本補。

秋盡吟〔一〕

數日之間秋遂盡，百思無以慰蹉跎。園林正好愛不徹，草木已黄情柰何。雖老筋骸行尚健，〔二〕儘高臺榭望仍多。終朝把酒未成醉，又欲臨風一浩歌。〔三〕

【校勘記】

〔一〕在蔡本中，本詩爲《秋懷吟》之第六首。　〔二〕「筋骸」，蔡本作「情懷」。　〔三〕「又欲」，蔡本作「更歆」。

不肖吟

不肖之人，志在遊蕩。身在屋下，心在屋上。不肖之子，志在浮誇。身尚不保，焉能保家？

君子吟〔一〕

君子之去，亦如其來。〔二〕小人之來，亦如其去。既有恩情，且無怨怒。既有憎嫌，且無思慕。〔三〕

【校勘記】

〔一〕詩題，宋本作「君子」。〔二〕「亦」，宋本作「一」。〔三〕「思」，宋本作「怨」。

小人吟

小人無節，棄本逐末。喜思其與，怒思其奪。

把手吟〔一〕

富貴把手，貧賤掣肘。貧賤把手，富貴掣肘。金石之交，死且不朽。〔二〕市井之交，自難長久。

【校勘記】

〔一〕詩題，宋本作「把手」。〔二〕「且」，宋本作「生」。

大易吟

天地定位，否泰反類。山澤通氣，損咸見義。雷風相薄，恒益起意。水火相射，既濟未濟。四象相交，成十六事。八卦相盪，爲六十四。

罷吟吟

久欲罷吟詩，還驚意忽奇。坐中知物體，言外到天機。得句不勝易，成篇豈忍遺。安知千萬載，後世無宣尼？

黄金吟

身上有黄金，人無走陸沈。求時未必見，得處不因尋。辯捷非通物，〔一〕涵容是了心。〔二〕會彈無絃琴，〔三〕然後能知音。

【校勘記】

〔一〕「辯捷」，蔡本作「辯給」，叢刊本、四庫本作「辨捷」。　〔二〕「是」，蔡本作「始」。　〔三〕「絃」，蔡本作「弦」。

鶺鴒吟

事體一番新，纔新又却陳。新陳非利物，〔一〕義理不由人。歲月休驚晚，鶯花續報春。餘鐏幸無恙，宜唱鶺鴒頻。

【校勘記】

〔一〕「利」，徐本作「別」。

閑中吟〔一〕

閑中氣味長，長處是仙鄉。富有林泉樂，清無市井忙。爛遊千聖奧，醉擁萬花香。莫作傷心事，傷心易斷腸。

閑中氣味真，真處是天民。富有林泉樂，清無市井塵。爛遊千聖奧，醉擁萬花春。莫作傷心事，傷心愁殺人。

閑中氣味全，全處是天仙。富有林泉樂，清無市井喧。〔二〕爛觀千聖奧，醉擁萬花妍。莫作傷心事，傷心事好旋。

【校勘記】

〔一〕詩題「吟」下，蔡本有「三首」二小字。

〔二〕「喧」，蔡本作「諠」。

蒼蒼吟

人人共戴天，我戴豈徒然。須識天人理，方知造化權。功名歸酒盞，器業入詩篇。料得閑中樂，無如我得全。〔一〕

【校勘記】

〔一〕「全」，叢刊本、徐本、四庫本作「閑」。

團團吟

如鑑又如鈎，回旋莫記秋。難窮天上理，易白世間頭。團處人人喜，虧時物物愁。有生無不喘，何必待吴牛。

代書吟

見別一年餘，歲殘相憶初。重煩君款密，遠寄我空疎。衰朽百端有，憂愁一點無。閑吟四十字，聊用答來書。

失詩吟〔一〕

胷中風雨吼，筆下龍蛇走。前後落人間，三千有餘首。

【校勘記】

〔一〕詩題，宋本作「失詩」。

不去吟〔一〕

行年六十六，不去兩般事。〔二〕用詩贈真宰，以酒勸象帝。面未發酡顏，心先動和氣。俯仰天地間，自知無所愧。

【校勘記】

〔一〕詩題，蔡本作「未去吟」。 〔二〕「不」，蔡本作「未」。

經世吟

羲軒堯舜，湯武桓文。皇王帝伯，父子君臣。四者之道，理限于秦。降及兩漢，又歷三分。東西俶擾，南北紛紜。五胡〔一〕十姓，天紀幾棼。非唐不濟，非宋不存。千世萬世，中原有人。

【校勘記】

〔一〕「五胡」，四庫本作「攘攘」。

知人吟

君子知人出于知，小人知人出于私。出于知，則同乎理者謂之是，異乎理者謂之非。出于私，則同乎己者謂之是，異乎己者謂之非。

言行吟

能言未是難，行得始爲艱。須是真男子，方能無厚顔。

光陰吟

三百六旬有六日，光陰過眼如奔輪。周而復始未嘗息，安得四時長似春。

舉酒吟

閑與賓朋飲酒杯，杯中長似有花開。清談纔向口中出，和氣已從心上來。物外意非由象得，坐間春不自天回。施之天下能如此，天下何憂不放懷。

酒少吟

此物近來貧，時時得數斤。如茶辜老朽，似藥負交親。未飲先憂盡，雖斟不敢頻。何由同九日，長有白衣人。

觀棊絶句

未去交争意，難忘黑白心。一條無敵路，徹了没人尋。
未去交争意，難忘黑白情。一條平穩路，痛惜没人行。

老去吟

老去無成鬢已斑，縱心年幾合清閑。如何得意雲山外，更欲遊心詩酒間。大字寫詩酬素志，小杯斟酒發酡顔。春雷驚起千年蟄，筆下蒼龍自往還。

亂石吟〔一〕

天津多亂石，石裏閑尋覓。全玉固難求，〔二〕似玉亦難得。徒有碌碌青，亦有磷磷白。柰無清越聲，亦無温潤色。〔三〕

【校勘記】

〔一〕詩題，蔡本作「求玉吟」。　〔二〕「全」，蔡本作「真」。　〔三〕「亦」，蔡本、叢刊本、徐本、四庫本作「更」。

未有吟

未有一分功，先立十分敵。所得無分毫，所喪無紀極。
未有一分讓，先有十分爭。所喪者實事，所得者虚名。

誡子吟

至寶明珠非有纇，全珍良玉自無瑕。爲珠爲玉尚如此，何況爲人多過差。
有過不能改，知賢不肯親。雖生人世上，未得謂之人。〔一〕
周孔不足法，軻雄不足師。還同棄常饍，除是適蠻夷。〔二〕

【校勘記】

〔一〕此下，徐本有篇題「又」字。　〔二〕「蠻夷」，《四庫全書》本作「海涯」。

乾坤吟〔一〕

意亦心所至，言須耳所聞。誰云天地外，别有好乾坤。

道不遠于人，乾坤只在身。誰能天地外，别去覓乾坤。

【校勘記】

〔一〕此詩詩題「乾坤吟」三字及詩文「意亦心所至」至「别有好乾坤」四句二十字，原脱，據叢刊本、徐本、四庫本補。

胡越吟〔一〕

胡越同心日，夫妻反目時。人間無大小，得失在須斯。

【校勘記】

〔一〕四庫本「胡」作「秦」。

善處吟

善處憂難作，能持事自修。腹心無外物，蠻貊亦懷柔。

百年吟

百年嗟荏苒，千里痛蕭條。忍逐東流水，無期任所飄。

歲杪吟〔一〕

一日去一日，一年添一年。饒教成大器，其那已華顛。〔二〕志意雖依舊，聰明不及前。若非心有得，亦恐學神仙。

【校勘記】

〔一〕詩題，蔡本作「歲抄吟」，恐非。　〔二〕「那」，蔡本作「柰」。

觀棊小吟〔一〕

誰言博奕尚優游，利害相磨未始休。〔二〕初得手時宜顧望，〔三〕合行權處莫遲留。二年乃正三監罪，七日能尸兩觀囚。天下太平無一事，南陽高卧更何求。

【校勘記】

〔一〕詩題，蔡本作「觀棊吟」。　〔二〕「磨」，蔡本作「摩」。「未始休」，蔡本作「卒未休」。「休」下，蔡本有「一作未始休」五小字。　〔三〕「顧」，蔡本同，叢刊本、四庫本作「願」。

又借出詩

安樂窩中樂，媧皇笙萬攢。自從閑借出，客到遂無歡。

和王規甫司勳見贈

何止千年與萬年，歲寒松桂獨依然。若無楊子天人學，〔一〕安有莊生内外篇。已約月陂尋白石，更期金谷弄清泉。誰云影論紛紜甚，一任山巔復起巔。

【校勘記】

〔一〕「楊」，叢刊本、四庫本作「揚」。

答友人勸酒吟〔一〕

人人誰不願封侯，及至封侯未肯休。大得却須防大失，多憂元只爲多求。規模焉敢比才士，度量自知非飲流。少日何由能强此，况今年老雪堆頭。

【校勘記】

〔一〕詩題，蔡本作「答友人勸酒」。

伊川擊壤集卷之十八

冬至吟

何者謂之幾，天根理極微。今年初盡處，明日未來時。此際易得意，其間難下辭。人能知此意，何事不能知？

杯盤吟

林下杯盤大寂寥，寂寥長願似今朝。君看擊鼓撞鐘者，勢去賓朋不易招。

歡喜吟

揚善不揚惡，記恩不記仇。人人自歡喜，何患少交遊。

善人吟〔一〕

良如金玉，重如丘山。儀如鸞鳳，氣如芝蘭。

【校勘記】

〔一〕詩題，宋本作「善人」。

議論吟

事苟非，自有異。事苟是，安有二。

推誠吟

天雖不語人能語，心可欺時天可欺。天人相去不相遠，只在人心人不知。人心先天天弗違，人身後天奉天時。身心相去不相遠，只在人誠人不推。〔一〕

【校勘記】

〔一〕「人不推」，蔡本作「不在推」。

堯夫吟〔一〕

堯夫吟，〔二〕天下拙。來無時，去無節。如山川，行不徹。如江河，流不竭。如芝蘭，香不歇。如簫韶，聲不絶。也有花，也有雪。也有風，也有月。又温柔，又峻烈。又風流，又激切。

【校勘記】

〔一〕詩題「吟」下，蔡本有「三言」二小字。　〔二〕「吟」，蔡本作「言」。

意外吟

事出意外，人難智求。自非妄動，惡用多愁。既有誤中，寧無暗投。能知此説，天下何憂？

當斷吟〔一〕

斷以決疑，疑不可緩。〔二〕當斷不斷，反受其亂。

【校勘記】

〔一〕詩題，宋本作「當斷」。　〔二〕「疑」，宋本作「斷」。

憂夢吟〔一〕

至人無夢，聖人無憂。夢爲多想，憂爲多求。憂既不作，〔二〕夢來何由。能知此説，此外何修。〔三〕

【校勘記】

〔一〕詩題，宋本作「憂夢」。　〔二〕「既」，宋本作「利」。　〔三〕「修」，宋本作「求」。

人情吟

人達人情，無寡無廣。天下之事，如指諸掌。

人事吟

人無取次，事莫因循。因循失事，取次壞人。人無率爾，事貴丁寧。率爾近薄，丁寧近誠。

師資吟

未知道義，尋人爲師。既知道義，人來爲資。尋師未易，爲資實難。指南嚮道，非去非還。師人則耻，人師則喜。喜耻皆非，我獨無是。好爲人師，與耻何異？

天人吟

天學修心，人學修身。身安心樂，乃見天人。天之與人，相去不遠。不知者多，知之者鮮。身主于人，心主于天。心既不樂，身何由安？

樂毅吟

樂毅事燕時，其心有深旨。破齊七十城，迎刃不遺矢。豈留即墨莒，却與燕有二。欲使燕遂王，天下自齊始。豈意志未申，昭王一旦死。惠王固不知，使人代其位。强燕自此衰，何復能振起？自古君與臣，際會非容易。重惜千萬年，英雄爲流涕。

十分吟〔一〕

所謂十分人，〔二〕須有十分真。〔三〕非謂能寫字，〔四〕非謂能爲文。〔五〕非爲眉目秀，〔六〕非謂衣裳新。〔七〕欲行人世上，直須先了身。

所謂十分人，須有十分事。事苟不十分，終是未完備。事父盡其心，事兄盡其意。事君盡其忠，事師盡其義。

人壽百來年，〔八〕其過豈容易。〔九〕雖然瞬息間，其間多少事。號爲能了事，必先能了身。〔十〕身苟未能了，〔十一〕何暇能了人。

【校勘記】

〔一〕詩題，宋本作「了身」；蔡本作「了身吟」，下有「二首」二小字。〔二〕「所謂十分人」，蔡本同，宋本作「欲作一男子」。〔三〕「有」，蔡本同，宋本作「要」。〔四〕「謂」，蔡本同，宋本、叢刊本、四庫本作「爲」。

〔五〕「謂」，蔡本同，宋本作「爲」。〔六〕「爲」，宋本同，蔡本、叢刊本、徐本、四庫本作「謂」。〔七〕「謂」，蔡本同，宋本作「爲」。〔八〕「百來年」，蔡本同，徐本作「百年來」。〔九〕「豈」，蔡本作「甚」。〔十〕「必先能了身」，蔡本作「必須先了身」。〔十一〕「身苟未能了」，蔡本作「苟未能了身」。

生日吟祥符辛亥十二月二十五日

辛亥年，辛丑月。甲子日，甲戌辰。日辰同甲，年月同辛。吾于此際，生而爲人。

誡子吟〔一〕

鷄能警旦，馬能代行。犬能守禦，牛能力耕。〔二〕人稟天地，萬物之靈。妬賢嫉能，〔三〕不如不生。

【校勘記】

〔一〕詩題，宋本作「誡子」。〔二〕「力」，宋本作「代」。〔三〕「嫉」，宋本作「疾」。

有常吟〔一〕

天地有常理，日月有常明。四時有常序，鬼神有常靈。聖人有常德，小人無常情。

【校勘記】

〔一〕詩題，宋本作「有常」。

歲暮吟

世上紛華都不見，眼前唯見讀書尊。百千難過尚驚愓，三十歲前尤苦辛。少日只知難險事，老年方識太平身。家風幸有兒孫繼，足以無心伴白雲。

春天吟〔一〕

一片春天在眼前，眼前須識好春天。春秋冬夏能無累，雪月風花都一連。能用真腴爲事業，豈防他物〔二〕害暄妍。我生其幸何多也，安有閑愁到耳邊？

【校勘記】

〔一〕詩題，蔡本作「春天」。　〔二〕「他物」，蔡本作「它業」。

庶幾吟

以聖責人，固未完備。以人望人，自有餘地。責人無難，受責非易。其殆庶幾，猶望顏子。

人物吟

人盛必有衰，物生須有死。既見身前人，乃知身後事。身前人能興，身後事豈廢。興廢先言人，然後語天地。

詫嗟吟

昨日炙手，今日張羅。人間常事，何詫何嗟。

左衽吟〔一〕

自古御戎〔二〕無上策，唯憑仁義是中原。王師問罪固能道，天子蒙塵争忍言。〔三〕二晉亂亡成茂草，三君屈辱落陳編。公閭延廣何人也，始信興邦亦一言。

【校勘記】

〔一〕篇題，四庫本作「防邊吟」。〔二〕「御戎」，叢刊本、四庫本作「防邊」。〔三〕「言」，叢刊本、徐本、四庫本作「聞」。

教勸吟

若聖與仁吾豈敢，空言猶足慰虚生。明開教勸用常道，永使子孫持善名。此日貽謨〔一〕情未顯，他時受賜事非輕。庶幾此意流天下，天下何由不太平？

【校勘記】

〔一〕「謨」，四庫本作「謀」。

不善吟

悲哉不善人，稟此凶戾德。非爲敗人家，〔一〕又能敗人國。

【校勘記】

〔一〕「爲」，叢刊本、徐本、四庫本作「唯」。

多事吟

多事招憂，多疑招悶。多與招吝，多取招損。

處身吟〔一〕

君子處身，寧人負己，己無負人。小人處事，寧己負人，無人負己。

【校勘記】

〔一〕詩題，宋本作「處身」，此詩爲第二首。

觀性吟

千萬年之人，千萬年之事。千萬年之情，千萬年之理。唯學之所能，〔一〕坐而爛觀爾。

【校勘記】

〔一〕「唯」，叢刊本、四庫本作「惟」。

觀物吟

居暗觀明，居静觀動。居簡觀繁，居輕觀重。所居者寡，所觀則衆。匪居匪觀，衆寡何用。

答和吴傳正贊善二首并寄高陽王十三機宜

洛陽城裏一愚夫，十許年來不讀書。老去情懷難狀處，淡煙寒月映松疎。

樂静豈無病，好閑〔一〕終有心。争如自得者，與世善浮沈。

【校勘記】

〔一〕「閑」，四庫本作「賢」。

是非吟

是短非長，好丹非素。一生區區，未免愛惡。愛惡不去，何由是非。愛惡既去，是非何爲。

洗心吟

人多求洗身，殊不求洗心。洗身去塵垢，洗心去邪淫。塵垢用水洗，邪淫非能淋。必欲去心垢，須彈無絃琴。

見物吟

見物即謳吟，何常曾用意。閑將箧笥詩，静看人間事。

力穡吟

春時耕種，夏時耘耨。秋時收治，冬時用受。雨露不愆，既苗既秀。水旱爲災，尚罹其咎。

六十六歲吟

六十有六歲，暢然持酒杯。少無他得志，老有此開懷。往往英心動，時時秀句來。尚收三百首，自謂敵瓊瓌。

寬猛吟

寬則民慢，猛則民殘。寬猛相濟，其民自安。

小道吟

藝雖小道，事亦繫人。苟不造微，焉能入神？

得失吟

人有賢愚，事無巨細。得不艱難，失必容易。

薰蕕吟

善惡之間，薰蕕可究。近薰必香，近蕕必臭。

好惡吟

惡死好生，去害就利。天下之人，其情無異。

歲暮吟

此情人不知，亦嘗歎遲暮。雖則歎遲暮，柰何難分付。
此情人不知，亦嘗歎遲久。雖則歎遲久，柰何人不受。

安分吟

輕得易失，多謀少成。德無盡利，善無近名。

由聽吟

由聽而失，以聽爲賔。而今而後，何復信人。

詩畫吟

畫筆善狀物，長于運丹青。〔一〕丹青入巧思，萬物無遁形。詩畫善狀物，長于運丹誠。〔二〕

丹誠入秀句，萬物無遁情。詩者人之志，言者心之聲。志因言以發，〔三〕聲因律而成。多識于鳥獸，豈止毛與翎。多識于草木，豈止枝與莖。不有風雅頌，何由知功名？不有賦比興，何由知廢興？觀朝廷盛事，〔四〕壯社稷威靈。有湯武締構，無幽厲欹傾。知得之艱難，肯失之驕矜。去巨蠹姦邪，進不世賢能。摘陰陽粹美，〔五〕索天地精英。籍江山清潤，〔六〕揭日月光榮。收之爲民極，著之爲國經。播之于金石，〔七〕奏之于大庭。〔八〕感之以人心，告之以神明。人神之胥悦，此所謂和羹。〔九〕既有虞舜歌，豈無皋陶賡？既有仲尼删，豈無季札聽？必欲樂天下，捨詩安足憑？得吾之緒餘，自可致升平。

【校勘記】

〔一〕「運」，蔡本作「繪」。　〔二〕「運丹誠」，蔡本作「繪丹青」。　〔三〕「以」，蔡本作「而」。　〔四〕「觀」，蔡本作「光」。　〔五〕「摘」，蔡本同，叢刊本、四庫本作「擇」。　〔六〕「籍」，蔡本作「藉」。「山」，蔡本作「河」。　〔七〕「播」，蔡本作「繙」。　〔八〕「大庭」，蔡本作「洞庭」。　〔九〕「所」，蔡本作「之」。

詩史吟〔一〕

史筆善記事，長于炫其文。〔二〕文勝則實喪，〔三〕徒增口云云。〔四〕詩史善記事，長于造其真。〔五〕真勝則華去，〔六〕非如目紛紛。天下非一事，天下非一人。天下非一物，天下非一身。皇王帝伯時，其人長如存。百千萬億年，其事長如新。可以辯庶政，可以齊黎民。可以述祖考，可以訓子孫。可以尊萬乘，可以嚴三軍。可以進諷諫，可以揚功勳。可以移風俗，可以厚人倫。可以美教化，可以和疎親。可以正夫婦，可以明君臣。可以贊天地，可以感鬼神。規人何切切，誨人何諄諄。送人何戀戀，贈人何懃懃。無歲無嘉節，無月無嘉辰。無時無嘉景，無日無嘉賓。罇中有美禄，坐上無妖氛。胷中有美物，心上無埃塵。忍不用大筆，書字如車輪。三千有餘首，布爲天下春。

【校勘記】

〔一〕詩題，蔡本作「詩史長吟」，下有「五言」二小字。　〔二〕「炫」，蔡本作「徇」。　〔三〕「賓喪」，蔡本作「喪賓」。　〔四〕「增」，蔡本同，叢刊本、徐本、四庫本作「憎」。　〔五〕「造」，蔡本作「徇」。　〔六〕「華去」，蔡本作「去華」。

演繹吟

萬事入沈吟，其來味更深。雖然曾過眼，須是更經心。過眼未盡見，經心肯儘尋。儘尋能得見，方始是真金。

何者是真金，真金入骨沈。飽曾經煆鍊，足得不沈吟。到手何須眼，行身敢放心。放心然後樂，天下有知音。

何者謂知音，知音只在心。肝脾無効驗，鐘鼓漫搜尋。既若能開物，何須更鼓琴？來儀非爲鳳，只是感人深。

何者謂來儀，來儀意不低。有身皆衎衎，無物不熙熙。一國若一物，四方猶四肢。〔一〕巍巍乎堯舜，何得而名之。

【校勘記】

〔一〕「肢」，叢刊本、徐本作「支」。

史畫吟〔一〕

史筆善記事，〔二〕畫筆善狀物。狀物與記事，二者各得一。詩史善記意，詩畫善狀情。狀情與記意，二者皆能精。〔三〕狀情不狀物，記意不記事。形容出造化，想像成天地。體用自此分，鬼神無敢異。詩者豈于此，〔四〕史畫而已矣。〔五〕

【校勘記】

〔一〕詩題「吟」下，蔡本有小注「五言」二字。〔二〕「筆」，蔡本作「畫」。〔三〕「皆能」，蔡本作「各得」。

〔四〕「于此」，蔡本作「止于」。〔五〕「矣」，蔡本作「戾」。

好勝吟

人無好勝，事無過求。好勝多辱，過求多憂。憂辱並至，道德弗遊。不止人患，身亦是仇。

治心吟

心親于身，身親于人。不能治心，焉能治身？不能治身，焉能治人？

吾廬吟

吾亦愛吾廬，吾廬似野居。性隨天共淡，身與世俱踈。遍地長芳草，滿床堆亂書。自從無事後，更不著工夫。

人靈吟

天地生萬物，其間人最靈。既爲人之靈，須有人之情。若無人之情，徒有人之形。

過眼吟〔一〕

紛紛過眼不須驚，利害相磨卒未平。伎倆雖多無實效，聰明到了是虛名。温涼寒熱四時事，甘苦辛酸萬物情。除却此心皆外物，此心猶恐未全醒。一作未惺惺。〔二〕

【校勘記】

〔一〕詩題，蔡本作「過眼」。　〔二〕叢刊本、徐本無此小注。

災來吟

災自外來，猶可消除。災自内來，何由支梧。〔一〕天人之間，内外察諸。

【校勘記】

〔一〕「梧」，徐本作「吾」。

内外吟

目耳鼻口，〔一〕人之户牖。心膽脾腎，人之中霤。内若能守，外自不受。内若無守，外何能久。

【校勘記】

〔一〕「目耳鼻口」，徐本作「耳目口鼻」。

名利吟

重之以名，見人之情。厚之以利，見人之意。情意内也，内重則外輕。名利外也，内賤則外貴。

名實吟

内無是實，外有是名，小人故矜。外無是名，内有是實，君子何失？

性情吟〔一〕

君子任性，小人任情。任性則近，任情則遠。〔二〕

【校勘記】

〔一〕詩題，宋本作「情性」。

〔二〕此句，宋本作「任性近正，任情近刑」。

丁寧吟

人無忽略，事貴丁寧。忽略近薄，丁寧近誠。

疑信吟

人無輕信，事無多疑。輕信招釁，多疑招離。

治亂吟

君子小人，亦常相半。時止時行，或治或亂。

有時吟〔一〕

龍不冬躍，螢能夜飛。小人君子，〔二〕而皆有時。

【校勘記】

〔一〕詩題，宋本作「有時」。〔二〕「小人君子」，宋本作「君子小人」。

忠厚吟

小人斯須，君子長久。斯須傾邪，長久忠厚。

窮冬吟

十二月將終，還驚歲律窮。〔一〕藏冰方北陸，解凍未東風。草昧徒尋緑，花稍强覓紅。探春春不見，元只在胷中。

【校勘記】

〔一〕「律」，蔡本作「月」。

知非吟

今日已前事，知非心可憑。虛言安足道，實行又何矜。無藥醫衰老，有詩歌聖明。縱然時飲酒，未肯學劉伶。

冬至吟

冬至子之半，天心無改移。一陽初起處，萬物未生時。〔一〕玄酒味方淡，〔二〕大音聲正希。此言如不信，更請問庖犧。〔三〕

【校勘記】

〔一〕「物」，蔡本作「木」。　〔二〕「味方淡」，蔡本作「淡無味」。　〔三〕「犧」，蔡本作「羲」。

頭白吟

頭白已多時，況能垂白髭。不如猶甚幸，竊此未全衰。〔一〕潤屋雖無鏹，承家却有兒。敢言貧淨潔，似我亦應稀。

【校勘記】

〔一〕「此」，叢刊本、徐本、四庫本作「比」。

談詩吟〔一〕

詩者人之志，非詩志莫傳。人和心盡見，〔二〕天與意相連。論物生新句，〔三〕評文起雅言。興來如宿構，未始用雕鐫。

【校勘記】

〔一〕詩題，蔡本作「論詩吟」，爲第二首。 〔二〕「盡」，蔡本作「可」。 〔三〕「句」，蔡本作「意」。

繩水吟

水能平而不能直，繩能直而不能平。安得繩水爲人情，而使天下都無爭。

刑名吟

君子多近名，小人多近刑。善惡有異同，一歸於任情。〔一〕

【校勘記】

〔一〕「於」，叢刊本、四庫本作「與」，徐本作「于」。

陰陽吟

陽行一，陰行二。一主天，二主地。天行六，地行四。四主形，六主氣。

人事吟〔一〕

人有去就，事無低昂。跡有疎密，人無較量。能此四者，自然久長。

【校勘記】

〔一〕詩題，宋本作「人事」。

内外吟〔一〕

衣冠嚴整，〔二〕謂之外修。行義純潔，謂之内修。内外俱修，何人不求？

衣冠不整，〔三〕謂之外惰。行義不修，謂之内惰。内外俱惰，〔四〕何人不唾？〔五〕

【校勘記】

〔一〕詩題，宋本作「内外」。　〔二〕「衣冠」，宋本作「冠衣」，下同。　〔三〕「整」，宋本作「修」。

〔四〕「惰」，宋本作「憧」。　〔五〕「何」，宋本作「治」。

盛衰吟

克肖子孫，振起家門。不肖子孫，破敗家門。猗嗟子孫，盛衰之根。

死生吟

學仙欲不死，學佛欲再生。再生與不死，二者人果能。設使人果能，方始入于情。賞哉林下人，不爲人所惜。哀哉公與卿，重爲人所惑。

生日吟

三萬五千日，伊子享此身。〔一〕當時纔作物，此際始爲人。久負陰陽力，終虧父母恩。一杯爲壽酒，牀下列兒孫。

【校勘記】

〔一〕「子」，叢刊本、徐本、四庫本作「予」。

時事吟〔一〕

時之來兮，其勢可乘。〔二〕時之去兮，其事遂生。〔三〕前日之事兮，〔四〕今日不行。今日之事兮，〔五〕後來必更。時久則患生，事久則弊生。弊患相仍，人何以寧。〔六〕

【校勘記】

〔一〕詩題，宋本作「時事」。〔二〕「乘」，宋本作「成」。〔三〕「事」，宋本同，叢刊本、四庫本作「勢」。

〔四〕宋本無「兮」字。〔五〕宋本無「兮」字。〔六〕自「時久則患生」以下兩句，宋本作「時去則患生，事久則弊成。患弊患相仍，人何得心寧。」

不知吟

不知陰陽，不知天地。不知人情，不知物理。强爲人師，寧不自愧。

水火吟

水火得其御，交而成既濟。水火失其御，焚溺可立至。不止水與火，萬事盡如此。只知用水火，不知水火義。

中原吟

中原之師，仁義爲主。仁義既無，四夷來侮。

喜飲吟

堯夫喜飲酒，飲酒喜全真。不喜成酩酊，只喜成微醺。微醺景何似，襟懷如初春。初春景何似，天地纔絪緼。〔一〕不知身是人，不知人是身。只知身與人，與天都未分。

【校勘記】

〔一〕「絪緼」，蔡本作「氤氲」。

所感吟

人生無定準，事體有多端。客宦危疑處，家書子細看。〔一〕既曾憂險阻，〔二〕方信喜平安。男子平生事，須于痛定觀。〔三〕

【校勘記】

〔一〕「子」，四庫本作「仔」。〔二〕「既曾」，叢刊本作「可曾」，四庫本作「可憎」。〔三〕「痛」，四庫本作「論」。

行止吟〔一〕

時止則須止，時行則可行。〔二〕時行與時止，人力莫經營。

【校勘記】

〔一〕詩題，宋本作「行止」。〔二〕「可」，宋本作「須」。

太平吟

太平時世園亭内，豐稔歲年村落間。情味一般難狀處，風煙草木盡閑閑。

探春吟

草色依俙緑，花稍隱約紅。一般難道説，如醉在心中。

不出吟

冬夏遠難出，止行南北園。如逢好風景，亦可至三天。西行至天街，二百步。北行至天津，三百步。東行至天宫，四百步。

伊川擊壤集卷之十九

不善吟

不良之人，禀氣非正。蛇蝎其情，豺狼其性。至良之人，禀氣清明。金玉其性，芝蘭其情。

不同吟

君子之人，與己非比。聞善則樂，見賢則喜。小人之人，與己非惡。聞善則憎，見賢則怒。

得失吟

時難得而易失，心雖悔而何追。不知老之已至，不知志與願違。

痛矣吟〔一〕

痛矣時難得，悲哉道未傳。今年年已盡，明日是明年。

【校勘記】

〔一〕詩題，徐本作「痛悲吟」。

歲除〔一〕

半百已華顛，如今更皓然。自知爲士子，人訝學神仙。風月難忘酒，雲山不著錢。行年六十六，明日又添年。

【校勘記】

〔一〕詩題，叢刊本、徐本、四庫本作「歲除吟」。

筆興吟〔一〕熙寧十年

窗晴氣和暖，酒美手柔軟。興逸情撩亂，筆落春花爛。

【校勘記】

〔一〕詩題，宋本作「筆興」。

影論吟

性在體内，影在形外。性往體隨，形行影會。體性不存，形影安在。影外之言，曾何足恠。

憂喜吟

大喜與大憂，二者莫能寐。二者若能寐，何憂事不治。

窺開吟〔一〕

物理窺開後，人情照破時。一身都是我，瘦了又還肥。
物理窺開後，人情照破時。能將函谷塞，只用一丸泥。
物理窺開後，人情照破時。正如攜寶劍，切玉過如泥。
物理窺開後，人情照破時。渴多逢美酒，病後遇良醫。
物理窺開後，人情照破時。能將一箇字，善解百年迷。
物理窺開後，人情照破時。情中明事體，理外見天機。
物理窺開後，人情照破時。可嗟兼可唾，堪鄙又堪嗤。
物理窺開後，人情照破初。不堪將勸誡，止可與嗟吁。
物理窺開後，人情照破前。止堪令執筆，不可使持權。
物理窺開後，人情照破休。止堪初看望，不可久延留。
物理窺開後，人情照破時。欲知花爛漫，須是葉離披。〔二〕

物理窺開後，人情照破時。有權能處置，更狡待何爲。

物理窺開後，人情照破間。敢言天下事，到手又何難。

【校勘記】

〔一〕詩題，徐本作「物理吟」。 〔二〕「須」，叢刊本、徐本、四庫本作「便」。

喜飲吟〔一〕

平生喜飲酒，飲酒喜輕醇。不喜大段醉，只便微帶醺。融怡如再少，和煦似初春。亦恐難名狀，兩儀仍未分。

【校勘記】

〔一〕詩題，叢刊本、徐本作「喜歡吟」。

貴賤吟

繫自我者，可以力行。繫自人者，難乎力爭。貴爲萬乘，亦莫之矜。賤爲匹夫，亦莫之凌。

措處吟

在未定之時，當難處之地。方事之危疑，見人之措置。

費力吟

事無巨細，人有得失。得之小心，失之費力。

不老吟

人無不老理，日有再中時。不老必無也，再中應有之。

代書寄陳章屯田

執别而來二十春，忽飛書意一何懃。四方豈是少賢士，千里猶能思故人。世態見多知可否，物情諳久識踈親。我今老去甘衰朽，無補明時卧洛濱。

長短吟

君子喜淳誠，小人喜欺罔。淳誠歲時長，欺罔日月短。

迷悟吟〔一〕

君子改過，小人飾非。改過終悟，飾非終迷。終悟福至，終迷禍歸。

【校勘記】

〔一〕詩題，宋本作「迷悟」。

正性吟

未生之前，不知其然。既生之後，廼知有天。有天而來，正物之性。〔一〕君子踐形，小人輕命。

【校勘記】

〔一〕「正」，叢刊本、四庫本作「止」。

幽明吟

明有日月，幽有鬼神。日月照物，鬼神依人。〔一〕明由物顯，幽由人陳。人物不作，幽明何分。

【校勘記】

〔一〕「依」，徐本作「體」。

無靦吟

事曾經見，物曾持鍊。天地之間，俯仰無靦。

事體吟

語言須中節，義理貴從宜。可革仍三就，當行必再思。

自餘吟

身生天地後，心在天地前。天地自我出，自餘何足言。

四可吟

可勉者行，可信者言。可委者命，可托者天。

四不可吟

言不可妄，行不可隳。命不可忽，天不可違。

賃屋吟

屋新人喜居，屋弊人思去。主若善修完，何時不能住。

小人〔一〕

小人無耻，重利輕死。不畏人誅，豈顧物議。〔二〕

【校勘記】

〔一〕詩題，宋本同，叢刊本、徐本、四庫本作「小人吟」。〔二〕「豈」，宋本作「肯」。

覽照〔一〕

其骨爽，其神清。其禄薄，其福輕。

【校勘記】

〔一〕詩題，叢刊本、徐本、四庫本作「覽照吟」。

有病〔一〕

一身如一國，有病當求醫。病愈藥便正，〔二〕節宣良得宜。

【校勘記】

〔一〕詩題，叢刊本、徐本、四庫本作「有病吟」。　〔二〕「正」，叢刊本、徐本、四庫本作「止」。

二月吟

林下故無知，唯知二月期。酒嘗新熟後，花賞半開時。只有醺酣趣，〔一〕殊無爛漫悲。〔二〕誰能將此景，長貯在心脾。

【校勘記】

〔一〕「趣」，蔡本作「味」。　〔二〕「漫」，蔡本作「熳」。

三月吟

滿城盡日行春去，言會行春還有數。真宰何嘗不發生，遊人其那無憑據。梨花著雨漫成〔一〕啼，柳絮因風争肯住。一片清明好意多，柰何意好難分付。

【校勘記】

〔一〕「成」，四庫本作「城」。

一等吟

欲出第一等言，須有第一等意。欲爲第一等人，須作第一等事。

萬物吟

成敗須歸命，興衰各有時。小人縱多欲，真宰豈容私。只此浪喜歡，便成空慘悽。請觀春去後，遊者更爲誰。

洛陽春吟〔一〕

四方景好無如洛，一歲花奇莫若春。景好花奇精妙處，又能分付與閑人。

洛陽人慣見奇葩，桃李花開未當花。須是牡丹花盛發，滿城方始樂無涯。

桃李花開人不窺，花時須是牡丹時。〔二〕牡丹花發酒增價，夜半遊人猶未歸。

光陰不肯略從容，九十日春還又空。多少落花無著莫，〔三〕半隨流水半隨風。

春歸花謝日初長，鶯語鸎啼各自忙。何故遊人斷來往，緑陰殊不減紅芳。

十日好花都去盡，可憐青帝用功深。遊人莫便無憑據，未必紅芳勝緑陰。

春歸必竟歸何處，無限春寃都未訴。欲托流鸎問所因，子規又叫不如去。

用盡四時周一歲，唯春能見好花開。十千買酒未爲貴，既去紅芳豈再來。

【校勘記】

〔一〕詩題，宋本作「洛陽春」，下有「三首」二小字。宋本收录本詩之第一、第三和第四首詩。〔二〕「花時」，宋本作「花開」。〔三〕「莫」，宋本作「處」。

自貽吟

六十有七歲，生爲世上人。四方中正地，萬物備全身。天外更無樂，胷中別有春。

落花吟〔一〕

萬紫千紅處處飛，滿川桃李漫成蹊。〔二〕狂風猛雨日將暮，舞榭歌臺人乍稀。水上漂浮安有定，徑邊狼籍更無依。〔三〕流鶯不用多言語，到了一番春已歸。

【校勘記】

〔一〕詩題，蔡本作「暮春吟」，爲第二首。〔二〕「漫」，蔡本作「謾」。〔三〕「籍」，蔡本作「藉」。

春暮吟

花開春正好，花謝春還暮。不意子規禽，猶能道歸去。

春來蝴蝶亂，春去子規啼。安得如前日，和風初扇時。禽不通人情，唯知春已暮。亦或叫提壺，亦或叫歸去。

泉布吟

名爲泉布者，無足走人間。善發難言口，能開不笑顔。儥逋小續命，賙急大還丹。唯有商山老，非干買得閑。

牡丹吟

一般顔色一般香，香是天香色異常。真宰工夫精妙處，非容人意可思量。

詩上堯夫先生兼寄伯淳正叔〔一〕　張載

先生高卧洛城中，洛邑簪纓幸所同。顧我七年清渭上，並遊無侶又春風。病肺支離恰十春，病深樽俎久埃塵。人憐舊病新年減，不道新添别病新。

【校勘記】

〔一〕此詩底本原無，據叢刊本、徐本、四庫本補。

和鳳翔橫渠張子厚學士亡後篇

秦甸山河半域中，〔一〕精英孕育古今同。古來賢傑知多少，何代無人振素風。

【校勘記】

〔一〕「甸」，徐本、四庫本作「旬」。

自處吟〔一〕

堯夫自處道如何，滿洛陽城都似家。〔二〕不德於人焉敢異，〔三〕至誠從物更無他。眼前只見羅天爵，〔四〕頭上誰知换歲華。〔五〕何止春歸與春在，胷中長有四時花。

【校勘記】

〔一〕詩題，蔡本作「自處」。　〔二〕「似」，蔡本同，徐本作「是」。　〔三〕「德」，蔡本作「得」。「敢」，蔡本作「衣」，疑誤。　〔四〕「見」，蔡本作「是」。　〔五〕「换」，蔡本作「幾」。

爲人吟

爲人須是與人羣，不與人羣不盡人。大舜與人焉有異，帝堯親族亦推倫。人心齟齬一身病，事體和諧四海春。心在四支心是主，〔一〕四支又復遠于身。

【校勘記】

〔一〕「支」，蔡本作「肢」，下同。

先天吟

先天事業有誰爲，爲者如何告者誰。若謂先天言可告，君臣父子外何歸。眼前伎倆人皆曉，心上工夫世莫知。〔一〕天地與身皆易地，己身殊不異庖犧。

【校勘記】

〔一〕「工」，叢刊本、四庫本作「功」。

中和吟

性亦故無他，〔一〕須是識中和。心上語言少，〔二〕人間事體多。如霖回久旱，似藥起沉痾。一物尚不了，〔三〕其如萬物何。

【校勘記】

〔一〕「故」，蔡本作「固」。　〔二〕「語言」，蔡本作「言語」。　〔三〕「尚」，蔡本同，叢刊本、四庫本作「當」。

四賢吟

彥國之言鋪陳，晦叔之言簡當。君實之言優游，伯淳之言調又作條暢。〔一〕四賢洛陽之觀望，〔二〕是以在人之上。有宋熙寧之間，大爲一時之壯。

【校勘記】

〔一〕「暢」原作「惕」，據徐本、四庫本改。　〔二〕「觀」，叢刊本、四庫本作「名」，徐本無。

年老吟

歲華頭上不能驚，〔一〕唯有交親眼更明。〔二〕皓皓月常因坐看，深深酒不爲愁傾。苟於心上無先覺，却似人間小後生。欲約何人爲伴侶，江湖泛去一舟輕。

【校勘記】

〔一〕「頭上」，蔡本作「年老」。　〔二〕「有」，蔡本作「見」。

天地吟

天人之際豈容針，至理何煩遠去尋。凶焰熾時焚更烈，恩波流處浸還深。長征戍卒思歸意，久旱蒼生望雨心。禍福轉來如反掌，可能中夜不沉吟。

至論吟

民于萬物已稱珍，聖向民中更出羣。介石不疑何盡日，〔一〕知幾何患未如神。〔二〕若無剛果難成善，既有精明又貴純。〔三〕禍福兆時皆有漸，不由天地只由人。

【校勘記】

〔一〕「何」，蔡本同，徐本作「于」。　〔二〕「何」，蔡本作「無」。　〔三〕「精明又貴純」，蔡本作「精神不貴純」。

人玉吟

玉不自珍人與珍，人珍何謝玉之純。〔一〕然如粹美始終一，〔二〕更看清光表裏真。韜韞有名初在石，琢磨成器却須人。〔三〕古人已死不復見，被褐之言不謬云。〔四〕

【校勘記】

〔一〕「珍」，蔡本作「理」。　〔二〕「如」，蔡本作「知」。　〔三〕「須」，蔡本作「由」。　〔四〕「不」，蔡本作「豈」。

詐者吟

詐者固疑人，天下盡行詐。不信天下人，其間無真話。

飲酒吟

時時醇酒飲些些，頤養天和以代茶。無雨將成大凶歲，負城非有好生涯。身居畎畝須憂國，事委兒男尚恤家。〔一〕人問老來何長進，鑑中添得鬢邊華。

【校勘記】

〔一〕「兒男」，叢刊本、徐本、四庫本作「男兒」。

樂物吟

物有聲色氣味，人有耳目口鼻。萬物于人一身，反觀莫不全備。

和王安之小園五題

小園新葺不離家，高就崗頭低就窊。洛邑地疑偏得勝，天津人至又非賒。宜將閬苑同時語，莫共桃源一道誇。聞說一軒多種藥，只應猶欠紫河車。

野軒

一軒名野非塵境，嵩少煙岑送好風。日月歲時都屬己，更於何處覓壺中。

汙亭

許由爲計未爲深，洗耳何如〔一〕不動心。到此灑然如世外，何嘗更有事來侵。

【校勘記】

〔一〕「何如」，叢刊本與四庫本作「如何」。

藥軒

山裏藥多人不識，夫君移植更標名。果能醫得人間病，紅紫何妨好近楹。

晚暉亭

高亭新建礙煙霞，暮景能留是可嘉。最近賞春來往路，遊人應問是誰家。

觀物吟

水雨霖，火雨露，土雨濛，石雨雹。

水風涼，火風熱，土風和，石風冽。水雲黑，火雲赤，土雲黄，石雲白。水雷雲，火雷虩，土雷連，石雷霹。

晝睡

晝睡工〔一〕夫未易偕，羲皇以上合安排。心間無事飽食後，園裏有時閑步回。未午庭柯鬞屢囀，已殘花徑客稀來。請觀世上多愁者，枕簟雖涼無此懷。

【校勘記】

〔一〕「工」，叢刊本、四庫本作「功」。

進退吟

進退兩途皆曰賔，何煩坐上苦云云。〔一〕低眉坐處當周物，〔二〕掉臂行時莫顧人。齒髮既衰非少日，林泉能老是長春。行於無事人知否，寵辱何由得到身。

【校勘記】

〔一〕「坐」，蔡本作「座」。〔二〕「當」，蔡本作「宜」。

爲客吟

忽憶南秦爲客日，洛陽東望隔秦川。雲山去此二千里，〔一〕歲月于今十九年。柳色得非新婀娜，江聲應是舊潺湲。衰軀設使能重往，疇昔情懷杳杳然。

忽憶東朐爲客日，壯心初見水雲鄉。島夷居處隣荒服，潮水來時雜海商。卧看蒼溟圍大塊，坐觀紅日出扶桑。虚生虚死人何限，男子之稱不易當。

忽憶東吴爲客日，當年意氣樂從遊。登山未始等閑輟，飲酒何嘗容易休。萬柄荷香經楚甸，一帆風軟過揚州。追思何異邯鄲夢，瞬息光陰三十秋。

忽憶太原爲客日，經秋縱酒未成歸。遠山近水都成恨，高閣斜陽盡是悲。年少不禁花到眼，情多唯只淚沾衣。如今老向洛城裏，〔二〕更没這般愁到眉。

【校勘記】

〔一〕「去此」，徐本作「此去」。　〔二〕「城」，四庫本作「陽」。

攝生吟〔一〕

握固如嬰兒，作氣如壯士。二者非自然，皆出不容易。心爲身之主，〔二〕志者氣之帥。沉珠于深淵，養自己天地。

【校勘記】

〔一〕詩題，蔡本作「養生吟」。　〔二〕「身」，蔡本作「生」。

病中吟

堯夫三月病，憂損洛陽人。非止交朋意，都如骨肉親。薦醫心懇切，求藥意慇懃。安得如前日，登門謝此恩。

重病吟

安樂五十年，一旦感重疾。仍在盛夏中，伏枕幾百日。砭灸與藥餌，百療効無一。以命聽于天，於心何所失。

天人吟

天生此身人力寄，人力盡兮天數至。天人相去不毫芒，若有毫芒却成二。

疾革吟

有命更危亦不死，無命極醫亦無効。唯將以命聽於天，此外誰能閑計較。

聽天吟〔一〕

上天生我，上天死我。一聽於天，有何不可。

【校勘記】

〔一〕詩題，蔡本作「聽天」。

得一吟

天自得一天無既，我一自天而後至。唯天與一無兩般，我亦何嘗與天異。

答客問病

世上重黄金，伊予獨喜吟。死生都一致，利害漫相尋。湯劑功非淺，膏肓疾已深。然而猶灼艾，用慰友朋心。

病亟吟

生于太平世，長于太平世。老于太平世，死于太平世。客問年幾何，六十有七歲。俯仰天地間，浩然無所愧。

伊川擊壤集卷之二十

首尾吟 一百三十五首

堯夫非是愛吟詩，爲見聖賢興有時。日月星辰堯則了，江河淮濟禹平之。皇王帝伯經褒貶，雪月風花未品題。豈謂古人無闕典，堯夫非是愛吟詩。

堯夫非是愛吟詩，安樂窩中坐看時。一氣旋回無少息，兩儀覆燾未嘗私。〔一〕四時更革互爲主，百物新陳争効奇。享了許多家樂事，堯夫非是愛吟詩。

堯夫非是愛吟詩，安樂窩中得意時。志快不須求事顯，書成當自有人知。林泉且作酬心物，風月聊充藉手資。多少寬平好田地，堯夫非是愛吟詩。

堯夫非是愛吟詩，安樂窩中半醉時。因月因花因興詠，代書代簡代行移。池中既有雙魚躍，天際寧無一雁飛。無限交親在南北，堯夫非是愛吟詩。

堯夫非是愛吟詩，詩是堯夫可愛時。寶鑑造形難著髮，鸞刀迎刃豈容絲。風埃若不來侵路，塵土何由得上衣。欲論誠明是難事，堯夫非是愛吟詩。

堯夫非是愛吟詩，爲見興衰各有時。天地全功須發露，朝廷盛美在施爲。便都默默柰何見，若不云云那得知。事在目前人不慮，堯夫非是愛吟詩。

堯夫非是愛吟詩，詩是堯夫不寐時。咀茹蘭薰宜有主，恢張風雅更爲誰。三千來首收清月，二十餘年撚白髭。了却許多閑職分，堯夫非是愛吟詩。

堯夫非是愛吟詩，詩到忘言是盡時。雖則借言通要妙，〔二〕又須從物見幾微。〔三〕羹因不和方知淡，樂爲無聲始識希。多少風花待除改，〔四〕堯夫非是愛吟詩。

堯夫非是愛吟詩，雖老精神未耗時。水竹清閑先據了，鶯花富貴又兼之。梧桐月向懷中照，楊柳風來面上吹。被有許多閑捧擁，堯夫非是愛吟詩。

堯夫非是愛吟詩，詩是天津竚立時。有意水聲千古在，無情山色四邊圍。孤鴻遠入晴煙去，雙鷺斜穿禁柳飛。景物不妨閑自適，〔五〕堯夫非是愛吟詩。

堯夫非是愛吟詩，詩是天津再住時。積翠鶯花供秀潤，上陽風月助新奇。鳳凰樓觀雲中看，道德園林枕上窺。不負太平吟笑事，堯夫非是愛吟詩。

堯夫非是愛吟詩，詩是堯夫漸老時。每用風騷觀物體，却因言語漏天機。林間車馬自稀到，塵外杯觴不浪飛。六十一年無事客，堯夫非是愛吟詩。

堯夫非是愛吟詩，詩是堯夫忠恕時。無限物情閑處見，諸般藥性病來知。暗於成事事必敗，失在知人人必欺。家國與身同一體，堯夫非是愛吟詩。

堯夫非是愛吟詩，詩是堯夫默識時。初有意時如父子，到無情處類蠻夷。〔六〕眼前成敗尚不見，天下安危那得知。始信知人是難事，堯夫非是愛吟詩。

堯夫非是愛吟詩，詩是堯夫知幸時。日未出前朝象帝，天纔春處謁庖犧。三杯五杯自勸酒，一局兩局無争棊。韶濩不知何似樂，堯夫非是愛吟詩。

堯夫非是愛吟詩，詩是堯夫自勵時。適道全由就師學，出塵須是禀天資。好賢只恐知人晚，樂善唯憂見事遲。多謝友朋常見教，堯夫非是愛吟詩。

堯夫非是愛吟詩，詩是堯夫得意時。正得意時嘗〔七〕起舞，到麾毫處輒能飛。南溟萬里鵬初舉，遼海千年鶴乍歸。豈止一詩而已矣，堯夫非是愛吟詩。

堯夫非是愛吟詩，詩是堯夫可歎時。固有命焉剛不信，是無天也果能欺。才高正被聰明使，身貴方爲利害移。無計柰何春又老，堯夫非是愛吟詩。

堯夫非是愛吟詩，詩是堯夫筆逸時。蒼海有神搜鯨鯢，陸沉無水藏蛟螭。岌嶪五千仞華嶽，汪洋十萬頃黄陂。都與收來入近題，堯夫非是愛吟詩。

堯夫非是愛吟詩，詩是堯夫出入時。春初暖兮日遲遲，秋初凉兮雲微微。輕風動垂柳依依，細雨過芳草萋萋。林下小車遊未歸，堯夫非是愛吟詩。

堯夫非是愛吟詩，詩是堯夫試硯時。玉未琢前猶索辯，金經煅後更何疑。當時掉臂人皆笑，今日摇頭誰不知。天外鳳凰飛處别，堯夫非是愛吟詩。

堯夫非是愛吟詩，詩是堯夫試筆時。以至死生都處了，〔八〕自餘榮辱可知之。適居堂上行堂上，或在水湄言水湄。不止省心兼省力，堯夫非是愛吟詩。

堯夫非是愛吟詩，詩是堯夫試墨時。十室邑中須有信，三人行處豈無師。謀謨不講還踈略，思慮傷多又忸怩。機會失時尋不得，堯夫非是愛吟詩。

堯夫非是愛吟詩，詩是堯夫語道時。天聽雖高只些子，人情相去没多兒。無聲無臭儘休也，不忮不求還得之。雖有丹青亦難狀，〔九〕堯夫非是愛吟詩。

堯夫非是愛吟詩，詩是堯夫語物時。物盛物衰隨氣候，人榮人瘁逐推移。天邊新月有時待，水上落花何處追。皆是世間常事耳，堯夫非是愛吟詩。

堯夫非是愛吟詩，詩是堯夫語事時。天若可升非待勸，神如無驗不須祈。人當堂上易施設，事過面前難改移。勢盛勢衰非一日，堯夫非是愛吟詩。

堯夫非是愛吟詩，詩是堯夫登閣時。往事千年徒渺瀰，斜陽一片漫光輝。伊川洛川水似線，太室少室峰如錐。〔十〕争者從來是閑氣，堯夫非是愛吟詩。

堯夫非是愛吟詩，詩是堯夫隱几時。尺寸光陰須愛惜，分毫頭角莫矜馳。酒因勸客小盞飲，〔十一〕句到驚人大字麾。〔十二〕無入何嘗不自得，〔十三〕堯夫非是愛吟詩。

堯夫非是愛吟詩，詩是堯夫詠史時。曠古第成千覺夢，中原都入一枰棊。唐虞玉帛煙光紫，〔十四〕湯武干戈草色萋。觀古事多今可見，堯夫非是愛吟詩。

堯夫非是愛吟詩，詩是堯夫對酒時。處世雖無一分善，行身誤有四方知。大凡觀物須生意，既若成章必見辭。詩者志之所之也，堯夫非是愛吟詩。

堯夫非是愛吟詩，詩是堯夫半老時。肥遁雖無潤屋物，勞謙却有克家兒。筋骸幸且粗康健，談笑不妨閑滑稽。六十二年無事客，堯夫非是愛吟詩。

堯夫非是愛吟詩，詩是堯夫自笑時。閑散何嘗遠人事，語言時復洩天機。至微勳業有難立，儘大功名或易爲。成敗一歸思慮外，堯夫非是愛吟詩。

堯夫非是愛吟詩，詩是堯夫讓僕時。止會摇頭道又錯，柰何轉脚復爲非。比圖爲家効功力，更却與物生瑕疵。失在知人不無過，堯夫非是愛吟詩。

堯夫非是愛吟詩，詩是堯夫可歎時。大器晚成當自重，小人難養又何疑。既無一日九遷則，安有終朝三褫之。若向槿花求遠到，堯夫非是愛吟詩。

堯夫非是愛吟詩，詩是堯夫樂事時。慷慨丈夫無後悔，分明男子有前知。在尋常時觀執守，當倉卒處看施爲。善事没身而已矣，堯夫非是愛吟詩。

堯夫非是愛吟詩，詩是堯夫自喜時。名在士人當盛世，生於中國作男兒。良辰美景忍虚廢，驟雨飄風無定期。過此焉能事追悔，堯夫非是愛吟詩。

堯夫非是愛吟詩，詩是堯夫喜老時。好話説時常愈疾，善人逢處每忘機。此心是物難爲動，其志唯天然後知。詩是堯夫分付處，堯夫非是愛吟詩。

堯夫非是愛吟詩，詩是堯夫贊仲尼。大事既去止可歎，皇綱已墜如何追。由兹春秋無義戰，所以定哀多微辭。絶筆獲麟之一句，堯夫非是愛吟詩。

堯夫非是愛吟詩，詩是堯夫自在時。何處不行芳草地，誰家不望小車兒。花枝好處安詳折，酒盞滿時撋就持。閑氣虛名都忘了，堯夫非是愛吟詩。

堯夫非是愛吟詩，詩是堯夫自負時。暖日纔從桃李過，涼風又向芰荷吹。月華正似金波溜，雪片還如柳絮飛。此樂太平然後見，堯夫非是愛吟詩。

堯夫非是愛吟詩，詩是堯夫自得時。風露清時收翠潤，山川秀處摘新奇。揄揚物性多存體，拂掠人情薄用辭。遺味正宜涵泳處，堯夫非是愛吟詩。

堯夫非是愛吟詩，詩是堯夫默坐時。天意教閑須有謂，人心剛動似無知。〔十五〕煙輕柳葉眉閑皺，〔十六〕露重花枝淚静垂。應恨堯夫無一語，堯夫非是愛吟詩。

堯夫非是愛吟詩，詩是堯夫晚望時。恰見花開便花謝，〔十七〕纔聞春至又春歸。流鶯啼處春猶在，杜宇來時花已飛。春至花開春去謝，堯夫非是愛吟詩。

堯夫非是愛吟詩，詩是堯夫春出時。一點兩點小雨過，〔十八〕三聲五聲流鶯啼。〔十九〕杯深似錦花間醉，車穩如茵草上歸。〔二十〕更在太平無事日，堯夫非是愛吟詩。

堯夫非是愛吟詩，詩是堯夫入夏時。醪酒竹間留客飲，〔二十一〕清風水畔向人吹。〔二十二〕嬋娟月色滿軒檻，菡萏花香盈袖衣。樂莫樂于無事樂，堯夫非是愛吟詩。

堯夫非是愛吟詩，詩是堯夫秋出時。樓上清風猶足喜，水邊芳草未全衰。纔涼便可停新酒，薄暮初能著夾衣。都没人間浪憂事，堯夫非是愛吟詩。

堯夫非是愛吟詩，詩是堯夫自喜時。不用虚名矜智數，且無閑氣撓心脾。酒佳甞地泛一甆，花好有時簪兩枝。更縱無人訝狂恠，堯夫非是愛吟詩。

堯夫非是愛吟詩，詩是堯夫確論時。若以後時爲失計，必將先手作知幾。三千賔客成何夢，百二山河付阿誰。弄巧既多飜作拙，堯夫非是愛吟詩。

堯夫非是愛吟詩，詩是堯夫會計時。進退雲山爲主判，陶鎔水竹是兼司。鬭花舊管三千首，風月初收二百題。歲暮又須行考課，堯夫非是愛吟詩。

堯夫非是愛吟詩，詩是堯夫覺老時。不動已求如孟子，無言又欲學宣尼。能知同道道亦得，始信先天天弗違。六十三年無事客，堯夫非是愛吟詩。

堯夫非是愛吟詩，詩是堯夫贊《易》時。火在内而刑寡妻，風行外而令庶黎。老成人爲福之基，騃孺子爲禍之梯。此理昭然多不知，堯夫非是愛吟詩。

堯夫非是愛吟詩，詩是堯夫記所思。少日過從都似夢，〔二十三〕老年光景只如飛。快心事固難强覓，到手物如何不爲。欲俟河清人壽幾，堯夫非是愛吟詩。

堯夫非是愛吟詩，詩是堯夫重惜時。萬里焦勞無所訴，九重深邃莫能知。二年斯得誠爲晚，七日言誅未是遲。本固邦寧王道在，堯夫非是愛吟詩。

堯夫非是愛吟詩，詩是堯夫髣髴時。寫字吟詩爲潤色，通經達道是鎡基。經綸亦可爲餘事，性命方能盡所爲。可謂一生男子事，堯夫非是愛吟詩。

堯夫非是愛吟詩，詩是堯夫拍手時。此路清閑都屬我，這般歡喜更饒誰。將何勢力爲憑藉，著甚言辭與指揮。遷怒飾非何更有，堯夫非是愛吟詩。

堯夫非是愛吟詩，詩是堯夫試手時。善死自明非不死，有知誰道勝無知。楊朱眼淚誰能泣，〔二十四〕宋玉心胷只解悲。爲報西風漫相侮，堯夫非是愛吟詩。

堯夫非是愛吟詩，詩是堯夫憶昔時。天下只知才可處，人間不信事難爲。眼觀秋水斜陽遠，淚灑西風黄葉飛。此意如今都去盡，堯夫非是愛吟詩。

堯夫非是愛吟詩，詩是堯夫相度時。合放手時須放手，得開眉處且開眉。狂情多見好人喜，弊性少爲他物移。〔二十五〕只恨一般言不到，堯夫非是愛吟詩。

堯夫非是愛吟詩，詩是堯夫樂物時。天地精英都已得，鬼神情狀又能知。陶真義向辭中見，〔二十六〕借論言從意外移。始信詩能通造化，堯夫非是愛吟詩。

堯夫非是愛吟詩，詩是堯夫不樂時。明月恰圓還却缺，好花纔盛又成衰。返魂丹向何人用，續命湯於甚處施。天聽雖高只些子，堯夫非是愛吟詩。

堯夫非是愛吟詩，詩是堯夫春盡時。有意落花猶去住，〔二十七〕無情流水任東西。鸎傳信處音聲切，燕訴寃時言語低。似此誤人事多少，〔二十八〕堯夫非是愛吟詩。

堯夫非是愛吟詩，詩是天津秋盡時。〔二十九〕見慣不驚新物盛，話長難説故人稀。〔三十〕雲踈煙淡山仍遠，露冷天高草已衰。〔三十一〕賴有餘罇自斟酌，堯夫非是愛吟詩。

堯夫非是愛吟詩，詩是堯夫代記時。官職固難稱太史，文章却欲學宣尼。能歸豈謝陶元亮，善聽何慙鍾子期。德若不孤吾道在，堯夫非是愛吟詩。

堯夫非是愛吟詩，詩是堯夫曠望時。一片園林擁京國，幾層樓觀犯雲霓。朝昏天氣屢變易，今古人情旋合離。欲問遠山唯歛黛，〔三十二〕堯夫非是愛吟詩。

堯夫非是愛吟詩，詩是閑觀蔬圃時。暖地春初纔鬱鬱，宿根秋末却披披。韮蔥蒜薤青遮壠，〔三十三〕蘋芋薑蘘緑滿畦。時到皆能弄精彩，堯夫非是愛吟詩。

堯夫非是愛吟詩，詩是堯夫窮理時。語愛何嘗過父子，講和曾未若夫妻。恩多意思飜成恨，歡極情懷却似悲。何事人間不如此，堯夫非是愛吟詩。

堯夫非是愛吟詩，詩是堯夫重惜時。西晉浮誇時可歎，南梁崇尚事堪悲。仲尼豈欲輕辭魯，孟子何嘗便去齊。儀鳳不來人老去，堯夫非是愛吟詩。

堯夫非是愛吟詩，詩是堯夫自足時。開口笑多無若我，同心言少更爲誰。田園管勾憑諸子，罇俎安排仰老妻。不信人間有憂事，堯夫非是愛吟詩。

堯夫非是愛吟詩，詩是堯夫獨酌時。一盞兩盞至三盞，五題七題或十題。只知人事是太古，不信我身非伏羲。爲幸居多宜自樂，堯夫非是愛吟詩。

堯夫非是愛吟詩，詩是堯夫切慮時。千世萬世所遭遇，聖人賢人曾施爲。當初何故盡有説，在後可能都没辭。事既不同時又異，堯夫非是愛吟詩。

堯夫非是愛吟詩，詩是堯夫强少時。筇杖藜杖到手拄，南園北園隨意之。酒醺不怕暖生面，花好儘教香惹衣。六十四年無事客，堯夫非是愛吟詩。

堯夫非是愛吟詩，詩是堯夫自顧時。若有意時非語話，都無情處是肝脾。方將憂己到未到，〔三十四〕何暇責人知不知。因喜聖賢用心遠，堯夫非是愛吟詩。

堯夫非是愛吟詩，詩是堯夫自得時。已把樂爲心事業，更將安作道樞機。未來身上休思念，既入手中須指揮。迎刃何煩多顧慮，〔三十五〕堯夫非是愛吟詩。

堯夫非是愛吟詩，詩是堯夫鑑誡時。意淺不知多則惑，心靈須識動之微。行凶既有人誅戮，心善豈無天保持。讀《易》不唯明禍福，〔三十六〕堯夫非是愛吟詩。

堯夫非是愛吟詩，詩是堯夫贊《易》時。八卦小成皆有主，三才大備略無遺。陰陽消長既未已，動静吉凶那不知。爲見至神功效遠，堯夫非是愛吟詩。

堯夫非是愛吟詩，詩是堯夫贊《易》時。大道備人皆有謂，上天生物固無私。雖知同道道亦得，未若先天天弗違。過此聖人猶不語，堯夫非是愛吟詩。

堯夫非是愛吟詩，詩是堯夫十月時。寒日無光天色遠，陰雲不動柳絲垂。園林葉盡鳥未散，道路風多人更稀。滿目時光口難道，堯夫非是愛吟詩。

堯夫非是愛吟詩，詩是堯夫可愛時。已著意時仍著意，未加辭處與加辭。物皆有理我何者，天且不言人代之。代了天工無限説，堯夫非是愛吟詩。

堯夫非是愛吟詩，詩是堯夫不著棊。大智大謀難安設，〔三十七〕小機小數肯輕爲。泥沙用處寧無惜，螻蟻驅時忍便窺。〔三十八〕天下也宜留一路，堯夫非是愛吟詩。

堯夫非是愛吟詩，詩是堯夫歡喜時。歡喜焉能便休得，語言須且略形之。胷中所有事既説，天下固無人致疑。〔三十九〕更不防閑尋罅漏，堯夫非是愛吟詩。

堯夫非是愛吟詩，詩是堯夫先見時。直在胷中貧亦樂，屈於人下貴奚爲。誰何藥可醫無病，多少金能買不疑。遲老更逢春未老，〔四十〕堯夫非是愛吟詩。

堯夫非是愛吟詩，詩是堯夫不忍時。戾氣中人爲疾病，和風養物號清微。世情非利莫能動，士節待窮然後知。尚口乃窮非我事，堯夫非是愛吟詩。

堯夫非是愛吟詩，詩是堯夫恨月時。見説天長在甚處，照教人老待奚爲。嬋娟東面才如鑑，屈曲西邊却似眉。〔四十一〕由此遂多悲與喜，堯夫非是愛吟詩。

堯夫非是愛吟詩，詩是堯夫愛月時。松上見時偏皎潔，〔四十二〕懷中照處特光輝。何如亭午更休轉，不柰纔圓又却虧。青女素娥應有恨，堯夫非是愛吟詩。

堯夫非是愛吟詩，詩是堯夫中夜時。擁被不眠還展轉，披衣却坐忽尋思。死生有命尚能處，道德由人那不知。〔四十三〕須是安之以無事，堯夫非是愛吟詩。

堯夫非是愛吟詩，詩是堯夫訪友時。青眼主人偶不在，白頭老叟還空歸。幾家大第横斜照，一片殘春啼子規。獨往獨來還獨坐，堯夫非是愛吟詩。

堯夫非是愛吟詩，詩是堯夫信脚時。高祖宅前花似錦，魏王堤畔柳如絲。因閑看水行來遠，就便遊園歸去遲。每遇好風還眷眷，堯夫非是愛吟詩。

堯夫非是愛吟詩，詩是堯夫忖度時。先見固能無後悔，至誠方始有前知。己之欲處人須欲，心可欺時天可欺。只被世人難易地，堯夫非是愛吟詩。

堯夫非是愛吟詩，詩是堯夫麾麈時。〔四十四〕每見賓朋須款曲，更和言語不思惟。方將與物同休戚，何暇共人争是非。天地與人同一體，堯夫非是愛吟詩。

堯夫非是愛吟詩，詩是堯夫恣縱時。在世上官雖不做，出人間事却能知。待天春暖秋涼日，是我東遊西泛時。道在眼前人不見，〔四十五〕堯夫非是愛吟詩。

堯夫非是愛吟詩，詩是堯夫服老時。簡尺每稱林下士，過從或著道家衣。須將賢傑同星漢，直把身心比鹿麋。六十五年無事客，堯夫非是愛吟詩。

堯夫非是愛吟詩，詩是堯夫睡覺時。夢後舊歡初髣髴，酒醒前事略依稀。任經生死心無異，雖隔江湖路不迷。因向此中觀至理，堯夫非是愛吟詩。

堯夫非是愛吟詩，詩是堯夫注思時。事少全由心易足，〔四十六〕病多休道藥難醫。情當少日須思老，志在安時莫忘危。天道分明人自昧，堯夫非是愛吟詩。

堯夫非是愛吟詩，詩是堯夫行己時。政在我時心必盡，事關人處力難爲。人如負我我何預，我若辜人人有詞。就責莫如躬自厚，堯夫非是愛吟詩。

堯夫非是愛吟詩，詩是堯夫自省時。義若不爲無勇也，幸如有過必知之。面前地惡猶能掃，心上田荒何所欺。從諫如流是難事，堯夫非是愛吟詩。

堯夫非是愛吟詩，詩是堯夫盡性時。若聖與仁雖不敢，樂天知命又何疑。恢恢志意方閑暇，綽綽情懷正坦夷。心逸日休難狀處，堯夫非是愛吟詩。

堯夫非是愛吟詩，詩是堯夫用畜時。史籍始終明治亂，經書表裏見安危。庖犧可作三才主，孔子當爲萬世師。不止前言與往行，堯夫非是愛吟詩。

堯夫非是愛吟詩，詩是堯夫出入時。草軟沙平月陂下，雲輕日淡上陽西。花深柳暗銅駝陌，風暖鶯嬌金谷堤。盡是堯夫行樂處，堯夫非是愛吟詩。

堯夫非是愛吟詩，詩是《春秋》後語時。〔四十七〕七國縱横如破的，九州吞吐若枰棊。君臣自作逋逃主，將相無非市井兒。篡入草書猶不誤，堯夫非是愛吟詩。

堯夫非是愛吟詩，詩是堯夫晚步時。信意遂過高祖宅，因行更上魏王堤。設如終久全無托，何似當初都不知。料得鬼神知此意，堯夫非是愛吟詩。

堯夫非是愛吟詩，詩是堯夫處困時。事體極時觀道妙，人情盡處看天機。孝慈親和未必見，松柏歲寒然後知。匪石未聞心可轉，堯夫非是愛吟詩。

堯夫非是愛吟詩，詩是堯夫處否時。信道而行安有悔，樂天之外更何疑。受疑始見周公旦，經阨方明孔仲尼。大聖大神猶不免，堯夫非是愛吟詩。

堯夫非是愛吟詩，詩是堯夫無柰時。眼下見榮還見辱，心中疑是又疑非。上陽宮殿空遺堵，金谷園林但落暉。〔四十八〕天若有言人可問，堯夫非是愛吟詩。

堯夫非是愛吟詩，詩是堯夫擲筆時。事體順時爲物理，人情安處是天機。堅如金石猶能動，靈若鬼神何可欺。此外更無言語道，堯夫非是愛吟詩。

堯夫非是愛吟詩，詩是堯夫自詫時。許大天時猶可測，些兒人事豈難知。崑岡美玉人誰識，〔四十九〕滄海明珠世莫窺。由是堯夫聊自詫，堯夫非是愛吟詩。

堯夫非是愛吟詩，詩是堯夫慎獨時。人壽百年無以過，心遊萬仞待何爲。爲謀須求心無愧，作事莫幸人不知。誠盡鬼神猶且懼，堯夫非是愛吟詩。

堯夫非是愛吟詩，詩是堯夫慎與時。初作事時分可否，始親人處定安危。殊鄉忠信同思善，異世姦邪共喜私。〔五十〕豈待較量然後見，堯夫非是愛吟詩。

堯夫非是愛吟詩，詩是堯夫樂事時。天道虧盈如橐籥，聖人言語似蓍龜。光陰去後繩難繫，筋力衰時藥不醫。莫把閑愁伴殘照，堯夫非是愛吟詩。

堯夫非是愛吟詩，詩是堯夫重惜時。争向僞時須便信，柰何真處却生疑。既稱有客告曾子，豈爲無人毁仲尼。父子君臣獨未免，堯夫非是愛吟詩。

堯夫非是愛吟詩，詩是堯夫掩卷時。時過猶能用歸妹，物傷長懼入明夷。夏商盛日何由見，唐漢衰年争忍思。畎畝不忘天下處，堯夫非是愛吟詩。

堯夫非是愛吟詩，詩是堯夫愛物時。曉事情懷須灑落，出塵言語必新奇。山川秀拔寧無孕，天地精英自有歸。粹氣始能生粹物，堯夫非是愛吟詩。

堯夫非是愛吟詩，詩是堯夫默識時。日月既來還却往，園林纔盛又成衰。登山高下雖然見，臨水淺深那不知。世上高深事無限，堯夫非是愛吟詩。

堯夫非是愛吟詩，詩是堯夫自試時。事體待諳然得信，〔五十一〕人情非久莫能知。同霑雨露蒿萊質，獨出雪霜松柏姿。見慣不如身歷過，堯夫非是愛吟詩。

堯夫非是愛吟詩，詩是堯夫可歎時。只被人間多用詐，遂令天下盡生疑。罇前一云唐虞。揖讓三杯酒，坐上一云湯武。交争一局棊。小大不同而已矣，堯夫非是愛吟詩。

堯夫非是愛吟詩，詩是堯夫憑式時。亂法柰何非獨古，措刑安得見於兹。當時既有少正卯，今日寧無孔仲尼。時世不同人一也，堯夫非是愛吟詩。

堯夫非是愛吟詩，詩是堯夫自信時。必欲全然無後悔，直須曉了有前知。言忠能盡己所有，事善任他人致疑。外物從來自難必，堯夫非是愛吟詩。

堯夫非是愛吟詩，詩是堯夫毋必時。〔五十二〕或讓或争時既往，相因相革事難齊。羲軒堯舜前規矩，湯武桓文舊範圍。〔五十三〕一筆寫成還抹了，堯夫非是愛吟詩。

堯夫非是愛吟詩，客問堯夫何所爲。〔五十四〕睡思動時親甕牖，幽情發處旁盆池。尋芳更用小車去，得句仍將大筆麾。餘事不妨閑潤色，堯夫非是愛吟詩。

堯夫非是愛吟詩，詩是堯夫詑老時。金玉過從舊朋友，糟糠歡喜老夫妻。瓦燒酒盞連酤飲，紙畫棊盤就地圍。六十六年無事客，堯夫非是愛吟詩。

堯夫非是愛吟詩，詩是堯夫樂静時。藥裹君臣慵點對，琴中文武倦更移。鼎間龍虎忘看守，棊上山河廢指揮。亦恐因而害天性，堯夫非是愛吟詩。

堯夫非是愛吟詩，詩是堯夫談笑時。國士待人能盡意，山翁道我會開眉。盞隨酒量徐徐飲，榻逐花陰旋旋移。此樂再尋非易得，堯夫非是愛吟詩。

堯夫非是愛吟詩，詩是堯夫驚駭時。暮雨朝雲纔半日，春華秋葉未多時。即今世態已堪歎，過此人情更可知。一暑一寒何太急，堯夫非是愛吟詩。

堯夫非是愛吟詩，詩是堯夫自詑時。事少事多都在己，人憂人喜更由誰。壺中日月明長在，洞裏乾坤春不歸。誰道光陰如過隙，堯夫非是愛吟詩。

堯夫非是愛吟詩，詩是堯夫踈散時。早起小詩無撿束，〔五十五〕那堪大字更狂迷。既貪李杜精神好，又愛歐王格韻奇。餘事不妨閑戲弄，堯夫非是愛吟詩。

堯夫非是愛吟詩，詩是堯夫語事時。舉動苟能循義理，辯〔五十六〕明安用致言辭。艱難圖處費心力，容易來時省指揮。欲蓋而彰事多矣，堯夫非是愛吟詩。

堯夫非是愛吟詩，詩是堯夫得意時。物向物中觀要妙，〔五十七〕人於人上看幾微。物中要妙眼前見，人上幾微心裏知。且是有金無處買，〔五十八〕堯夫非是愛吟詩。

堯夫非是愛吟詩，詩是堯夫不强時。事到强爲須涉跡，人能知止是先機。面前自有好田地，天下豈無平路岐。〔五十九〕省力事多人不做，堯夫非是愛吟詩。

堯夫非是愛吟詩，詩是堯夫得意時。這意著何言語道，此情唯用喜歡追。仙家氣象閑中見，真宰工夫静處知。不必深山更深處，堯夫非是愛吟詩。

堯夫非是愛吟詩，詩是堯夫喜老時。明著衣冠爲士子，高談仁義作男兒。敢於世上明開眼，肯向人間浪皺眉。六十七年無事客，堯夫非是愛吟詩。

堯夫非是愛吟詩，詩是堯夫難老時。齒暮乍逢新歲月，眼明初見舊親知。歡情此去未伏減，飲量近來差覺低。六十七年無事客，堯夫非是愛吟詩。

堯夫非是愛吟詩，詩是堯夫慎動時。枉道干名名亦失，佛民從欲欲還隳。〔六十〕號爲賢者能從善，名曰小人須飾非。〔六十一〕大佞似忠非易辯，堯夫非是愛吟詩。〔六十二〕

堯夫非是愛吟詩，詩是堯夫有激時。留在胷中防作恨，發于詞上恐成疵。芝蘭見處須收採，金玉逢時莫棄遺。到此堯夫常自賀，堯夫非是愛吟詩。

堯夫非是愛吟詩，詩是堯夫有愧時。空受半來天下拜，〔六十三〕却無些子自家爲。心能盡處我自慰，力不周時人亦知。只恨一般言未得，堯夫非是愛吟詩。

堯夫非是愛吟詩，詩是堯夫詫劍時。當煆煉時分勁挺，〔六十四〕到磨礱處發光輝。長蛇封豖休撩亂，狡兔妖狐莫陸離。此器養來年歲久，堯夫非是愛吟詩。

【校勘記】

〔一〕「燾」，四庫本作「幬」。　〔二〕「要妙」，宋本作「妙用」。　〔三〕「從」，宋本作「逐」。「幾」，宋本作「機」。　〔四〕「除」，宋本作「徐」。　〔五〕「自」，徐本作「是」。　〔六〕「蠻夷」，四庫本作「澠淄」。〔七〕「嘗」，叢刊本、四庫本作「常」。　〔八〕「都」，叢刊本、徐本作「猶」。　〔九〕「亦難」，四庫本作「難得」。〔十〕「峰」原作「鋒」，據叢刊本、徐本、四庫本改。　〔十一〕「客」，宋本作「容」，疑誤。「飲」原作「欽」，據宋本、叢刊本、徐本、四庫本改。　〔十二〕「句」，宋本作「詩」。「字」，宋本同，叢刊本、徐本、四庫本作「筆」。　〔十三〕「入」，宋本作「日」。　〔十四〕「光」，徐本作「花」。　〔十五〕「人心剛動似無知」，宋本作「人知剛動是無知」。〔十六〕「眉」，宋本作「看」。　〔十七〕「便」，宋本同，四庫本作「更」。　〔十八〕「小雨」，宋本作「雨初」。〔十九〕「三聲五聲流鶯啼」，宋本作「三聲四聲鶯乍啼」。　〔二十〕「車穩如茵草上歸」，宋本作「草嫩如茵車上歸」。　〔二十一〕「竹間」，宋本作「新開」。　〔二十二〕「畔」，宋本作「伴」。　〔二十三〕「似」，徐本作「是」。　〔二十四〕「誰」，叢刊本、四庫本作「惟」，徐本作「唯」。　〔二十五〕「弊」，四庫本作「僻」。　〔二十六〕「義」，叢刊本、四庫本作「意」。　〔二十七〕「猶」，宋本作「隨」。　〔二十八〕「事多少」，宋本作「多少事」。〔二十九〕「天津」，宋本作「堯夫」。　〔三十〕「話」，宋本作「語」。　〔三十一〕「冷」，宋本作「重」。　〔三十二〕「唯」，叢刊本、四庫本作「惟」。　〔三十三〕「壠」，叢刊本、徐本、四庫本作「隴」。　〔三十四〕「憂」，宋本作「愛」。　〔三十五〕「刃」，叢刊本作「刀」。　〔三十六〕「禍福」，徐本作「福禍」。　〔三十七〕「妄」，叢刊本、徐本、四庫本作「忘」。　〔三十八〕「便」，叢刊本、徐本、四庫本作「更」。　〔三十九〕「致疑」，叢刊本、四庫本作「數殊」。　〔四十〕「未」，叢刊本、四庫本作「不」。　〔四十一〕「似」，叢刊本、四庫本作「皺」。　〔四十二〕

「皎」，叢刊本、四庫本作「淡」。　〔四十三〕「那」，叢刊本、四庫本作「却」。　〔四十四〕「麾」，叢刊本、徐本、四庫本作「揮」。　〔四十五〕「道在眼前人不見」，宋本作「多少寬平好田宅」，叢刊本、徐本、四庫本作「多少寬平好田地」。　〔四十六〕「易」，叢刊本、四庫本作「意」。　〔四十七〕「是」，叢刊本、四庫本作「看」。　〔四十八〕「谷」，宋本作「容」，恐非。「暉」，宋本作「輝」。　〔四十九〕「誰」，叢刊本、徐本、四庫本作「難」。　〔五十〕「私」下，徐本有小注「又云：華夷忠信同歸善，今古姦邪皆有私」十六字。　〔五十一〕「得」，叢刊本、徐本、四庫本作「後」。　〔五十二〕「毋」，叢刊本、四庫本作「無」。　〔五十三〕「湯武」，叢刊本作「湯文」。　〔五十四〕「客問」，叢刊本、四庫本作「詩是」。　〔五十五〕「起」，叢刊本、徐本、四庫本作「是」。　〔五十六〕「辯」，叢刊本、四庫本作「辨」。　〔五十七〕「要妙」，徐本作「要玅」，下同。　〔五十八〕「處買」，徐本作「買處」。　〔五十九〕「岐」，宋本同，叢刊本、徐本、四庫本作「峧」。　〔六十〕「佛」，徐本、四庫本作「拂」。　〔六十一〕「須」，徐本、四庫本作「能」。　〔六十二〕以上八句，叢刊本無。　〔六十三〕「下」，叢刊本作「卜」。　〔六十四〕「挺」，叢刊本、四庫本作「節」。

和堯夫首尾吟〔一〕　光

堯夫非是愛吟詩，安樂窩中無所爲。古道白頭無處用，今時青眼幾人知。嵩山洛水長相見，秋月春風不失期。筋力雖衰才思壯，遞年比較未嘗虧。

【校勘記】

〔一〕此詩底本原無，據叢刊本、徐本、四庫本補。

和〔一〕

程顥

先生非是愛吟詩，爲要形容至樂時。醉裏乾坤都寓物，閑來風月更輸誰。

死生有命人何預，消長隨時我不悲。直對希夷無事處，先生非是愛吟詩。

【校勘記】

〔一〕此詩底本原無，據叢刊、徐本、四庫本補。

觀罷走筆書後卷〔一〕

富弼

黎民於變是堯時，便字堯夫德可知。更覽新詩名擊壤，先生全道略無遺。

【校勘記】

〔一〕此詩底本原無，據叢刊、徐本、四庫本補。

伊川擊壤集外詩文①

過比干墓

精誠皦〔一〕於日，發出爲忠辭。方寸已盡破，獨夫猶不知。高墳臨大道，老木無柔枝。千古存遺像，翻爲諂子嗤。

【校勘記】

〔一〕「皦」，四庫本作「皎」。

自遣

讀書忘歲月，人競笑蹉跎。但得甘百〔一〕足，寧辭辛苦多。龍泉去鉎刃，蝸角亦風波。知我爲親老，不知將謂何。

① 底本原無，據各本補。

【校勘記】

〔一〕　四庫本「百」作「旨」。

共城十吟〔一〕

予家有園數十畝，皆桃李棃杏之類，在衛之西郊。自始營十餘載矣，未嘗熟觀花之開，屬以男子之常事也。去年冬會病歸自京師，至今年春始偶花之繁茂，復悼身之窮處，故有《春郊詩》一什。雖不合於雅焉，抑亦導于情耳。慶曆丁亥歲。

【校勘記】

〔一〕　詩題，四庫本作「共城十吟小序」。

其一曰春郊閒居

居處雖近郭，不欲登城市。盡日客不來，至夜門猶閉。
院静春正濃，牕閑晝複寐。誰知蘩藋中，自有詩書味。

其二曰春郊閒步

病起復驚春，攜筇看野新。水邊逢釣者，壠上見耕人。

訪彼形容苦，酬予家業貧。自慚功濟力，未得遂生民。

其三曰春郊芳草

春風必有刀，離腸被君斷。春風既無力，芳草何人剪。
腸斷不復接，草剪益還生。誰人有芳酒，爲我高歌傾。

其四曰春郊花開

桃李正芬敷，花繁覆弊〔一〕廬。亂香尋密牖，碎影下前除。
静遶晝眠後，輕攀春醉餘。縱然觀盡日，誰敢罪狂踈。

【校勘記】

〔一〕四庫本「弊」作「敝」。

其五曰春郊寒食

郭外花亦繁，不謂繁華失。幸非在郭中，不見繁華物。
不寒不暖天，半陰半晴日。花外鞦韆鳴，月隔鞦韆出。

其六曰春郊晚望

風暖囀鳴禽，天低薄薄陰。煙容凝壠曲，雨意弄河心。
柳隔高城遠，花藏舊縣深。獨憐身卧病，猶許後春尋。

其七曰春郊雨中

九野散漫漫，連昏鳥道間。坐中迷遠樹，門外失前山。
襏襫耕夫喜，㠟幪居者閑。騷人正凝黯，天際意初還。

其八曰春郊雨後

雨歇蕩餘春，天光露太真。茵鋪芳草軟，錦濯爛花新。
風觸鶯簧健，煙舒柳帶匀。如何當此景，閑卧度昌辰。

其九曰春郊舊酒

花開風雨後，忍病欲消磨。未是踈狂極，其如困頓何。
梁間新燕亂，天外去鴻多。揔是灰心事，冥焉晝午過。

其十曰春郊花落

春暮多風雨，離披滿後園。曉餘殘片擁，晴外亂紅翻。香徑難留褭，嬌心絶弄繁。成蹊是桃李，狼籍尚無言。

寄楊軒

淇水清且泚，泉源發吾地。流到君家時，儘是思君意。①

對　花

新花色鮮妍，故花色憔悴。明朝花更開，新花何有異。

詠　世

福藝俱全不可逃，无能无福謾徒勞。福微藝廣終須貴，靠福无能久不高。

---

① 以上録自《四部叢刊》初編本《伊川擊壤集》集外詩。

富貴

富貴如將智力求，仲尼年少合封侯。世人不解青天意，空使身心半夜愁。

潛機〔一〕

世事觀開日，人情看破時。一身都是我，瘦了又還肥。貨聚知朋聚，財離親戚離。目前常見此，焉得不潛機。

【校勘記】

〔一〕詩題，蔡本作「潛機吟」。此詩前四句與卷十九《窺開吟》其一略同。

還村〔一〕

得路青霄正好衝，休貪糧稻惠深籠。〔二〕要无爲後須還補，〔三〕好自由時莫厭窮。百計用心不是錯，〔四〕一場大夢到頭空。生涯澹澹隨緣過，未肯將中入彀中。〔五〕

【校勘記】

〔一〕詩題，蔡本作「隨緣吟」。據詩意，「村」字疑當作「朴」。　〔二〕「惠深籠」，蔡本作「戀深籠」。

〔三〕「補」，蔡本作「朴」。　〔四〕「不是錯」，蔡本作「終是錯」。　〔五〕「將中」，蔡本作「將身」。

破釜

有一破釜多故舊，掉向空房不照顧。上面埲土塵埃生，兩擧到耳連底透。叫得將來錮露人，掂得与他交覷部。羊皮鞴袋扇風急，旋去炉内煉金汁。烹向破釜竅眼中，錮露還同如舊日。釜有□□人有病，人病還同釜有紊。破釜錮露上依然，人□□□枉喪命。

五相

北巷通南陌，門連五相家。水分池對岸，牆隔樹交花。

呈富相風筝

秋風一擊入雲端，合國人皆仰面觀。好向丹霄休索線，等閑勢斷却收難。

檐折

禹士力生頭，都知閑做弄。直待檐子折，恁時柴束重。

相　笑

白雲耕叟説方知，遥指西南舊殿基。更有笑人君不見，道傍橋是墓前碑。

歡　笑

剗平荆棘蓋樓臺，樓上笙篁鼎沸開。歡笑未絶兵火起，從前荆棘却生來。

首尾吟

堯夫非是愛吟詩，詩是堯夫讚易時。士昧固難分躰用，人霊自不異著龜。吉凶只向面前決，動静何煩心上疑。由此敢開天下口，堯夫非是愛吟詩。

秋　日

滿目平原百里賒，寂寥深處見人家。三間草屋無樵爨，一□□□有野花。遠出小童尋路徑，歸來老叟帶煙霞。數聲起笛寒山暮，光照柴門月滿斜。

聞少華崩

熙寧壬子歲，少華忽然崩。七社民俱死，九泉神不寧。普天無駭，〔一〕曠古未之聆。變理陰陽者，如何略不驚。

【校勘記】

〔一〕此處疑有脱字。

秋　夜

耿耿銀河秋夜長，起來無寐□思量。思量了後迷還悶，煩惱到頭徒□□。□□□□休計較，夢中説夢轉尋常。回頭萬事□□迹，空□語言争短長。

晝寢房

晝寢房中好避乖，中堂有客寄書來。多因只是名和利，放向床頭不折開。

選官圖

虚名虚利太無端，自方□□寸進難。大抵人生只如此，採來誰不做高官。①以上同上書卷之九

暮春吟

許大春工造物華，一場狼藉俱堪嗟。群芳委盡緑陰密，遊騎去殘紅日斜。臺上喧呼成蝶夢，眼前零落空楊花。人間萬事卒如此，□□莊□□□□。〔一〕

【校勘記】

〔一〕「□□莊□」，底本似爲「欲信莊周」。

代書寄張司封吟

天機時事不相差，老後觀時□□□。□□□□中去夢，□□□□□飛花。□□□□□□□，□□□□但可嗟。唯有□風一杯酒，憶君□□□□□□。

① 以上録自宋版《邵堯夫先生詩全集》。

和人語道吟

吾道昭昭是可尊，豈宜他適復□□。珠藏水底川須媚，月到天心夜不昏。禮樂不□□□□，詩書自可造形論。直須去盡秋毫迹，□□□□□□□。

伊川吟〔一〕

休嗟流年隨逝水，但將清景逐閑情。山河天下從來廣，日月林間長自明。幸有園林供笑傲，豈无詩酒樂昇平。如何更得煙霞侶，好向伊川老此生。

【校勘記】

〔一〕詩題，原作「伊川吟二首」，實存一首。

六十歲吟

六十殘軀鬢已斑，繆稱仙術有□□。時來孺子成功易，勢去聖人爲力難。雖則筋骸粗康健，柰何情意已闌珊。着身争處明開眼，三十年來看世間。

曉物吟〔一〕

曉物情人爲曉事，知時態者號知人。知人淺後却成害，曉事過時翻不淳。〔二〕鉛錫點金終是假，丹青畫馬妄求真。奈何近世人多愛，惡紫之心殊未申。

【校勘記】

〔一〕此詩前四句與卷十一《曉事吟》同，五、六兩句見卷七《崇德閣下答諸公不語禪》。〔二〕「翻」，宋本作「還」。

人生吟

□□□□餘，何用苦區區。好高非□□，□□□□□。□□□□有，好詐落强無。□□少斯□，□□□□□。

自成吟

□□□秀人，彼此一□□。成人□□人，彼此一般口，□□如何意，必爲□□□。春秋□□信，君臣不能守。□□毀吕布，言訖分屍首。天若□毫鑑，下照非妍醜。不罪本身乎，子孫遭殃咎。同上書卷之五

无行吟

無行少年子，京都來往頻。功名一生事，歌酒十年春。有數黄金盡，无情白髮新。朋從消散尽，贏得病隨身。

悲怒吟

多怒傷人氣，多悲傷人心。□□□□淺，傷心爲害深。害淺藥易治，害深藥難任。誰能知未病，何藥能相尋。以上同上書卷之六

觀　天

千里南山對華山，二山中有修□□。□明禾黍交横□，□静禽魚相與閑。好景尽宜□物外，虚名不顯落□□。□□□語无心旨，自謂羲皇正却還。

人　心

弟兄尚路人，它人安可從。人心方寸間，山海幾千重。輕言託朋友，對面九嶷峰。多花必

早落，桃李不如松。管鮑死已久，何人繼其蹤。①

芍藥四首

阿姨天上無霓裳，姊妹庭前剪雪霜。要與牡丹爲近侍，鉛華不待學梅妝。

含露仙姿近玉堂，翻堦美態醉紅粧。對花未免須酣舞，到底昌黎是楚狂。

一聲啼鴂晝樓東，魏紫姚黄掃地空。多謝化工憐寂寞，尚留芍藥殿春風。

花不能言意已知，今君慵飲更無疑。但知白酒留佳客，直待瓊舟覆玉彝。宋陳景沂《全芳備祖》前集卷三

遊海棠西山示趙彦成

東風吹雨過溪門，白白朱朱亂遠村。灘石已無回棹勢，岸楓猶出繫船痕。時危不厭江山僻，客好惟知笑語温。莫上南岡看春色，海棠花下卻銷魂。宋陳思《海棠譜》卷下

---

① 以上録自蔡弼重編《重刊邵堯夫擊壤集》。

觸觀物

萬物備吾身，身貧道未貧。觀時見物理，主敬得天真。心浄星辰夜，情近草木春。自憐齗喪者，能作太平人。

晚涼閒步

得處亦多矣，風前任鬢班。年過半百外，天與一生閒。瑩浄雲間月，分明雨後山。中心無所愧，對此敢開顔。以上宋金履祥《濂洛風雅》卷四

王氏螟羅氏子

庚星一點光無涯，日來飛入江東家。江東江左舊聲氣，叔氏得之真差事。歸來瑞光凌九霄，叔氏喜亦迎眉鬢。家人驚起偏物色，袖中却得真英物。螟蛉須信逢蜾蠃，莫惜丁寧長類我。他年解有速肖時，會振風流舊江左。宋劉應李《新編事文類聚翰墨大全》丙集卷三

訓世孝弟詩十首

子孝親兮弟敬哥，休殘骨肉起風波。劬勞恩重須當報，手足情深要取和。公藝同居今古

罕，田真共處子孫多。如斯遐邇皆稱美，子孝親兮弟敬哥。

子孝親兮弟敬哥，怡聲下氣與謙和。難兄難弟名偏重，孝子賢孫貴自多。負米尚能爲薄養，讀書寧不擢高科。仲由陳紀皆如此，子孝親兮弟敬哥。

子孝親兮弟敬哥，訓賢妯娌事翁婆。好遵孟母三遷教，須讀張公百忍歌。孝友睦婣兼任恤，智仁聖義與中和。當時曾子同楊博，子孝親兮弟敬哥。

子孝親兮弟敬哥，光陰擲過疾如梭。庭闈樂處兒孫樂，兄弟和時妯娌和。孝弟傳家名不朽，金銀滿櫃富如何。要知美譽傳今古，子孝親兮弟敬哥。

子孝親兮弟敬哥，天時地利與人和。莫言世事常如此，堪嘆人生有幾何。滿眼繁華何足貴，一家安樂值錢多。奇哉讓梨並懷橘，子孝親兮弟敬哥。

子孝親兮弟敬哥，晨昏定省莫蹉跎。一門孝友真難得，百歲光陰最易過。和樂且耽宜自翕，彝倫攸叙在謙和。斑衣舞罷塤篪奏，子孝親兮弟敬哥。

子孝親兮弟敬哥，丈夫休聽室人唆。眼前金帛毋嫌少，膝下兒孫不厭多。但得家和貧也好，若教不義富如何。王韓孝友垂青史，子孝親兮弟敬哥。

子孝親兮弟敬哥，休傷和氣忿争多。偏生嫉妬偏艱窘，暗積私房暗折磨。不孝自然生忤逆，無仁實是出妖魔。但聞孝弟傳千古，子孝親兮弟敬哥。

子孝親兮弟敬哥，莫因微利遽傷和。黃金櫃内休嫌少，陰德冥中要積多。私曲豈知公直在，剛强無柰善柔何。古今簡籍多名譽，子孝親兮弟敬哥。

子孝親兮弟敬哥，吁嗟分拆聽搬唆。囊中財物他嫌少，祖上田園你要多。夫婦眼前雖快樂，兒孫日後恐消磨。何如孝弟親鄉黨，子孝親兮弟敬哥。

每日清晨一炷香，謝天謝地謝三光。所求處處田禾熟，惟願人人壽命長。國有賢臣安社稷，家無逆子惱爹娘。四方平静干戈息，我若貧時也不妨。清康熙八年重刻明吴翰、吴泰注《擊壤集》卷一

睢陽五老圖

政事渾如春夢閑，人情囂薄惡儒冠。四朝遺烈承平日，兩世觀風樹大桓。經濟安民心不晦，保全傳嗣骨無寒。乾元恰似諸公意，符節還同一揆看。清康熙《歷代題畫詩類》卷四一

句

始信畫前原有易，自從删後更無時。宋楊時《龜山語録》

水光連夜白，雪意共雲低。宋《錦繡萬花谷》前集卷三

遂令高卧人，欹枕看兒戲。元白珽《湛淵詩話》①

① 以上録自《全宋詩》卷三八一邵雍二一。

洛陽懷古賦①

洛陽之爲都也，居天地之中，有終天之王氣在焉。予家此，治平歲，會秋乘雨霽，與殿院劉君玉登天宮寺三寶閣，洛之風景因得周覽。惜其百代興廢以來，天子雖都之，而多不得其久居也。故有懷古之感，以通諷諭。君玉好賦，請以賦言。

秋雨霽，日色清。景方出，秋益明。何幽懷之能快，唯高閣之可憑。天之空廓，風之輕冷。覽三川之形勝，感千古之廢興。乃眷西北，物華之妍，雲情物態，一氣茫然。擁樓閣以高下，焕金碧之光鮮。當地勢之拱處，有王居之在焉。惜乎天子居東都，此邦若諸夏，不會要于方來，不號令于天下。聲明文物，不此而出；道德仁義，不此而化。宫殿森列，鞠而爲茂草；園囿棊布，荒而爲平野。鑾輿曾不到者，三十餘年，使人依然而歎曰：虚有都之名也。噫，夏王之治水也，四海之内，列壤惟九，而居中者，實曰豫州。荆河之北，此爲上流。周公之卜宅也，率土之濱，建國爲萬，而居中者，實曰洛陽。瀍澗之側，此唯舊都。迄于今日，二千年之有餘。因興替之不定，故靡常其厥居。我所以作賦者，閲古今變易之時，述興亡異同之迹。追既失之君王，存後來之國家也。

① 録自《四部叢刊》初編本宋吕祖謙編《皇朝文鑑》卷五。

噫，太昊始法，二帝成之。三王全法，參用適宜。伊六聖之經理，實萬世之宗師。我乃謂治民之道，於是乎大盡矣。逮夫五霸抗軌，七雄駕威。漢之興乘秦之弊，曹之擅幸漢之衰。始鼎立而治，終豆分而隳。晉中原之失守，宋江左之畫畿。或走齊而驛魏，或道陳而經隋。自元魏廓河南之土，植六朝之風物。李唐蟠關中之腹，孕五代之亂離。其間，或道勝而得民，或兵强而慴下。或虎吞而龍噬，或鷄狂而犬詐。或創業於艱難，或守成於逸暇。或覆餗而終焉，或包桑而振者。〔二〕故得陳其六事，雖善惡不同，其成敗一也。

其一曰：大哉，德之爲大也。能潤天下，必先行之於身，然後化之於人。化也者，効之也，自人而効我者也。所以不嚴而治，不爲而成，不言而信，不令而行。順天下之性命，育天下之生靈。其帝者之所爲乎？

其二曰：至哉，政之爲大也。能公天下，必先行之於身，然後教之於人。教也者，正之也，自我而正人者也。所以有嚴而治，有爲而成，有言而信，有令而行。拔天下之疾苦，遂天下之生靈。其王者之所爲乎？

其三曰：壯哉，力之大也。能致天下，必先豐府庫，峙倉箱，鋭鋒鏑，峻金湯。嚴法令于烈火，肅兵刑于秋霜。竦民聽于上下，慴夷心于外荒。其霸者之所爲乎？

其四曰：時若傷之于隨，失之于寬，始則廢事，久則生姦。既利不能勝言，故冗得以疾賢。是必薄其賦斂，欲民不困而民愈困。省其刑罰，欲民不殘而民愈殘。蓋致之之道，失其本矣。

其五曰：時若任之以明，〔二〕專之以察，始則烈烈，終焉缺缺。既上下以交虐，乃恩信之見奪。是必峻其刑罰，欲民不犯而民愈犯。厚其賦歛，欲國不竭而國愈竭。蓋致之之道，失其末矣。

其六曰：水旱爲沴，年歲豐虛，此天地之常理，雖聖人不能無。蓋有備而無患，不得中者，加以寬猛失政，重輕逸權，不有水旱而民已困，而況有水旱兵革焉。所謂本末交失，不亡何待。

天下有成敗六焉，此之謂也。君天下者，得不用聖帝之《典》《謨》，行明王之教化？士可殺，不可辱。民可近，不可下。上能撫如子焉，下必戴其后也。仲尼所以陳革命，則抑爲人之匪君。明遜國，則杜爲人之不臣。定禮樂而一天下之政教，修《春秋》而罪諸侯之亂倫。删《詩》以揚文武之美，序《書》以尊堯舜之仁。贊大《易》以都括，與六經而並存。意者不可以地之重易民之教，不可以民之教悖天之時。教之各備，則居地而得宜，是故知地不可固有之也。君上必欲上爲帝事，則請執天道焉。中爲王事，則請執人道焉。下爲霸事，則請執地道焉。三道之間能舉其一，千古之上，猶反掌焉。則是洛之興也，又何計乎都與不都也。如欲用我，吾從其中。

【校勘記】

〔一〕「包」，四庫本作「苞」。

〔二〕「明」原作「民」，據四庫本改。

勸學説

仲尼曰：「學而時習之，不亦説乎？有朋自遠方來，不亦樂乎？」是知爲善之樂無大於學。夫學也者，學爲人之事也，爲人不能爲之事則始可謂之人之人也。天下之人、天下之事、天下之情、天下之理，能易地而處之，則天下安往而不利哉！須二十歲之後，三十歲之前，一百二十月之內，三千六百日之間朝經暮史，晝子夜集，究天地未來之消長，參帝王已往之因革，狀聖賢淵微之旨趣，盡師友精一之議論，聚而爲才，能養爲德器，悦而爲珍寶，發而爲事業，施之於心則心樂，施之於身則身安，施之於家則家和，施之于國則國泰，四者有素，儒者不得謂虚生於一世矣。所有道之行與不行，則系乎時之用舍如何爾？然後始可以語命也，是道行則功濟天下，道不行，則獨善一身，功濟天下故能在上而不驕，獨善其身故能遁世而無悶，固非空空之鄙夫者之所能。或曰：「亦未足以爲天下大賢。」則吾直以爲妄語人也。

戒子孫①

上品之人不教而善，中品之人教而後善，下品之人教亦不善。不教而善非聖而何？教而後善非賢而何？教亦不善非愚而何？是知善也者，吉之謂也；不善也者，凶之謂也。吉也者，目不觀非禮之色，耳不聽非禮之聲，口不道非禮之言，足不踐非理之地，人非善不交，物非義不取，親賢如就芝蘭，避惡如畏蛇蝎。或曰不謂之吉人，則吾不信也。凶也者，語言詭譎，動止

① 録自《四部叢刊》初編本宋吕祖謙編《皇朝文鑒》卷一〇六。

陰險，好利飾非，貪淫樂禍，疾良善如讎隙，犯刑憲如飲食，小則殞身滅性，大則覆宗絶嗣。或曰不謂之凶人，則吾不信也。傳有之曰：「吉人爲善，惟日不足；凶人爲不善，亦惟日不足。」汝等欲爲吉人乎？欲爲凶人乎？

無名君傳①

無名君〔一〕生於冀方，老於豫方。〔二〕年十歲求學於里人，遂盡里人之情，已之滓十去其一二矣。年二十求學於鄉人，遂盡鄉人之情，已之滓十去其三四矣。年三十歲求學於國人，遂盡國人之情，已之滓十去其五六矣。年四十求學於古今，遂盡古今〔三〕之情，已之滓十去其八九矣。年五十求學於天地，遂盡天地之情，欲求已之滓，無得而去矣。始則里人疑其僻，問於鄉人，〔四〕曰：「斯人善與人羣，安得謂之僻！」既而鄉人疑其泛，問於國人，〔五〕曰：「斯人不妄與人交，安得謂之泛！」既而國人疑其陋，問於四方之人，〔六〕曰：「斯人不能〔七〕器，安得謂之陋！」既而四方之人又疑之，質之於古今之人，古今之人終始無可與同者。又考之〔八〕於天地，〔九〕不對。當時也〔一〇〕四方之人迷亂，不復得知，因號爲無名君〔一一〕。夫「無名」者，不可得而名也。凡物

① 録自《四部叢刊》初編本宋呂祖謙編《皇朝文鑒》卷一百四十九，并參校康熙御製《性理大全書》中《皇極經世書·外書》之《無名公傳》（校勘記中簡稱「大全本」）。

有形則可器，可器斯可名。然則斯人無體乎？曰：「有體，有體而無跡者也。」斯人無用乎？曰：「有用，有用而無心者也。」夫有跡有心〔一二〕者，斯可得而知也。無跡無心者，雖鬼神亦不可得而知。不可得而名，而況於人乎！故其詩曰：「思慮未起，鬼神莫知。不由乎我，更由乎誰？」能造萬物者，天地也。能造天地者，太極也。太極者，其〔一三〕可得而知乎？故强名之曰太極。太極者，其無名之謂乎？故嘗自爲之贊曰：「借爾面貌，假爾形骸。弄丸〔一四〕餘暇，閒往閒來。」人告之以修福，對曰：吾〔一五〕未嘗不爲善。人〔一六〕告之以禳災，對曰：吾〔一七〕未嘗妄祭。故詩曰「禍如許免人須諂，福若待求天可量。」又曰：「中孚起信寧煩禱，無妄生災未易禳。」〔一八〕性喜飲酒，常命之曰《太和詩》，曰：「不佞禪伯，不諛方士。不出户庭，直際天地。」家素業爲儒言，身未嘗不行儒行，故其詩曰：「心無妄思，足無妄走。人無妄交，物無妄受。炎炎論之，甘處其陋。綽綽言之，無出其右。羲軒之書，未嘗去手。堯舜之談，未嘗虚口。當中和天，同樂《易》友。吟自在詩，飲歡喜酒。百年昇平，不爲不偶。七十康强。不爲不壽。」此其無名君之行乎？

【校勘記】

〔一〕「君」，大全本作「公」。 〔二〕「豫方」下，大全本有「終于豫方」四字。 〔三〕「今」，大全本作「人」，下有小注云「一作今」。 〔四〕「鄉人」下，大全本有「鄉人」二字。 〔五〕「國人」下，大全本有「國人」二字。 〔六〕「四方之八」下，大全本有「四方之八」四字。 〔七〕「能」，大全本無，而有小注云「一有能字」。 〔八〕

「考之」，大全本作「問」。　〔九〕「天地」下，大全本有「天地」二字。　〔一〇〕「當時也」，大全本作「當是之時」。〔一一〕「君」，大全本作「公」。　〔一二〕「無跡無心」，大全本作「無心無跡」。　〔一三〕「其」下，大全本有「可得而名乎」五字。　〔一四〕「丸」下，大全本有小注云「丸謂太極」。　〔一五〕「吾」，大全本無。　〔一六〕「人」，大全本無。　〔一七〕「吾」，大全本無。　〔一八〕自此至「不佞禪伯」，大全本有「性喜飲酒，嘗命之曰『太和湯』。所飲不多，微醺而罷，不喜過醉，故其詩曰：『性喜飲酒，飲喜微酡。飲未微酡，口先吟哦。吟哦不足，遂及浩歌。浩歌不足，無可奈何。』所寢之室，謂之安樂窩，不求過美，惟求冬燠夏涼，遇有睡思，則就枕，故其詩曰：『墻高于肩，室大于斗。布被暖餘，藜羹飽後。氣吐胸中，充塞宇宙。』其與人交，雖賤必洽。終身無甘壞，未嘗作皺眉事，故人皆得其歡心。見貴人未嘗曲奉，見不善人未嘗急去，見善人未之知也未嘗急合，故其詩曰：『風月情懷，江湖性氣。色斯其舉，翔而後至。無賤無貧，無富無貴。無將無迎，無拘無忌。』聞人之謗未嘗怒，聞人之譽未嘗喜，聞人言人之惡未嘗知，聞人言人之善則就而和之，又從而喜之，故其詩曰：『樂見善人，樂聞善事。樂道善言，樂行善意。聞人之惡，如負芒刺。聞人之善，如佩蘭蕙。』家貧，未嘗求于人，人饋之雖寡，必受，故其詩曰：『窘未嘗憂，飲不至醉。收天下春，歸之肝肺。』朝廷授之官，雖不强免，亦不强起，晚有二子，教之以仁義，授之以《六經》，舉世尚虛談，未嘗掛一言，舉世尚奇事，未嘗立異行」一段。

自作像贊①

松桂操行，鶯花文才。江山氣度，風月情懷。借爾面貌，假爾形骸。弄丸餘暇，閒往閒來。

---

① 録自乾隆《河南府志》卷七九。

老子贊①

皇皇道德，古大宗師。爲天地根，人物範圍。

司馬光文中子補傳贊②

小人無是，當世已棄。君子有非，萬世猶譏。録其所是，棄其所非，君子有歸；因其所非，棄其所是，君子幾希。惜哉仲淹，壽不永乎。非其廢是，瑕不掩瑜。雖未至聖，其聖人之徒歟！

答人書熙寧三年③

正賢者所當盡力之時。新法固嚴，能寬一分，則民受一分賜矣，投劾而去，果何益哉？此法雖嚴，當行以寬。

---

① 録自道光《亳縣志》卷一六，道光五年刊本；又見光緒《鹿邑縣志》卷一〇下。
② 録自《邵氏聞見後録》卷四；又見《能改齋漫録》卷一四。
③ 録自宋陳元靚撰《事林廣記》前集卷九。

題壽星圖①

嘉祐八年冬十一月，京師有道人遊卜於市，莫知所從來，貌體古怪，不與常類，飲酒無算，未嘗覺醉。都人士異之，相與諠傳，好事者潛圖其狀。後近侍達帝，引見，賜酒一石，飲及七斗。次日，司天臺奏壽星臨帝座，忽失道人所在，仁宗嘉嘆久之。閱世之所寫《壽星圖》，不知其幾，不過俯軀狎鶴、松柏參錯、粉飾鮮麗而已。仁宗時，天下熙熙，無物不春，宜乎壽星遊戲人間，躬見於帝也。

漁樵問對

漁者垂鈎于伊水之上，樵者過之，弛簷息肩坐于磐石之上，而問於漁者。

曰：「魚可鈎取乎？」

曰：「然。」

曰：「鈎非餌可乎？」

曰：「否。」

曰：「非鈎也，餌也。魚利食而見害，人利魚而獲利，其利同也，其害異也，敢問何故？」

---

① 録自明陳耀文撰《天中記》卷二。

曰：「子樵者也，與吾異治，安得侵吾事乎！然亦可以爲子試言之。彼之利猶此之利也，彼之害亦猶此之害也。子知其小，未知其大。魚之利食，吾亦利乎食也。魚之害食，吾亦害乎食也。子知魚終日得食爲利，又安知魚終日不得食不爲害？如是則食之害也重，而鈎之害也輕。子知吾終日得魚爲利，又安知吾終日不得魚不爲害也。如是，則吾之害也重，魚之害也輕。以魚之一身當人之一食，則魚之害多矣。以人之一身當魚之一食，則人之害亦多矣。又安知鈎乎？大江大海，則無異地之患焉。魚利乎水，人利乎陸，水與陸異，其利一也。魚害乎餌，人害乎財，餌與財異，其害一也。又何必分乎彼此哉！子之言體也，獨不知用爾。」

樵者又問曰：「魚可生食乎？」

曰：「烹之可也。」

曰：「必吾薪濟子之魚乎？」

曰：「然。」

曰：「吾知有用乎子矣。」

曰：「然則子知子之薪能濟吾之魚，不知子之薪所以能濟吾之魚也。薪之能濟魚久矣，不待子而後知。苟世未知火之能用薪，則子之薪雖積丘山，獨且奈何哉！」

樵者曰：「願聞其方。」

曰：「火生於動，水生於静。動静之相生，水火之相息。水火用，草木體也。用生於利，體生於害。利害見乎情，體用隱乎性。一性一情，聖人成能。子之薪猶吾之魚，微火則皆爲腐臭朽壞而無所用矣，又安能養人七尺之軀哉！」

樵者曰：「火之功大於薪，固已知之矣。敢問善灼物何必待薪而後傳？」

漁者曰：「薪，火之體也。火，薪之用也。火無體，待薪然後爲體。薪無用，待火而後爲用。是故凡有體之物，皆可焚之矣。」

曰：「水有體乎？」

曰：「然。」

曰：「火能焚水乎？」

曰：「火之性能迎而不能隨，故滅。水之體能隨而不能迎，故熱。是故有温泉而無寒火，相息之謂也。」

曰：「火之道生於用，亦有體乎？」

曰：「火以用爲本，以體爲末，故動。水以體爲本，以用爲末，故静。是火亦有體，火亦有用也。故能相濟又能相息。非獨水火則然，天下之事皆然，在乎用之何如爾。」

樵者曰：「用可得聞乎？」

曰：「可以意得者，物之性也。可以言傳者，物之情也。可以象求者，物之形也。可以數取者，物之體也。用也者，妙萬物爲言者也。可以意得而不可以言傳。」

曰：「不可以言傳，則子惡得而知之乎？」

曰：「吾所以得而知之者，固不能言傳。非獨吾不能傳之以言，聖人亦不能傳之以言也。」

曰：「聖人既不能傳之以言，則六經非言也耶？」

曰：「時然後言，何言之有？」

樵者贊曰：「天地之道備於人，萬物之道備於身，衆妙之道備於神，天下之能事畢矣。又何思何慮！吾而今而後知事心踐形之爲大，不及子之門，幾至於殆矣。」乃析薪烹魚而食之，飫而論《易》。

漁者與樵者遊於伊水之上。

漁者歎曰：「熙熙乎萬物之多，未始有雜。吾知遊乎天地之間，萬物皆可以無心而致之矣。非子，則吾孰與歸焉？」

樵者曰：「敢問無心致天地萬物之方？」

漁者曰：「無心者，無意之謂也。無意之意，不我物也。不我物，然後能物物。」

曰：「何謂我，何謂物？」

曰：「以我徇物，則我亦物也。以物徇我，則物亦我也。我物皆致意，由是明天地亦萬物也。何天地之有焉？萬物亦天地也。何萬物之有焉？萬物亦我也。何萬物之有焉？我亦萬物也。何我之有焉？何物不我，何我不物。如是則可以宰天地，可以司鬼神，而況於人乎，況於物乎！」

樵者問漁者曰：「天何依？」

曰：「依乎地。」

「地何附？」

曰：「附乎天。」

曰：「然則天地何依何附？」

曰：「自相依附。天依形，地附氣。其形也有涯，其氣也無涯。有無之相生，形氣之相息，終則有始，終始之間天地之所存乎！天以用爲本，以體爲末。地以體爲本，以用爲末。利用出入之謂神。名體有無之謂聖。唯神與聖，能參乎天地者也。小人則日用而不知，故有害生實喪之患也。夫名也者，實之客也。利也者，害之主也。名生於不足，利喪於有餘，害生於有餘，實喪於不足，此理之常也。養身者必以利，貪夫則以身徇利，故有害生焉。立身必以名，衆人則以身徇名，故有實喪焉。竊人之財謂之盜，其始取之也唯恐其不多也，及其敗露也唯恐其多矣。夫賄之與贓，一物也而兩名者，利與害故也。竊人之美謂之徼，其始取之唯恐其不多也，及其敗露也唯恐其多矣。夫譽與毀，一事也而兩名者，名與實故也。凡言朝者，萃名之所也。市者聚利之地也，能不以争處乎其間，雖一日九遷，一貨十倍，何害生實喪之有耶！是知争也者，取利之端也。讓也者，趨名之本也。利至則害生，名興則實喪，利至名興而無害生實喪之患，唯有德者能之。天依地地附天，豈相遠哉！」

漁者謂樵者曰：「天下將治則人必尚行也，天下將亂則人必尚言也。尚行則篤實之風行焉，尚言則詭譎之風行焉。天下將治則人必尚義也，天下將亂則人必尚利也。尚義則謙讓之風行焉，尚利則攘奪之風行焉。三王尚行者也，五霸尚言者也，尚行者必入於義，尚言者必入於利也。義利之相去，一何如是之遠耶？是知言之於口，不若行之於身，行之於身，不若盡之於心。言之於口，人得而聞之。行之於身，人得而見之。盡之於心，神得而知之。人之聰明猶不可欺，況神之聰明乎！是知無愧於口，不若無愧於身。無愧於身，不若無愧於心。無口過易，無身過難。無身過易，無心過難。既無心過，何難之有？吁，安得無心過之人，與之語心哉！」

漁者謂樵者曰：「子知觀天地萬物之道乎？」

樵者曰：「未也。願聞其方。」

漁者曰：「夫所以謂之觀物者，非以目觀之也。非觀之以目，而觀之以心也。非觀之以心，而觀之以理也。天下之物，莫不有理焉，莫不有性焉，莫不有命焉。所以謂之理者，窮之而後可知也。所以謂之性者，盡之而後可知也。所以謂之命者，至之而後可知也。此三知者，天下之真知也。雖聖人無以過之也，而過之者非所以謂之聖人也。夫鑑之所以能爲明者，謂其能不隱萬物之形也。雖然鑑之能不隱萬物之形，未若水之能一萬物之形也。雖然水之能一萬物之形，又未若聖人之能一萬物之情也。聖人之所以能一萬物之情者，謂其聖人之能反觀也。所以謂之反觀者，不以我觀物也。不以我觀物者，以物觀物之謂也。既能以物觀物，又安有我於其間哉！是知我亦人也，人亦我也，我與人皆物也。此所以能用天下之目爲己之目，其目無所不觀矣。用天下之耳爲己之耳，其耳無所不聽矣。用天下之口爲己之口，其口無所不言矣。用天下之心爲己之心，其心無所不謀矣。夫天下之觀，其於見也不亦廣乎！天下之聽，其於聞也不亦遠乎！天下之言，其於論也不亦高乎！天下之謀，其於樂也不亦大乎！夫其見至廣，其聞至遠，其論至高，其樂至大，能爲至廣至遠至高至大之事，而中無一爲焉，豈不謂至神至聖者乎！非唯吾謂之至神至聖者乎，而天下謂之至神至聖者乎！非唯一時之天下謂之至神至聖者乎，而千萬世之天下謂之至神至聖者乎！過此以往，未之或知也已。」

樵者問漁者曰：「子以何道而得魚？」

曰：「吾以六物具而得魚。」

曰：「六物具也，豈由天乎？」

曰：「具六物而得魚者，人也。具六物而所以得魚者，非人也。」

樵者未達，請問其方。

漁者曰：「六物者，竿也、綸也、浮也、沉也、鉤也、餌也。一不具，則魚不可得。然而六物具而不得魚者，非人也。六物具而不得魚者有焉，未有六物不具而得魚者也。是知具六物者，人也。得魚與不得魚者，天也。六物不具而不得魚者，非天也、人也。」

樵者曰：「人有禱鬼神而求福者，福可禱而求耶？求之而可得耶？敢問其所以？」

曰：「語善惡者，人也。禍福者，天也。天道福善而禍淫，鬼神其能違天乎！自作之咎，固難逃已。天降之災，禳之奚益！修德積善，君子常分，安有餘事於其間哉！」

樵者曰：「有爲善而遇禍，有爲惡而獲福者，何也？」

漁者曰：「有幸與不幸也。幸不幸，命也。當不當，分也。一命一分，人其逃乎！」

曰：「何謂分，何謂命？」

曰：「小人之遇福，非分也，有命也。當禍，分也，非命也。君子之遇禍，非分也，有命也。當福，分也，非命也。」

漁者謂樵者曰：「人之所謂親莫如父子也，人之所謂疏莫如路人也。利害在心，則父子過路人遠矣。父子之道，天性也。利害猶或奪之，況非天性者乎！夫利害之移人，如是之深也，可不慎乎！路人之相逢則過之，固無相害之心焉。無利害在前故也。有利害在前，則路人與父子又奚擇焉？路人之能相交以義，又何況父子之親乎！夫義者，讓之本也。利者，爭之端也。讓則有仁，爭則有害。仁與害，何相去之遠也。堯舜，亦人也。桀紂，亦人也。人與人同，而仁與害異爾。仁因義而起，害因利而生。利不以義，則臣弑其君者有焉，子弑其父者有焉。豈若路人之相逢，一日而交袂於中逵者哉！」

樵者謂漁者曰：「吾嘗負薪矣，舉百斤而無傷吾之身，加十斤則遂傷吾之身。敢問何故？」

漁者曰：「樵，則吾不知之矣。以吾之事觀之，則易地皆然。吾嘗鈎而得大魚，與吾交戰，欲棄之則不能捨，欲取之則未能勝，終日而後獲，幾有没溺之患矣。非直有身傷之患耶？魚與薪，則異也。其貪而爲傷，則一也。百斤力，分之内者也。十斤力，分之外者也。力分之外，雖一毫猶且爲害，而況十斤乎！吾之貪魚，亦何以異子之貪薪乎！」

樵者歎曰：「吾而今而後知量力而動者，智矣哉！」

樵者謂漁者曰：「子可謂知《易》之道矣。吾敢問『易有太極』，太極何物也？」

曰：「無爲之本也。」

「『太極生兩儀』，兩儀，天地之謂乎？」

曰：「兩儀，天地之祖也。非止爲天地而已也。太極分而爲二，先得一爲一，後得一爲二，一二謂兩儀。」

曰：「『兩儀生四象』，四象，何物也？」

曰：「《大象》謂『陰陽剛柔』，有陰陽然後可以生。天有剛柔，然後可以生地。立功之本，於斯爲極。」

曰：「『四象生八卦』，八卦，何謂也？」

曰：「謂乾、坤、離、坎、兑、艮、震、巽之謂也。迭相盛衰，終始於其間矣。因而重之，則六十四由是而生也。而易之道始備矣。」

樵者問漁者曰：「復，何以見天地之心乎？」

曰：「先陽已盡，後陽始生，則天地始生之際，中則當日月始周之際，末則當星辰終始之際，萬物死生，寒暑代謝，晝夜遷變，非此無以見之。當天地窮極之所必變，變則通，通則久，故《象》言『先王以至日閉關，商旅不行，後不省方』，順天故也。」

樵者謂漁者曰：「『無妄，災也』，敢問其故？」

曰：「妄，則欺也。得之必有禍，欺有妄也。順天而動，有禍及者，非禍也，災也。猶農有思豐而不勤稼穡者，其荒也，不亦禍乎？農有勤稼穡而復敗諸水旱者，其荒也，不亦災乎？故《象》言『先王以茂對時，育萬物』，貴不妄也。」

樵者問曰：「姤，何也？」

曰：「姤，遇也。柔遇剛也，與夬正反。夬始逼壯，姤始遇壯，陰始遇陽，故稱姤焉。觀其姤，天地之心亦可見矣。聖人以德化，及此罔有不昌，故《象》言『施命誥四方』，『履霜』之慎，其在此也。」

漁者謂樵者曰：「春爲陽始，夏爲陽極，秋爲陰始，冬爲陰。極陽始則温，陽極則熱，陰始則涼，陰極則寒。温則生物，熱則長物，涼則收物，寒則殺物。皆一氣其别而爲四焉。其生萬物也亦然。」

樵者問漁者曰：「人之所以能靈於萬物者，何以知其然耶？」

漁者對曰：「謂其目能收萬物之色，耳能收萬物之聲，鼻能收萬物之氣，口能收萬物之味。聲色氣味者，萬物之體也。目耳鼻口者，萬人之用也。體無定用，惟變是用。用無定體，惟化是體。體用交，而人物之道於是乎備矣。然則人亦物也，聖人亦人也。有一物之物，有十物之物，有百物之物，有千物之物，有萬物之物，有億物之物，有兆物之物。生一一之物當兆物之物者，豈非人乎？有一人之人，有十人之人，有百人之人，有千人之人，有萬人之人，有億人之人，有兆人之人。生一一之人當兆人之人者，豈非聖乎？是知人也者，物之至者也。聖人者，人之至者也。物之至者，始得謂之物之物也。人之至者，始得謂之人之人也。夫物之至者，至物之謂也。而人之至者，至人之謂也。以一至物而當一至人，則非聖而何？人謂之不聖，則吾不信也。何哉？謂其能以一心觀萬心，一身觀萬身，一物觀萬物，一世觀萬世者焉。又謂其能以心代天意，口代天言，手代天工，身代天事者焉。又謂其能以上識天時，下盡地理，中盡物情，通照人事者焉。又謂其能以彌綸天地，出入造化，進退今古，表裏人物者焉。噫！聖人者，非世世而效聖焉。吾不得而目見之也。雖然吾不得而目見之，察其心，觀者跡，探其體，潛其用，雖億萬年亦可以理知之也。人或告我曰，天地之外別有天地萬物，異乎此天地萬物，則吾不得而知已。非唯吾不得而知已也，聖人亦不得而知之也。凡言知者，謂其心得而知之也。言之者，謂其口得而言之也。既心尚不得而知之，口又惡得而言之乎！以心不可得知而知之，是謂妄知也。以口不可得言而言之，是謂妄言也。吾又安能從妄人而行妄知妄言者乎！」

漁者謂樵者曰：「仲尼有言曰：『殷因於夏禮，所損益可知也。周因於殷禮，所損益可知也。其或繼周者，雖百世可知也。』夫如是，則何止千百世而已哉！億千萬世，皆可得而知之也。人皆知仲尼之爲仲尼，不知仲尼之所以爲仲尼。不欲知仲尼之所以爲仲尼，則已如其必欲知仲尼之所以爲仲尼，則捨天地將奚之焉。人皆知天地之爲天地，不知天地之所以爲天地，不欲知天地之所以爲天地，則已如其必欲知天地之所以爲天地，則捨動静將奚之焉。夫一動一静者，天地之至妙者與？夫一動一静之間者，天地人之至妙至妙者與？是知仲尼之所以盡三才之道者，謂其行無轍跡也。故有言曰：『予欲無言。』又曰：『天何言哉，四時行焉，百物生焉。』其此之謂與？」

漁者謂樵者曰：「大哉！權之與變乎。非聖人無以盡之變，然後知天地之消長，權然後知天地之輕重。消長，時也。輕重，事也。時有否喪，事有損益。聖人不知隨時否喪之道，奚由知變之所爲乎？聖人不知隨時損益之道，奚由知權之所爲乎？運消長者，變也，處輕重者，權也。是知權之與變，聖人之一道耳。」

樵者謂漁者曰：「人謂死而有知，有諸？」

曰：「有之。」

曰：「何以知其然？」

曰：「以人知之。」

曰：「何者謂之人？」

曰：「目耳鼻口心膽脾脹之氣全，謂之人。心之靈曰神，膽之靈曰魄，脾之靈曰魂，脹之靈曰精。心之神發乎目，則謂之視。脹之精發乎耳，則謂之聽。脾之魂發乎鼻，則謂之臭。膽之魄發乎口，則謂之言。八者具備，然後謂之人。夫人者，天地萬物之秀氣也。然而亦有不中者，各求其類也。若全得人類，則謂之曰全人之人。夫全類者，天地萬物之中氣也。謂之曰全德之人也。全德之人者，人之人者也。夫人之人者，仁人之謂也。唯全人然後能當之。人之生也，謂其氣行。人之死也，謂其形返。氣行則神魂交，形返則精魄存。神魂行於天，精魄返于地。行於天則謂之曰陽行，返於地則謂之曰陰返。陽行則晝見而夜伏者也。陰返則夜見而晝伏者也。是故，知日者月之形也，月者日之影也。陽者陰之形也，陰者陽之影也。人者鬼之形也，鬼者人之影也。人謂鬼無形而無知者，吾不信也。」

漁者問樵者曰：「小人可絶乎？」

曰：「不可。君子稟陽正氣而生，小人稟陰邪氣而生。無陰則陽不成，無小人則君子亦不成，唯以盛衰乎其間也。陽六分則陰四分，陰六分則陽四分，陰陽相半則各五分矣。由是知君子小人之時，有盛衰也。治世，則君子六分。君子六分，則小人四分。小人固不勝君子矣。亂世，則反是。君君、臣臣、父父、子子、兄兄、弟弟、夫夫、婦婦，謂各安其分也。君不君、臣不臣、父不父、子不子、兄不兄、弟不弟、夫不夫、婦不婦，謂各失其分也。此則由世治世亂，使之然也。君子常行勝言，小人常言勝行。故世治則篤實之士多，世亂則緣飾之士衆。篤實鮮不成事，緣飾鮮不敗事。成多國興，敗多國亡。家亦由是而興亡也。夫興家興國之人與亡國亡家之人，相去一何遠哉！」

樵者問漁者曰：「人所謂才者，有利焉有害焉者，何也？」

漁者曰：「才一也，利害二也。有才之正者，有才之不正者。才之正者利乎人，而及乎身者也。才之不正者利乎身，而害乎人者也。」

曰：「不正，則安得謂之才？」

曰：「人所不能而能之，安得不謂之才！聖人所以惜乎才之難者，謂其能成天下之事，而歸之正者寡也。若不能歸之以正才，則才矣難乎語其仁也。譬猶藥之療疾也，毒藥亦有時而用也。可一而不可再也。疾愈則速已，不已則殺人矣。平藥則常日而用之可也，重疾非所以能治也。能驅重疾而無害人之毒者，古今人所謂良藥也。《易》曰『大君有命，開國承家，小人勿用』，如是則小人亦有時而用之，時平治定用之則否。《詩》云『它山之石，可以攻玉』，其小人之才乎？」

樵者謂漁者曰：「國家之興亡與夫才之邪正，則固得聞命矣。然則何不擇其人而用之？」

漁者曰：「擇臣者君也，擇君者臣也。賢愚各從其類而爲，奈何有堯舜之君，必有堯舜之臣。有桀紂之君，必有桀紂之臣。堯舜之臣生乎桀紂之世，猶桀紂之臣生乎堯舜之世，必非其所用也。雖欲爲禍爲福，其能行乎！夫上之所好，下必好之。其若影響，豈待驅率而然耶！上好義則下必好義，而不義者遠矣。上好利則下必好利，而不利者遠矣。好利者衆，則天下日削矣。好義者衆，則天下日盛矣。日盛則昌，日削則亡。盛之與削，昌之與亡，豈其遠乎！在上之所好耳。夫治世何嘗無小人，亂世何嘗無君子。不用則善惡何由而行也。」

樵者曰：「善人常寡，而不善人常衆。治世常少，而亂世常多。何以知其然耶？」

曰：「觀之於物，何物不然！譬諸五穀耘之，而不苗者有矣。蓬莠不耘而猶生，耘之而求其盡也，亦未如之何矣。由是知君子小人之道，有自來矣。君子見善則喜之，見不善則遠之。小人見善則疾之，見不善則喜之。善惡各從其類也。君子見善則就之，見不善則違之。小人見善則違之，見不善則就之。君子見義則遷，見利則止，小人見義則止，見利則遷。遷義則利人，遷利則害人。利人與害人，相去一何遠耶！家與國一也，其興也，君子常多而小人常鮮。其亡也，小人常多而君子常鮮。君子多而去之者小人也，小人多而去之者君子也。君子好生小人好殺，好生則世治，好殺則世亂。君子好義小人好利，治世則好義，亂世則好利，其理一也。」

釣者談已。樵者曰：「吾聞古有伏羲，今日如覩其面焉。」拜而謝之，及旦而去。

整理者按：以上《漁樵問對》，録自《性理大全書》卷十三《皇極經世書七·外書》。元陶宗儀《説郛》卷八上録有《漁樵對問》。作者署名邵雍。《性理大全書》所録内容與《説郛》中内容大致相同。程顥爲邵雍所作《墓誌銘》中有「有《問》有《觀》」一句，「觀」指《觀物篇》，「問」則似指《漁樵問對》。又《朱子語類》卷一百曰「康節《漁樵問對》《無名公序》是一兩篇書次第，將來刊成一集。」還有「天何依？曰依乎地。地何附？曰附乎天。天地何所依附？曰自相依附。天依形，地依氣。所以重複而言不出此意者，惟恐人於天地之外别尋去處故也」和「康節説得那天依地，地附天，天地自相依附。天依形，地附氣底幾句，向嘗以此數語附於《通書》之後」二條語録，卷一百十五又記：「舊嘗見《漁樵問對》，問天何依？曰依乎地。地何附？曰附乎天。天地何所依附？曰天依形，地附氣。其形遠有涯，其氣也無涯。意者當時所言，不過如此。某嘗欲注此語於《遺事》之下，欽夫不許。細思無有出是説者」、「因問向得此書，而或者以爲非康節所著？先生曰其間盡有好處，非康節不能著也」。則知朱熹當時力主《漁樵問對》爲邵子書。《宋史・邵雍傳》亦謂邵雍有《漁樵問對》之作。至《四庫全書總目》卻將兩江總督采進之一卷本《漁樵對問》（作「對問」）歸入「儒家類存目一」，《提要》曰：「舊本題宋邵子撰。晁公武《讀書志》又作張子。劉安上集中，亦載它。三人時代相接，未詳孰是也。其書設爲問答，以發明義理……書中所論，大抵習見之談，或後人摭其緒論爲之，如《二程遺書》不盡出於口授歟？」

今以是書内容與《觀物内篇》對照之，可知：「天下將治……安得無心過之人而與之語心哉」之二百四十字爲《觀物内篇》第七篇中文字；「夫所以謂之觀物者……過此以往未之或知之也」之四百八十八字爲《觀物内篇》第十二篇中文字；「謂其目能收萬物之色……又安能從妄人而行妄知妄言者乎」之五百四十字爲《觀物内篇》第二篇中文字；「仲尼曰……謂其行無轍跡也」之二百十五字爲《觀物内篇》第五篇中文字。四處合計直接引用《觀物内篇》内容一千四百八十三字。黄百家于《宋元學案·百源學案》中評價此書，曰「去其浮詞並與《觀物篇》重出者」録存不足二千字。如果再去其與《伊川擊壤集》重出者，則所餘無幾。可見，《漁樵問對》一書是與邵雍《觀物内篇》及《伊川擊壤集》關係極爲密切之書。從其手筆言詞來看，似不出於邵雍。《宋元學案·百源學案》引《黄氏日鈔》云：「《伊川至論》第八卷載《漁樵問對》，蓋世傳以爲康節書者。不知何爲亦剿入其中？近世昭德先生晁氏《讀書記》疑此書爲康節子伯温所作。」如果説《漁樵問對》是邵伯温「得家庭之説而附益之」，的確有可能。然而，近人余嘉錫於《四庫提要辯證》中引朱熹説，又力主《漁樵問對》「真邵子所作矣」。

又按，在劉安節《劉左史集》雜著中有《漁樵問對》。今將有關文字附録於下。

《四庫全書》集部三别集類二《劉左史集》提要：「臣等謹案，《劉左史集》四卷，宋劉安節撰。安節字元承，永嘉人，元符三年進士……終以《漁樵問對》，其名與世傳邵子書同，核其文亦皆相同。考晁公武《讀書志》曰『《漁樵問對》一卷，邵雍撰。設爲問荅，以論陰陽化育之端，性命道德之奥云』，『邵氏言其祖之書也，當考』云云，則《漁樵問對》有謂出自邵子者，有謂出自邵子之祖者，均不云安節所撰，不知何以編入《集》中。」

又按，宋晁公武《郡齋讀書志》：「《漁樵對問》一卷，右皇朝張載撰。設爲答問，以論陰陽化育之端，性命道德之奧云。」馬端臨《文獻通考》：「《漁樵問對》一卷。晁氏曰：『皇朝邵雍撰。設爲問答，以論陰陽化育之端，性命道德之奧云。』邵氏言其祖之書也，當考。」四庫館臣謂「終以《漁樵問對》，其名與世傳邵子書同，核其文亦皆相同」云云，今核其文，則並非「亦皆相同」，《劉左史集》「貴不妄也」以下之文字缺。

附：劉左史集雜著漁樵問對

漁者垂鈎於伊水之上，樵者過之，弛擔息肩坐於盤石之上，而問於漁者。

曰：「魚可釣取乎？」

曰：「然。非餌可乎？」

曰：「否。非釣也，餌也。魚利食而見害，人利魚而蒙利。其利同也，其害異也。」

「敢問何故？」

漁者曰：「子樵者也，與吾異治，安得侵吾事乎？然亦可以與子試爲言之。彼之利猶此之利也，彼之害亦猶此之害也。子知其小，未知其大。魚之利食，吾亦利乎食也。魚之害食，吾亦害乎食也。以魚之一身當人之一食，則魚之害多矣。以人之一身當魚之一食，則人之害亦多矣。魚利乎水，人利乎陸。水與陸異，其利一也。魚害乎餌，人害乎財。餌與財異，其害一也。又何必分乎彼此哉！子之言體也，獨不知用耳。」

樵者又問曰：「魚待烹而食，必吾薪濟之乎？」

曰：「然。子知薪能濟吾之魚，不知子之薪所以濟吾之魚也。薪之能濟魚也久矣，不待子而後知。苟未知火之能用薪，則子之薪雖積丘山，獨且奈何哉！」

樵者曰：「火之功大於薪，固知之矣。敢問水曰火之性，能迎而不能隨，故滅。水之性能隨而不能迎，故熱。是故有温泉而無寒火。火以用爲本，以體爲末。水以體爲本，以用爲末。是故能濟，又能相息。非獨水火則然，天下之事皆然。在乎用之何如爾。」

樵者曰：「用可得聞乎？」

曰：「可以意得者，物之性也。可以言傳者，物之情也。可以象求者，物之形也。可以數取者，物之體也。用也者，妙萬物而言者也。可以意得而不可以言傳。」

曰：「不可以言傳，則子惡得而知之乎？」

曰：「吾所以得而知之者，固不能以言傳。非獨吾不能傳之以言，聖人亦不能傳之以言也。」

曰：「聖人既不能傳之以言，則《六經》非言也耶？」

曰：「時然後言，何言之有？」

樵者贊曰：「天地之道備乎人，萬物之道備乎身，衆妙之道備乎神，天下之能畢矣。又何思何慮！吾今而後知事天踐形之爲大，不及子之門則，幾至乎殆矣。」乃析薪烹魚而食之，飫而論易。

漁者與樵者遊於伊水之上。

漁者嘆曰：「熙熙乎萬物之多而未始有雜，吾知遊乎天地之間，萬物皆可以無心而致之矣。非子則吾孰與歸焉？」

樵者曰：「敢問無心致天地萬物之方？」

漁者曰：「無心者，無意之謂也。無意之意，不我物也。不我物，然後能物物。」

曰：「何謂我，何謂物？」

曰：「以我狥物，則我亦物也。以物狥我，則物亦我也。我物皆致意，由是明天地亦萬物也。何天地之有焉？萬物亦天地也。何萬物之有焉？萬物亦我也。亦何萬物之有焉？我亦萬物也。何我之有焉？何物不我，何我不物！如是，則可以宰天地，可以司鬼神，而况於人乎，况於物乎！」

樵者問漁者曰：「天何依？」

曰：「依乎地。」

「地何附？」

曰：「附乎天。」

曰：「然則天地何依何附？」

曰：「有何依附？天依形，地附氣，其形也有涯，其氣也無涯。有無之相生，形氣之相息，終則有始，終始之間，其天地之所存乎！天以用爲本，以體爲末。地以體爲本，以用爲末。利用出入之謂神，名體有無之謂聖。惟神與聖，爲能參乎天地者也。小人則日用而不知，故有害生實喪之患。夫名也者，實之賓也。利也者，害之主也。名生於不足，利喪於有餘。害生於有餘，實喪於不足。此理之常也。養身者，必以利。貪夫則以身殉利，故有害生焉。立身者必以名，衆人則以身殉名，故有實喪焉。凡言朝者，萃名之所也。市者聚利之地也，能不以争處乎其間，何害生實喪之有耶！利至則害生，名興則實喪，利至名興而無害生實喪之患，惟有德者能之。」

樵者問漁者曰：「子以何道而得魚？」

曰：「吾以六物具而得魚。」

曰：「六物具也，豈由天乎？」

「具六物而得魚者，人也。具六物而所以得魚者，非人也。」

樵者未達，請問其方。

漁者曰：「六物者，竿也、綸也、浮也、沉也、鈎也、餌也。一不具，則魚不可得。然而六物具而不得魚者，非人也。六物具而不得魚者有焉，未有六物不具而得魚者也。是故具六物者，人也。得魚與不得魚者，天也。六物不具而不得魚者，非天也、人也。」

樵者曰：「人有禱鬼神而求福者，福可禱而求耶？求之而可得耶？敢問其所以？」

曰：「語善惡者，人也。福禍者，天也。天道福善而禍滛鬼神，其能違天乎！自作之咎，固難逃已。天降之災，禳之奚益！修德積善，君子常分，安有餘事於其間哉！」

樵者曰：「有爲善遇禍，有爲惡獲福者，何也？」

漁者曰：「有幸與不幸也。幸不幸，命也。常不常，分也。一命一分，人其可逃乎！」

曰：「何謂分，何謂命？」

曰：「小人之遇福，非分也，命也。常禍分也，非命也。君子之遇禍，非分也，命也。常福分也，非命也。」

漁者謂樵者曰：「人之所謂親莫如父子也，人之所謂踈莫如路人也。利害在心，則父子過路人遠矣。父子之道，性也。利害猶或奪之，况非天性乎？夫利害之移人，如是之深也。可不慎乎！路人之相逢則過之，固無利害之心焉，無利害在前故也。有利害在前，則路人與父子又奚擇焉？路人之能相交以義，又何况父子之親乎！夫義者，讓之本也。利者，争之端也。讓則有仁，争則有害。仁與害，何相去之遠也。堯舜亦人也，桀紂亦人也，人與人同而仁與害異爾。仁因義而起，害由利而生。利不以義，則臣弑其君者有焉，子弑其父者有焉。豈若路人之相逢，一日而交袂於中逵者哉！」

樵者謂漁者曰：「吾嘗負薪矣，舉百斤而無傷吾之身，加十斤則遂傷吾乏之身。敢問何故？」

漁者曰：「樵，則吾不知之矣。以吾之事觀之，則易地皆然。吾嘗釣而得大魚，與吾交戰，欲棄之則不能舍，欲取之則不能勝。終日而後獲，幾有没溺之患矣。豈直有傷身之患耶！魚與薪異也，其貪而爲傷則一也。百斤力，分之内者也。十斤力，分之外者也。力分之外，雖一毫猶且爲害，而況十斤乎！吾之貪魚，亦何異子之貪薪乎！」

樵者嘆曰：「吾今而後知量力而動者，智矣哉！」

樵者謂漁者曰：「子可謂知《易》之道矣。敢問『易有太極』，何物也？」

曰：「無爲之本也。」

「『太極生兩儀』，天地之謂乎！」

曰：「兩儀，天地之祖也。非止天地而已也。太極分而爲二，先得一爲一，後得一爲二，一二之謂兩儀。」

曰：「『兩儀生四象』，何物也？」

曰：「四象，謂陰陽剛柔。有陰陽然後可以生天，有剛柔然後可以生地。立道之本於斯爲極。」

曰：「『四象生八卦』，八卦何謂也？」

曰：「乾、坤、離、坎、兑、艮、震、巽之謂也。迭相盛衰，終始於其間矣。因而重之，則六十四由是而生也。而《易》之道始備矣。」

樵者問漁者曰：「復，何以見天地之心乎？」

曰：「先陽已盡，後陽始生。大則天地始生之際，中則當日月始周之際，末則當星辰始終之際。萬物死生，寒暑代謝，晝夜變遷，非此無以見之。當天地窮極之所必變，變則通，通則久，故《象》言『先王以至日閉關，商旅不行，后不省方』，順天故也。」

樵者謂漁者曰：「『无妄，災也』，敢問其故？」

曰：「妄，則欺也。得之必有禍，斯有妄也。順天而動，有禍及者，非禍也。猶農夫有思豐而不勤稼穡者，其荒也不亦禍乎？農有勤稼穡而復敗諸水旱者，其荒也不亦灾乎？故《象》言『先王以茂對時，育萬物』，貴不妄也。」

附録

擊壤集引①

康節邵先生有宋名儒也。方其五星聚奎，伊洛鍾秀，篤生先生。著書立言，羽翼聖經，寓有所得。形諸聲詩，發越性情，集成一卷名曰《擊壤》。予於侍問之暇，披閲再四。愛其體物切實，立意高古，其音純，其辭質。如茹大羹啜玄酒而有餘味焉。乃重鋟梓，廣惠來學。即其言以味先生理趣之深，誦其詩以求先生道學之妙。庶幾行遠自邇升高自卑之少助云。時成化乙未花朝日書。希古

伊川擊壤集後序②

聖人不作，而士溺於成俗，忽不自知，日入於卑。近有能奮然拔起，追古人於數千百年之

① 録自《四部叢刊》初編本《伊川擊壤集》卷首。
② 録自《四部叢刊》初編本《伊川擊壤集》卷末。

上，獨與之爲徒者，傳所謂豪傑之士，康節先生是已。先生之學以先天地爲宗，以皇極經世爲業，揭而爲圖，萃而成書。其論世尚友，乃直以堯舜之事而爲之師。其發爲文章者，蓋特先生之遺餘。至其形於詠歌聲而成詩者，則又其文章之餘。皆德人之言，鬱於中而著於外，故其所摭者近而所托者遠，爲體小而推類大。其始感發於性情之間，乃若自幸生天下無事，饑而食，寒而衣，不知帝力之何有於我，陶然有以自樂，而其極乃蘄於身堯舜之民，而寄意于唐虞之際。此先生所以自名其集曰《擊壤》也。

余嘗讀阮籍、陶潛詩，愛其平易渾厚，氣全而致遠。二人之學固非先生比，然皆志趣高邈，不爲時俗所汩没、事物所侵亂。其胸中所守者完且固，則其爲詩不煩〔一〕於繩削而自工，又況於正聲大雅之什不爲陶、阮者乎。先生其狀退，然其氣和，與人不爲崖異。初若可親，既而莫不起敬，終以屈服。豈所謂德全之人哉！其詩如璞玉，如良金，温粹精明而不見其廉隅鋒穎，如其爲人，渾渾浩浩，簡易較直，薰然〔二〕太和，不名一體，足以想見乎堯舜之時。其行已立言，若使遭遇其時，攄發其藴，則雖致其君爲堯舜疑不難，而道不小行，人不易知。故蓽門環堵，卒老於伊洛之間，而行誼信天下，名聲動京師。朝廷始以爲試將作監主簿，既又爲潁州團練推官，而以疾辭不起。已而道益尊，稱益顯，賢士大夫往來過洛者，必造其廬，居守河南尹而下，〔三〕莫不親禮之，願見其顔色，聆其語言，四方英才好學之士，皆願質疑請益而受業焉。其殁也，守臣以爲言，詔贈秘書省著作郎，加賻粟帛。久之，韓獻肅公守洛，又爲之請謚於朝，奏下太常賜謚康節。蓋自本朝有天下百四十年間，隱逸處士名行始卒完具無玷缺，而朝廷旌命及存歿賻恤贈謚無一或闕，愈久而愈光者，先生一人而已。

恕嘗從先生學，而奉親從仕南北，未之卒業。然于講聞其文章，而次第其本末，則或能之。其子伯温裒類先生之詩凡若干篇，先生固嘗自爲《序》矣，又屬恕以系其後，義可辭乎。

元祐六年辛未夏六月甲子十有三日，原武邢恕序。

【校勘記】

〔一〕「煩」，四庫本作「類」。

〔二〕「薰然」，四庫本作「薰蒸」。

〔三〕「而下」，四庫本作「而天下」。

題伊川擊壤集後

予家食時，手録康節先生《首尾吟》二十餘首，讀之欣然自得。及登進士，於監察御史晉陽王濬家得《擊壤集》二册，乃知先生所作不止《首尾吟》，而《首尾吟》又不止予所録也。每欲壽諸梓而未暇，及後尹應天，始克刊行，以廣其傳。及進今職致政，特取此板回洛。意此《集》乃先生隱洛時所著，置云於洛，以爲先生故物耳。已而郡守桂林劉公尚文，創建先生安樂窩書院，復訪先生是集而梓行之，遂以此板授焉。其間殘缺者，劉公洗補之爲全集云。

庚子歲副都御史洛人畢亨題。

四庫全書總目擊壤集提要

《擊壤集》二十卷，河南巡撫採進本。宋邵子撰。前有治平丙午自序，後有元祐辛卯邢恕序。晁公武《讀書志》云「雍邃於易數，歌詩蓋其餘事」，亦頗切理。案：自班固作《詠史詩》，始兆論宗，東方朔作《誡子詩》，始涉理路。沿及北宋，鄙唐人之不知道，於是以論理爲本，以修詞爲末，而詩格於是乎大變，此《集》其尤著者也。朱國楨《湧幢小品》曰「佛語衍爲《寒山詩》，儒語衍爲《擊壤集》。此聖人平易近人，覺世喚醒之妙用」，是亦一説。然北宋自嘉祐以前，厭五季佻薄之弊，事事反樸還淳，其人品率以光明豁達爲宗，其文章亦以平實坦易爲主，故一時作者往往衍長慶餘風，王禹偁詩所謂「本與樂天爲後進，敢期杜甫是前身」者是也。邵子之詩，其源亦出白居易，而晚年絶意世事，不復以文字爲長，意所欲言，自抒胸臆，原脱然於詩法之外。毁之者務以聲律繩之，固所謂「謬傷海鳥，横斥山木」，譽之者以爲《風》《雅》正傳。莊杲諸人轉相摹仿，如所謂「送我一壺陶靖節，還他兩首邵堯夫」者，亦爲「刻畫無鹽，唐突西子」，失邵子之所以爲詩矣。況邵子之詩，不過不苦吟以求工，亦非以工爲厲禁。如邵伯温《聞見前録》所載《安樂窩詩》曰「半記不記夢覺後，似愁無愁情倦時。擁衾側卧未欲起，簾外落花撩亂飛」，此雖置之江西派中，有何不可！而明人乃惟以鄙俚相高，又烏知邵子哉！《集》爲邵子所自編，而楊時《龜山語録》所稱「須信畫前原有《易》，自從删後更無《詩》」一聯，《集》中乃無之。知其隨手散佚，不復收拾，真爲寄意於詩而非刻意於詩者矣。又案：邵子抱道自高，蓋亦顔子陋巷之志，而黄冠者流以其先天之學出於華山道士陳摶，又恬淡自怡，迹似黄老，遂以是《集》編入《道藏》太元部「賤」字「禮」字二號中，殊爲誕妄。今併附辨於此，使異教無得牽附焉。